Praxiskurs Unix-Shell

Praxiskurs Unix-Shell

Martin Dietze

O'REILLY®

Beijing · Cambridge · Farnham · Köln · Sebastopol · Tokyo

Kommentare und Fragen können Sie gerne an uns richten:
O'Reilly Verlag
Balthasarstr. 81
50670 Köln
E-Mail: kommentar@oreilly.de

1. Auflage 2011

Bibliografische Information Der Deutschen Nationalbibliothek
Die Deutsche Nationalbibliothek verzeichnet diese Publikation in der Deutschen Nationalbibliografie; detaillierte bibliografische Daten sind im Internet über *http://dnb.d-nb.de* abrufbar.

Lektorat: Christine Haite, Köln
Fachgutachten: Sven Riedel, München
Korrektorat: Sibylle Feldmann, Düsseldorf
Umschlaggestaltung: Michael Oreal, Köln
Produktion: Andrea Miß, Köln
Satz: III-satz, *www.drei-satz.de*
Belichtung, Druck und buchbinderische Verarbeitung:
Druckerei Kösel, Krugzell; *www.koeselbuch.de*

ISBN 978-3-89721-565-8

Dieses Buch ist auf 100% chlorfrei gebleichtem Papier gedruckt.

Inhalt

Vorwort

In diesem Kapitel:

- Über dieses Buch
- Für wen ist dieses Buch?
- Wie lese ich dieses Buch?
- Typografische Konventionen
- Hard- und Software, die beim Erstellen dieses Buchs half

Die Unix-Shell ist sowohl die klassische Benutzerschnittstelle des Unix-Systems als auch eine mächtige Schnittstelle zur Automatisierung durch Shell-Skripten. Für Unix sind zwar grafische Benutzeroberflächen verfügbar, aber nach wie vor wird die Shell von einer großen Anwenderzahl als effizientes Werkzeug geschätzt. Andererseits ist die Shell durch ihre Mächtigkeit, die Vielzahl der Kommandos und verschiedenen »Dialekte« nicht ohne eine grundlegende Einarbeitung produktiv nutzbar.

Nach meiner Erfahrung ist es weder nötig noch realistisch, als Anfänger jedes erdenkliche Kommando und jede Option zu lernen, was zudem aufgrund der kleinen, aber feinen Unterschiede zwischen den einzelnen Unix-Systemen ohnehin einer Sisyphos-Arbeit gleichkäme. Stattdessen ist es sinnvoll, sich mit einigen wesentlichen Kommandos und Konzepten vertraut zu machen und diese konsequent einzusetzen, um ein Gefühl für die Philosophie zu bekommen, die hinter den vielen Kommandos und Schaltern steht. Das ist die Idee hinter diesem Buch.

Über dieses Buch

In den vielen Jahren, in denen ich selbst die Unix-Shell nutze und auch in Vorlesungen und Übungen weitergegeben habe, wie man mit ihr arbeitet, wurde ich oft gefragt, wie man am besten »Unix erlernen« könne. Meine übliche Antwort war immer die, dass man dazu auf jeden Fall einen Teil seiner täglichen Arbeit mit Unix erledigen müsse, um sich dabei Stück für Stück das notwendige Wissen anzueignen – schließlich ist doch die Praxis das beste Training. Was aber dennoch den Einstieg in diese Welt deutlich leichter und angenehmer macht, ist ein Fremdenführer, der einen zumindest für die ersten Kilometer an die Hand nimmt und einem schon einmal die wichtigsten Ecken zeigt. Ein solcher Fremdenführer will dieses Buch sein.

Gerade weil heutzutage die meisten ihren ersten Kontakt mit Computern auf grafischen Benutzeroberflächen haben, steht das Verstehen der Konzepte im Vordergrund. Wir werden daher bewusst auf manche Details verzichten, die sich ohnehin vollständiger und genauer in der bei dem Unix-System mitgelieferten Onlinehilfe nachlesen lassen. Stattdessen nehmen wir uns eine überschaubare Auswahl an Kommandos und Hintergrundinformationen zum Thema Unix und Shells vor, um mit ihnen eine gewisse Routine zu erlangen und ein Gefühl für die neue Umgebung zu bekommen. Ein Einstieg in die Onlinehilfe und ihre typische Fachsprache soll dazu dienen, sich möglichst früh schon selbst helfen zu können, und Übungen am Ende jedes Abschnitts vertiefen das Gelernte weiter.

Wie schon erwähnt, gibt es Unterschiede zwischen den Systemen und den unterschiedlichen Shells. Wir werden auf diese Unterschiede immer da, wo es sinnvoll ist, eingehen, allerdings soll ein besonderer Schwerpunkt doch auf den drei heutzutage verbreitetsten Varianten, der *Korn*-Shell, der *Bourne-Again*-Shell und der *TC*-Shell liegen, von denen auf fast allen modernen Unix-Systemen, kommerziellen Vertretern wie AIX und Solaris, aber auch Linux und BSD, mindestens eine anzutreffen ist. Das gilt in ähnlicher Form auch für die verschiedenen Ausprägungen der diversen Unix-Befehle, bei denen wir uns oft auf den jeweils allgemeingültigen Anteil an Funktionen und Schaltern beschränken werden.

Wo es viel zu wissen gibt, da gibt es auch manches, das man weglassen möchte oder sogar muss. Die Auswahl der hier vorgestellten Shells und Konzepte folgt vor allem der Zielsetzung, ein Paket von Wissen und Fertigkeiten zu vermitteln, mit dem man sich auf Anhieb auf jedem Unix-System zurechtfinden wird. Es gibt noch eine ganze Reihe Shells neben den hier vorgestellten, wie z.B. die oft unter Linux anzutreffende *Z-Shell*. Auch Benutzer dieser oder noch anderer Shells werden in diesem Buch einiges Nützliche finden, allerdings beschränken wir uns hier bewusst auf die Shells, die man auch auf weniger verbreiteten Unix-Ausprägungen als etwa Linux antreffen wird.

Für wen ist dieses Buch?

Dieses Buch richtet sich an alle, die schon grundlegende Kenntnisse in der Arbeit mit anderen Betriebssystemen (z.B. Mac OS oder MS-Windows) erworben, aber noch keine Erfahrung in der Benutzung der Shell haben. Wer schon einmal in einer beliebigen Sprache programmiert hat, wird später die im Buch gegebenen Beispiele mit Konstrukten aus höheren Programmiersprachen (z.B. Verzweigungen und Schleifen) leicht verstehen, aber auch alle anderen sollten sich nicht abschrecken lassen.

Wie lese ich dieses Buch?

Dieses Buch ist dazu gedacht, möglichst am Stück gelesen zu werden. Am Ende gibt es zwar einen Index und eine Kurzreferenz der behandelten Konzepte, aber es ist dennoch nicht als Referenz gedacht – dazu ist die Onlinehilfe auf Ihrem jeweiligen System viel geeigneter und vollständiger!

Nehmen Sie sich Zeit, die Übungen auszuprobieren, und lassen Sie sich gern dazu inspirieren, tiefer zu graben oder Beispiele abzuändern. Versuchen Sie, möglichst wenig das »Wie« als vielmehr das »Warum« zu behalten, und probieren Sie ruhig manche Dinge erst einmal aus, bevor Sie nachschlagen, wie es denn »richtig« geht.

Das Arbeiten mit der Shell ist in vielen Dingen völlig anders als das, was man von den heutigen Betriebssystemen mit ihren grafischen Oberflächen kennt, aber dennoch hat sie sich trotz dieser Konkurrenz mühelos bis zum heutigen Tag gehalten – das hat seinen Grund, und ich hoffe, dass dieses Buch ein wenig eine Ahnung vermitteln kann, welcher das ist. Wenn es uns gelingt, das Überwinden des anfänglichen »Kulturschocks« weitgehend frei von Frust zu halten, kann der erste Kontakt mit der Shell auch heute noch der Beginn einer wunderbaren Freundschaft sein.

Typografische Konventionen

In diesem Buch werden die folgenden typografischen Konventionen verwendet:

Kursivschrift
: Wird für Datei- und Verzeichnisnamen, E-Mail-Adressen und URLs, aber auch bei der Definition neuer Fachbegriffe und für Hervorhebungen verwendet.

`Nichtproportionalschrift`
: Wird für Codebeispiele und Variablen, Funktionen, Befehlsoptionen, Parameter, Klassennamen und HTML-Tags verwendet.

`Nichtproportionalschrift fett`
: Wird für Benutzereingaben und in den Codebeispielen zur Hervorhebung einzelner Zeilen oder Abschnitte verwendet.

Tipp Dieses Icon markiert einen weiterführenden Hinweis, einen Tipp oder eine Randbemerkung.

Warnung Dieses Icon kennzeichnet eine Warnung oder ein Thema, bei dem man Vorsicht walten lassen sollte.

Übung Dieses Icon kennzeichnet Übungen, mit denen Sie experimentieren und das Gelernte ausprobieren können. Die Lösungen zu den Übungen finden Sie in Kapitel 11.

Hard- und Software, die beim Erstellen dieses Buchs half

Alle diese Seiten wurden unter GNU/Linux auf einem PC mit einer Debian-Distribution und zu einem größeren Teil einem Apple MacBook Pro Notebook unter MacOS X 10.6 mit den Texteditoren vi und Emacs erstellt und mit LaTeX in eine initial ansehnliche Form gebracht, bevor der Verlag mit Hilfe von Magie, die sich der Kenntnis des Autors entzieht, das Werk in seine gedruckte Form überführte. Um frühere Stände wiederherstellen zu können und die Daten stets mit Sicherheitskopie zu verwahren, wurde das ganze Manuskript im Revisionskontrollsystem cvs gehalten.

Bei der Überführung des Texts in die neue deutsche Rechtschreibung half der unermüdliche Kugelschreiber der Lektorin Christine und dieses Shell-Skript:

```
#!/bin/sh

if [ $# -ne 2 ]; then
  echo "Usage: $0 <src> <dest>" 1>&2
  exit 1
fi

SRC="$1"
DEST="$2"

for i in ‘grep -l "$SRC" *.tex‘; do
  sed -i -e "s/$SRC/$DEST/g" "$i"
done
```

Die Beispiele wurden jeweils mindestens auf einem, oft aber auf mehreren oder allen der Unixe *GNU Linux, SunOS (Solaris 2.7)* sowie *Darwin* (*Mac OS X 10.4.9* und *Mac OS X 10.6.4*) erstellt und getestet. Aufgrund der großen Vielfalt der Unix-Dialekte (und -Versionen) ist es nicht realistisch, das Versprechen abzugeben, dass die Beispiele auf allen denkbaren Systemen auf Anhieb funktionieren. Die manchmal notwendigen Anpassungen zu finden und dann gegebenenfalls vorzunehmen, sei daher hiermit zu einem der Lernziele dieses Buchs erklärt!

KAPITEL 1

Grundlagen

In diesem Kapitel:

- Allgemeines zur Unix-Shell
- Verschiedene Shell-Familien
- Übungen

Um effektiv mit der Shell arbeiten zu können, ist es wichtig, zu verstehen, in welchem Kontext die Shell, oder besser gesagt, die Shells, entstanden sind und welche Konzepte bzw. Philosophien für ihr Design verantwortlich sind. Hierbei ist auch ein kurzer Ausflug in die Geschichte des Unix-Betriebssystems nützlich. Parallel mit den verschiedenen Unix-Ausprägungen entstanden auch verschiedene Shell-Familien, deren wesentliche Merkmale wir uns am Ende dieses Abschnitts näher ansehen werden.

Allgemeines zur Unix-Shell

Die Shell ist ein wichtiger Bestandteil von Unix, einer ganzen Familie von Betriebssystemen, die zum Teil als kommerzielle Produkte von verschiedenen Herstellern, zum Teil aber auch als Freeware z.B. im Internet erhältlich sind. Die Shell ist eine interaktive Benutzerschnittstelle und gleichzeitig ein leistungsstarkes Werkzeug zur Automatisierung durch Skripten. Sie stellt durch Kommunikations- und Kontrollstrukturen die Verbindung zwischen den zahlreichen Systemwerkzeugen auf dem Unix-System her und trägt dadurch wesentlich zur Flexibilität des Gesamtsystems bei.

Obwohl auch in der Unix-Welt grafische Benutzeroberflächen existieren, die ähnlich leistungsfähig sind wie die von z.B. Microsoft Windows oder Mac OS X, hat die Shell dennoch immer ihren Platz behaupten können und wird von geübten Benutzern für eine ganze Reihe von Aufgaben grafischen Werkzeugen vorgezogen. Shell-ähnliche Benutzerschnittstellen gibt es auch auf anderen Betriebssystemen. Auf Windows-Systemen gibt es die *cmd.exe*, die sich in ihrem Funktionsumfang allerdings äußerst bescheiden gegenüber der Unix-Shell ausmacht; 2003 rüstete man bei Microsoft nach und veröffentlichte die wesentlich leistungsfähigere *Windows Power Shell*, die unter anderem den hauseigenen Serverbetriebssystemen zu mehr Akzeptanz verhelfen sollte.

Das Unix-Betriebssystem

Das Betriebssystem Unix hat seine Ursprünge in den Bell-Laboratorien der frühen Sechzigerjahre als Weiterentwicklung eines bereits bestehenden Systems: *Multics*. Seinen Siegeszug begann es jedoch erst etwa zehn Jahre später, als Dennis Ritchie und Ken Tompson den Betriebssystemkern in der damals gerade frisch zu diesem Zweck entwickelten Programmiersprache C neu schrieben und damit den Weg zur leichten Portierbarkeit auf andere Maschinenarchitekturen bereiteten.

Kurze Zeit später, etwa 1974, wurden erste Lizenzen für den Quellcode des neuen Systems an Universitäten verkauft, was zu einer regen Weiterentwicklung und schließlich auch zu dem breiten Markt zugänglichen Unix-Systemen führte. Unter anderen ist dieser Fortgang dafür verantwortlich, dass es heute verschiedene Ausprägungen des Systems gibt, die einerseits genug Gemeinsamkeiten haben, um den Namen »Unix« tragen zu können, andererseits aber in vielen Details voneinander abweichen.

Im Laufe der Jahre bildeten sich zwei »Familien«, von denen fast alle heute erhältlichen Produkte abstammen. Die meisten kommerziellen Systeme orientieren sich heutzutage an einem Standard, der auf die Entwicklungslinie von AT&T zurückgeht: *System V*. Die andere große Linie basiert auf der Arbeit an der University of California in Berkeley: *BSD*. Traditionell liefen die klassischen Unix-Systeme auf Workstations, die sowohl preislich als auch in der Leistung deutlich über dem Niveau von PCs lagen.

Schließlich kam jedoch mit dem Unix-ähnlichen Betriebssystem *Linux* ein weiterer Vertreter hinzu, der zwar aus Anwendersicht die typischen Unix-Merkmale in sich trägt, aber auf keine der beiden oben genannten Produktlinien zurückzuführen ist (und auch in der technischen Realisierung mitunter von den Unix-Standards abweicht). Linux war von Anfang an primär, wenn auch nicht ausschließlich, auf PCs zu Hause, die mittlerweile über ausreichend Leistungsfähigkeit verfügten und natürlich viel preisgünstiger als Workstations waren. Der hervorragenden Qualität und dem Umstand, dass der größte Teil von Linux *Freie Software* ist (siehe nächsten Abschnitt), ist es zu verdanken, dass sich Unix-Systeme mit steigender Tendenz auch auf privaten Rechnern finden lassen.

Linux und das GNU-Projekt

GNU steht für »GNU's not Unix« und bezeichnet ein Projekt der *Free Software Foundation*, das seine Ursprünge bereits um 1984 hat und das Ziel verfolgt, ein komplettes Unix-kompatibles Betriebssystem mit allen notwendigen Werkzeugen zu entwickeln und es dem Rest der Welt kostenlos zur Verwendung und Weiterentwicklung zur Verfügung zu stellen – also eine Form dessen, was wir heute als *Open Source* bezeichnen.

Das GNU-Projekt stellt für Entwickler, die in diesem Geiste Software entwickeln, eine ausformulierte Lizenz, die *GPL* (*GNU General Public License*), zur Verfügung, unter der solche Art Software veröffentlicht werden kann. Sie soll unter anderen sicherstellen, dass die Quelltexte der Software und mögliche Weiterentwicklungen für alle kostenlos verfügbar bleiben, dass also der »Geist« bewahrt bleibt.

Bei Software, die unter der GPL veröffentlicht wird, spricht man von *Free Software*, was sich nicht ohne Grund auf zwei Arten übersetzen lässt: »freie Software«, aber auch »kostenlose Software«. Im deutschen Sprachgebrauch ist mit dem Begriff *Freie Software* meist Software gemeint, die unter der GPL veröffentlicht wurde. Teile aus dem GNU-Projekt haben mittlerweile eine so große Popularität erreicht, dass Systemadministratoren auch auf kommerziellen Unix-Systemen sie gleich nach dem Betriebssystem installieren, was, da die Software im Quelltext vorliegt, meist problemlos möglich ist. Beispiele hierzu sind der Texteditor *Emacs*, Shells wie die *bash*, der GNU-C/C++-Compiler *gcc* und der dazugehörige Debugger *gdb*, um nur einige zu nennen.

Linux ist in seiner Entstehung eng mit dem GNU-Projekt verbunden. Ursprünglich handelte es sich dabei um ein reines Hobbyprojekt einer einzigen Person – Linus Torwalds. Linus wollte ein Unix-ähnliches Betriebssystem auf seinem PC betreiben und stieß dabei zunächst auf das ebenfalls Unix-ähnliche PC-Betriebssystem *Minix*, war aber mit dessen eher eingeschränktem Funktionsumfang unzufrieden und begann mit der Entwicklung eines eigenen Betriebssystemkerns. Schon kurz nach der Veröffentlichung der ersten Quelltexte nahm die Entwicklung rasant Fahrt auf. Es gab viele Entwickler, die sich wie Linus ein Unix-ähnliches Betriebssystem für den PC wünschten und das vorhandene System einfach um fehlende Funktionalität, etwa Treiber für noch nicht unterstützte Hardware usw., erweiterten. Möglich wurde dies alles auch durch die vorhandene Software des GNU-Projekts, etwa den Compiler, die Shell und diverse Systemwerkzeuge. Daher wird Linux heute oft als *GNU/Linux* bezeichnet.

Da man mit dem Betriebssystemkern allein nicht viel anfangen kann, entstanden schon recht früh sogenannte Distributionen, die sich um die Bündelung des Kerns mit Shell, Werkzeugen und Systemkonfiguration kümmerten und damit auch wesentlich die Installation eines Linux-Systems erleichterten. Heute gibt es eine ganze Reihe verschiedener kommerzieller und nicht kommerzieller Linux-Distributionen, die sich an verschiedene Arten von Benutzern richten und verschiedene Konfigurationsmechanismen, Installationsprogramme sowie neben dem Betriebssystem eine riesige Auswahl frei verfügbarer Anwendungssoftware anbieten.

Eigenschaften von Unix-Systemen

Unix-Systeme sind dafür ausgelegt, dass mehrere Personen gleichzeitig am selben Rechner arbeiten können. Angeschlossene Workstations können »dumme« Terminals sein, die über ein Netzwerk oder sonstige Leitungen angeschlossen sind, es können aber auch »vollwertige« Systeme sein, auf denen Unix oder irgendein anderes Betriebssystem läuft, bis hin zu beliebigen anderen Betriebssystemen, die über den notwendigen Netzwerkzugang und die benutzte Protokoll- und Anwendungssoftware verfügen.

Um diesen Aufgaben gerecht werden zu können, sind Unix-Systeme bereits seit den ersten Generationen netzwerkfähig und beherrschen Benutzer- und Benutzerrechteverwaltung sowie präemptives Multitasking, was bedeutet, dass der Betriebssystemkern verschiedene Programme scheinbar unabhängig voneinander laufen lassen kann. Gerade die von Unix eingesetzten Netzwerkprotokolle werden vielen von uns längst vertraut sein, da sie die Bausteine sind, aus denen das Internet entstand (IP – Internet Protocol). Dieser Umstand macht Unix-Systeme im Internet zu sehr beliebten Serverplattformen.

Unix-Systeme sind von Haus aus sehr modular aufgebaut, das heißt, dass der eigentliche Betriebssystemkern kaum mehr Funktionen enthält, als notwendig sind, um elementare Operationen wie z.B. die Behandlung von Dateien oder das Erzeugen und Beenden von Prozessen durchzuführen. Die Benutzerschnittstelle, Netzwerkdienste und andere sind in Form von tendenziell sehr kleinen Programmen realisiert, die in Kombination zu der immensen Leistungsfähigkeit des von Unix zur Verfügung gestellten Funktionsumfangs führen.

Allgemein gelten Unix-Systeme als sehr stabil, was sicher auch darauf zurückzuführen ist, dass die Fehleranfälligkeit von kleinen, überschaubaren Programmen kleiner ist als bei monolithischen Kolossen. Ein anderer Grund liegt wohl auch in der Reife des Systems, die es der konsequenten Weiterentwicklung über einen für Software sehr langen Zeitraum hinweg und dem offensichtlich hervorragenden Anfangskonzept der Leute um Dennis Ritchie zu verdanken hat.

Es sollen aber auch einige Nachteile nicht unerwähnt bleiben. Heutzutage gelten Unix-Systeme als kompliziert, da sie aus so vielen Bestandteilen bestehen, die unabhängig voneinander erlernt und gepflegt sein wollen. Auch gibt es bis heute diverse Unterschiede zwischen den verschiedenen Benutzerschnittstellen und den einzelnen Werkzeugen, was unter anderem damit zu tun hat, dass es all die Unix-Ausprägungen konkurrierender Hersteller gibt. Vielen Konzepten sieht man ihr Alter an; so verfügt Unix z.B. heute (noch) nicht über ein einheitliches Treibermodell, um Drucker unabhängig von Anwendungssoftware anzusprechen[1]. Allgemein kann aber gesagt werden, dass die Weiterentwicklung des Unix-Systems gerade durch den frischen Wind aus der Freewareszene eine ungeahnte Dynamik gewonnen hat, die hoffentlich auch die Hersteller der kommerziellen Unix-Systeme zu weiteren Verbesserungen anregt.

Die Shell als Benutzerschnittstelle

Die Shell ist die Standardbenutzerschnittstelle des klassischen Unix-Betriebssystems. Sie ist im Prinzip auch nur ein Programm auf dem Unix-System, hat aber eine ganz besondere Aufgabe: Sie ist der Kommandointerpreter, der mithilfe des Terminals mit uns, den Benutzern, kommuniziert und sich um die Ausführung unserer Kommandos kümmert. Somit kann die Shell als Schicht zwischen dem Betriebssystem und der Außenwelt betrachtet werden, was wohl auch zu ihrer Bezeichnung (Schale, Muschel) geführt haben dürfte.

1 In »Real Programmers don't use Pascal« heißt es nicht umsonst: »Der typische UNIX-Hacker weiß nie, wie das PRINT-Kommando diese Woche heißt.«

Die Shell als Benutzerschnittstelle ist *textbasiert*, und als Kommunikationsmedien dienen üblicherweise (aber nicht zwangsweise) Tastatur und Bildschirm eines *Terminals*. Der Begriff »Terminal« bezieht sich ursprünglich auf die einfachen, textbasierten Bildschirme mit Tastaturen, die über irgendeine Verbindung an einem Rechner angeschlossen wurden und nur zur Ein- und Ausgabe dienten, also über keine eigene Rechenleistung verfügten. Mit derartigen Terminals konnten Dutzende Benutzer gleichzeitig auf einem Unix-System arbeiten.

Heutzutage hat man es allerdings statt mit echten, meist virtuellen Terminals zu tun, die durch entsprechende Software zur Verfügung gestellt werden. Man spricht bei einer solchen Software von einem *Terminal-Emulator*. Ein Beispiel hierfür ist etwa das Programm *xterm*, mit dem man auf dem *XWindow-System*, der grafischen Oberfläche unter Unix, in einem Fenster wie in einem Terminal die Shell benutzen kann. Ich werde im Folgenden der Einfachheit halber immer den Begriff »Terminal« für alle diese denkbaren Ausprägungen benutzen.

Programme, Befehle und Prozesse

Wir haben jetzt bereits ein paar Begriffe verwendet, die vielleicht einiger Erklärung bedürfen:

Programm
: bezeichnet alles, was auf dem Computer ausführbar ist. Das umfasst also sowohl die Textverarbeitung als auch irgendeinen Netzwerkdienst, der im Hintergrund läuft, ohne dass der Benutzer überhaupt davon weiß.

Befehl
: ist eines der Programme, die wir beim Arbeiten in der Shell direkt von der Kommandozeile aus aufrufen. Ein Großteil dieses Buchs beschäftigt sich mit Befehlen und wie man sie mithilfe der Shell kombinieren kann. Den Begriff »Kommando« benutzen wir in diesem Zusammenhang synonym.

Prozess
: ist ein technischer Begriff. Wenn das Betriebssystem ein Programm ausführt, startet es dafür einen Prozess. Wie schon weiter oben erwähnt, kann Unix Programme gleichzeitig ablaufen lassen. Um das zu organisieren, wird das Programm mit technischen Informationen, z.B. einer Identifikationsnummer, der Liste der benutzten Systemressourcen, Speicherbereichen usw., in eine organisatorische Einheit gebündelt. Diese Einheit nennt man Prozess. Das Betriebssystem verwaltet die Prozesse, und ihm ist dabei weitgehend gleichgültig, welche Programme in den jeweiligen Prozessen ablaufen.

Ruft die Shell nun ein Programm auf, weil sie beispielsweise dazu aufgefordert wurde, erzeugt sie üblicherweise dazu einen neuen Prozess und wartet im Hintergrund, bis der Prozess beendet ist. Das nun in diesem Prozess laufende Programm »erbt« für seine Lebensdauer die offenen Dateien sowie die Kontrolle über Bildschirm und Tastatur der aufrufenden Shell und kann somit nun selbst Benutzereingaben entgegennehmen und Ausgaben auf den Bildschirm des Terminals erzeugen.

Befehle und Eingabeaufforderung

Die Shell erwartet Eingaben in einer ihr verständlichen Sprache. Sie stellt dazu ein Grundvokabular zur Verfügung, durch das sich – wie auch in einer menschlichen Sprache – komplexe Ausdrücke zusammenfügen lassen. Das geht so weit, dass es oft für dieselbe Aufgabe eine Vielzahl verschiedener Möglichkeiten gibt, in der Shell-Syntax einen Lösungsweg zu formulieren. Andererseits wird die Shell nur Anweisungen ausführen, die in einer korrekten Form eingegeben wurden, und andernfalls eine Fehlermeldung ausgeben.

Üblicherweise begrüßt uns eine interaktive Shell durch eine Kommandoaufforderung, den sogenannten *Prompt*. Dabei handelt es sich in der Regel um eine Zeichenkette, an deren Ende ein Cursor steht, der unsere Eingabe erwartet. Um nun der Shell eine Anweisung zu übermitteln, geben wir das gewünschte Kommando ein und drücken am Ende die Enter-Taste. Während der Ausführung unseres Kommandos (z.B. eines Texteditors) bleibt die Shell im Hintergrund. Sobald aber das jeweilige Kommando beendet ist (z.B. der Texteditor verlassen wurde), erhalten wir einen neuen Prompt, und das Ganze beginnt von vorn, bis wir die Shell mit dem Befehl `exit` verlassen.

Das folgende Beispiel zeigt den Befehl `ls` (für *list*), der eine Liste der Objekte im aktuellen Verzeichnis ausgibt:

```
herbert@Paulina:/home/herbert $ ls
Desktop  NetBeans  bin       htdocs   nsmail
GNUstep  News      diverses  include  public_html
Mail     archive   document  lib      src
herbert@Paulina:/home/herbert $ _
```

Der erste Teil der oberen Zeile ist der *Prompt*. Was genau im Prompt angezeigt wird, kann man frei definieren (siehe Seite 114). Der Prompt in diesem Beispiel ist durchaus typisch, er enthält den Namen des aktiven Benutzers (`herbert`), den Namen des Rechners

(`Paulina`) sowie den Ort im Dateisystem, an dem man sich gerade befindet (*/home/herbert*).

`ls` schreibt nun seine Ausgabe einfach unter der Prompt, von dem das Kommando eingegeben wurde. Nach der Ausgabe erscheint wieder eine neue Eingabeaufforderung. Genauso ist es aber auch denkbar, dass ein aufgerufenes Programm vorübergehend das gesamte Terminal benutzt (ein Texteditor wird das normalerweise tun), so dass erst nach dessen Beendigung wieder etwas von der Shell »zu sehen« ist.

Die Philosophie hinter der Shell

Wie schon eingangs angedeutet, ist eine wesentliche Eigenschaft des Unix-Betriebssystems seine Modularität. Daher nimmt die Shell meist eine Art Vermittlerrolle ein, während die wesentliche Arbeit von kleinen, auf eine oder wenige Aufgaben spezialisierten Werkzeugen erledigt wird. Diese Werkzeuge werden über ihren jeweiligen Namen aufgerufen, sodass sie sich auf den ersten Blick nicht von »echten« (also intern in der Shell eingebauten) Shell-Befehlen unterscheiden lassen.

Die Shell wiederum stellt den »Leim« zwischen diesen Befehlen zur Verfügung; so ist es z.B. möglich, die Ausgabe eines Befehls in einem anderen Befehl weiterzuverarbeiten, sodass durch die Kombination eine leistungsstärkere Gesamtfunktionalität entsteht. Um nun ein komplexes Problem zu lösen, wird man typischerweise versuchen, Teilaufgaben durch jeweils passende Werkzeuge erledigen zu lassen und deren Ausführung mithilfe der Shell so weit es geht zu kombinieren.

Ein- und Ausgabe

Wir haben bereits gesehen, dass das Kommunikationsmedium der Shell *Text* ist. Das beginnt mit den Shell-Befehlen, die ganz einfach als Text z.B. über die Tastatur eingegeben werden. Die Shell antwortet wiederum, indem sie, wenn es etwas zu sagen gibt, Meldungen als Text auf dem Bildschirm ausgibt. Die Standardein- und -ausgabemedien der Shell sind Tastatur und Bildschirm, daher werden sie im weiteren Verlauf dieses Buchs, aber auch häufig ganz allgemein, als *Standardeingabe* bzw. *Standardausgabe* bezeichnet. Auf das Konzept der *Standarddateien* wird ausführlich auf Seite 53 eingegangen.

Eine Besonderheit in diesem Zusammenhang ist, dass die Shell Standardeingabe und Standardausgabe wie gewöhnliche Dateien betrachtet. Das heißt, dass in bestimmten Fällen gewöhnliche Dateien die Aufgaben von Tastatur und Bildschirm übernehmen können. Auf technischer Ebene sieht die Shell letztlich nur einen *Datenstrom*, von dem Daten gelesen bzw. in den Daten geschrieben werden können. Diese Datenströme spielen eine große Rolle in der Kommunikation von Shell-Befehlen miteinander, worauf im nächsten Abschnitt einführend eingegangen wird.

Kombination von Befehlen

Voraussetzung für die Kombination von Kommandos ist die Fähigkeit, dass Befehle miteinander kommunizieren können, d.h., ein Befehl muss zumindest in der Lage sein, mit dem Ergebnis eines anderen Befehls weiterzuarbeiten. Zudem müssen die Daten auch in einem verwertbaren Format vorliegen. Daher halten sich die meisten Systemwerkzeuge unter Unix an einige Konventionen:

- Die Standardein- und -ausgabe wird benutzt. Viele Programme werden also, wenn wir sie starten, darauf warten, dass wir etwas eintippen, und ihre Ausgaben auf dem Bildschirm erzeugen.
- Die Ein- und Ausgabe erfolgt üblicherweise in Textform, also unter Benutzung des darstellbaren Zeichensatzes.

Die Kommunikationsmechanismen, die die Shell anbietet, arbeiten meist mit der Umleitung vorhandener oder der Bereitstellung besonderer Datenströme. Die verschiedenen Ausprägungen dieser Mechanismen werden in Abschnitt »Ein- und Ausgabe« betrachtet, als kleiner Ausblick sei hier jedoch ein Beispiel erlaubt. Die folgende Sequenz gibt die Anzahl der Objekte im aktuellen Verzeichnis aus:

```
herbert@Paulina:/home/herbert $ ls | wc -w
     15
herbert@Paulina:/home/herbert $ _
```

Ein paar Seiten weiter oben tauchte der `ls`-Befehl bereits einmal auf. Seine Ausgabe wird in diesem Beispiel an den Befehl `wc` weitergeleitet, der die Wörter aus der Standardeingabe zählt und am Ende die ermittelte Anzahl ausgibt. Der senkrechte Strich in der Mitte ist ein syntaktisches Symbol der Shell und erzeugt eine *Pipe*, also einen Kommunikationskanal zwischen den beiden Kommandos.

Shell-Programmierung

Eine weiteres Mittel zur Kombination von Kommandos ist die Benutzung von Verzweigungs- und Schleifenanweisungen, ähnlich denen in höheren Programmiersprachen. Die Shell stellt derartig strukturierte Anweisungen zur Verfügung, sodass es möglich ist, regelrechte Programme zu schreiben.

Solche Programme können in jeweils eigenen Dateien (sogenannten *Skripten*) zusammengefasst und dann wie neue Kommandos aufgerufen werden. Anders als in anderen Skriptsprachen erlaubt die Shell aber auch die interaktive Eingabe von Programmcode, der dann sofort ausgeführt wird. Beispielsweise erhalten wir bei der Eingabe einer `if`-Verzweigung so lange eine besondere Eingabeaufforderung, bis die Eingabe abgeschlossen ist.

Diese Eigenschaft wird von Programmierern natürlich sehr geschätzt, da sie ein *inkrementelles* Entwickeln ermöglicht. Ganze Schleifen oder sogar Funktionen können zunächst interaktiv eingegeben und getestet werden, bevor sie einem möglicherweise komplexen Programm hinzugefügt werden. Aber auch Nichtprogrammierer können von solchen strukturierten Anweisungen profitieren:

```
herbert@Paulina:/home/herbert/src/dirutils $ for i in *.c
> do
> cp $i $i.bak
> done
herbert@Paulina:/home/herbert/src/dirutils $ _
```

Die vier Zeilen in diesem Beispiel erzeugen von allen Dateien mit der Endung *.c* im aktuellen Verzeichnis Kopien mit der Endung *.bak*. Hier eine Schleife zu benutzen, um die notwendigen Befehle nicht nacheinander eintippen zu müssen, kann je nach Anzahl der passenden Dateien eine durchaus nicht zu unterschätzende Zeitersparnis bedeuten und die Nerven schonen.

Vergleich mit GUI-Konzepten

Grafische Oberflächen haben sich als Schnittstelle zwischen Mensch und Computer auf breiter Ebene durchgesetzt. Dies verdanken sie nicht zuletzt der Tatsache, dass sie gerade Anfängern wertvolle Hilfen geben können, grundlegende Aufgaben mit dem Computer zu lösen. Auch kann die Möglichkeit, Sachverhalte durch Bilder zu illustrieren, eine wertvolle Hilfe zum schnellen Verstehen sein. Das Unix-Betriebssystem bietet mit dem XWindow-System und dessen verschiedenen Bedienoberflächen ebenfalls die

Möglichkeit, vom ASCII-Terminal Abschied zu nehmen. Dennoch ist eines der am meisten benutzten X11-Programmen unter Unix der Terminal-Emulator *xterm*, also ein Programm, das eine Shell in einem Fenster ablaufen lässt – wieso nur?

Die Benutzerführung in GUI-Programmen basiert meist auf Menüs, Auswahlfeldern, Schaltflächen und Dialogen. Dem Benutzer wird in irgendeiner Form thematisch vorsortiert angeboten, was er in der aktuellen Situation für Aktionen durchführen kann. Typischerweise führt die Auswahl eines Menüeintrags entweder zu einer genaueren Darstellung dessen, was man eigentlich will, oder zur Ausführung der Aktion selbst. Während sich diese Schritte häufig durch Abkürzungen überspringen lassen, ist die Anzahl der Aktionen in GUI-Programmen bei einer Beschränkung auf die »klassischen« Elemente eher begrenzt.

Dem steht bei der Shell das fast uneingeschränkte Ausdrucksvermögen durch Kombination der Systemwerkzeuge gegenüber, das allerdings durch das Erlernen des Vokabulars und der Grammatik auch vergleichsweise teuer erworben werden muss. Hinzu kommt, dass es sich meist als Trugschluss erweist, dass sich komplizierte Probleme durch eine geeignete Auswahl an Details für jeden mundgerecht servieren lassen. Gerade bei neuen, also noch nicht vorgedachten Problemen erweist sich das Konzept einer *Sprache* zur Formulierung von Lösungen oft als Vorteil.

Welches der beiden Bedienkonzepte nun überlegen ist, wird leidenschaftlich, aber ohne Aussicht auf Einigung diskutiert (wobei der Massenmarkt allerdings längst mit den Füßen abgestimmt hat). Festzuhalten bleibt, dass beide Ansätze ihre Vorteile haben. Durch das eingangs erwähnte *xterm* kann man gegebenenfalls die Möglichkeiten der Shell nutzen, ohne auf eine GUI-basierte Arbeitsumgebung verzichten zu müssen. Wer einmal in seinem Verzeichnis nach einer wichtigen E-Mail-Adresse in einer der vielen Dateien gesucht hat, wird den (später noch eingehend besprochenen) grep-Befehl sicher schätzen lernen und froh sein, nicht jede der Dateien nacheinander in einen Texteditor laden zu müssen, vor allem wenn man sich nur an den Anfang und das Ende der gesuchten Adresse erinnert!

Verschiedene Shell-Familien

Seit den ersten Unix-Versionen wurden die Shells kontinuierlich weiterentwickelt. Gründe lagen vor allem in fehlenden oder wenig leistungsfähigen Funktionen der ersten Shells oder auch in dem Wunsch nach Performanceverbesserungen. Es entstanden dabei zwei »Shell-Familien«, die sich vor allem in der verwendeten Sprache, aber auch in anderen, unwesentlichen Details unterschieden. Innerhalb der Familien gilt üblicherweise, dass ein neueres Mitglied der Familie alles kann, was sein Vorgänger bereits konnte, aber auch mit einer Reihe weiterer neuer Funktionen ausgestattet ist.

Die Unterschiede zwischen den Familien zeigen sich meist in der Syntax, z.B. bei den strukturierten Anweisungen oder bei Operatoren, die die Shell zur Verfügung stellt. Da die Systemwerkzeuge aber unabhängig von der jeweils verwendeten Shell sind, fallen diese Unterschiede, wenn man nicht gerade programmiert, zum Glück weniger stark auf, als man befürchten könnte.

Auf vielen Unix-Systemen stehen verschiedene Shells zur Verfügung. Man kann, z.B. um sie einmal auszuprobieren, die gewünschte Shell einfach über ihren Namen starten. Welche Shell man automatisch nach dem Anmelden auf dem System vorfindet, wird vom Systemadministrator beim Einrichten des jeweiligen Benutzerkontos in der Datei */etc/passwd* festgelegt.

Wer selbst Administrator ist, hat es hier natürlich leicht, sich einfach eine andere Standard-Shell einzurichten, andernfalls muss unter Umständen dafür ein Moment abgepasst werden, in dem der Administrator gerade nicht genervt (kommt praktisch nie vor) und kleinen Wünschen gegenüber aufgeschlossen ist.

Der folgende Abschnitt liefert eine kurze Übersicht zu den beiden großen Shell-Familien und ihren Vertretern und zählt kurz die wichtigsten Unterscheidungsmerkmale auf. In den späteren Kapiteln wird, wo es notwendig ist, zwischen den einzelnen Shells unterschieden.

Die Bourne-Shell-Familie

Die Familie rund um die Bourne-Shell besteht aus Shells, die jene »Ur-Shell« erweitern, also weitgehend kompatibel zu ihr sind.

Die Bourne-Shell

Die *Bourne-Shell* ist sozusagen die »Mutter aller Muscheln«, die auf den ersten Unix-Systemen vorinstalliert war. Sie wurde benannt nach ihrem Schöpfer Stephen Bourne und ist die Basis für eine Entwicklungslinie von Unix-Shells, die alle einen ähnlichen Befehlssatz benutzen und im Laufe der Jahre immer komfortabler und umfangreicher wurden. Die Familie der Bourne-Shells fand bis heute die weiteste Verbreitung, was nicht zuletzt dem Umstand zu verdanken ist, dass die meisten kommerziellen Unix-Systeme einen ihrer Abkömmlinge als Standard-Shell benutzen.

Die Bourne-Shell ist üblicherweise als */bin/sh* installiert, also unter dem Namen *sh* im Verzeichnis */bin*. Allerdings sind viele Hersteller dazu übergegangen, statt der »echten« Bourne-Shell eine ihrer Weiterentwicklungen als */bin/sh* einzurichten, da diese ohnehin die Funktionalität des Originals zu 100 Prozent beherrschen. Wir werden in den folgenden Kapiteln nicht mehr auf die Besonderheiten der Bourne-Shell eingehen und uns in erster Linie den deutlich komfortableren Nachfolgern widmen.

Die Korn-Shell

Die *Korn-Shell* wurde von David G. Korn als Alternative zur Bourne-Shell entwickelt. In ihr war praktisch der gesamte Funktionsumfang des »Originals« implementiert, hinzu kamen einige nützliche Dinge, die die damals bereits erhältliche *C-Shell* bot, unter anderem ein Alias-Mechanismus und die Fähigkeit, vorher bereits eingegebene Befehle zu wiederholen. Hinzu kommt die Möglichkeit, die Kommandozeile zu editieren, also in dem geschriebenen Text umherzuwandern und Teile davon zu ändern – bis dahin war das nicht möglich!

Die Korn-Shell tritt meist als */bin/ksh* auf. Ihre Aufwärtskompatibilität zur Bourne-Shell (man konnte vorhandene Shell-Skripte meist direkt weiterverwenden), die stark verbesserte Geschwindigkeit und der höhere Bedienkomfort haben dazu geführt, dass sie heute auf vielen Systemen als Standard-Shell eingerichtet ist.

Die Bourne Again Shell

Der dritte Vertreter der Bourne-Shell-Familie ist die *Bourne Again Shell* oder auch *bash*. Sie ist *Freie Software* und Teil des GNU-Projekts. Wie der Name schon impliziert, ist auch die *bash* eine Weiterentwicklung der Bourne-Shell, sie beherrscht aber viele der Erweiterungen der Korn- und C-Shell. Hinzu kommen noch Dinge wie Vervollständigung von Datei- und Kommandonamen mit der Tab-Taste und vieles mehr.

Die Bourne Again Shell ist als Standard-Shell auf Linux eingerichtet, kommt aber auch auf vielen kommerziellen Unix-Systemen vor, da sich meist ein Administrator findet, der das Ding schon aus Eigennutz auf dem System einrichtet. Auf Linux-Systemen findet man sie üblicherweise installiert als */bin/bash* und zudem als */bin/sh*. Sie ersetzt hier also die Bourne-Shell vollständig. Aufgrund der wachsenden Verbreitung von Linux und der vielen Komfortfunktionen ist die *bash* schnell ungemein populär geworden.

Die C-Shell-Familie

Eine zweite Familie ist die der C-Shell; auch bei dieser Familie handelt es sich um eine Reihe von Shells, die zu ihrem »Ursprung« weitgehend kompatibel sind.

Die C-Shell

Die *C-Shell* wurde an der University of California in Berkeley entwickelt und verdankt ihren Namen ihrer an die Programmiersprache C angelehnten Syntax. Aber mehr noch als ihre Eingabesyntax verhalfen ihr die gegenüber der Bourne-Shell verbesserten interaktiven Fähigkeiten zu Beliebtheit. Hierbei handelte es sich primär um einen Alias-Mechanismus, also die Möglichkeit, Befehlsnamen umzudefinieren, und die Historie-Funktion, durch die sich früher eingegebene Befehle oder Teile davon zurückholen ließen.

Heute ist die C-Shell auf den meisten Unix-Systemen vorhanden, auch auf solchen, die nicht aus der BSD-Entwicklungslinie stammen. Sie hat trotz ihrer Inkompatibilität zur Bourne-Shell-Familie eine Reihe von treuen Anhängern. Man findet sie üblicherweise als */bin/csh* vor.

Die TENEX-C-Shell

Die *TENEX-C-Shell* oder auch *tcsh* ist eine Weiterentwicklung der alten *csh* und repräsentiert in der Familie der C-Shells in etwa das, was die *bash* in der Welt der Bourne-Shells ist. Die *tcsh* erweitert die *csh* um weitere interaktive Funktionen wie die Vervollständigung von Namen durch die Tab-Taste und erweiterte Funktionen zum Editieren der Kommandozeile.

Die *tcsh* findet man vor allem unter Linux, aber auch auf kommerziellen Systemen kommt sie aus denselben Gründen wie die *bash* des Öfteren vor. Unter Linux ist sie meist als */bin/tcsh* und */bin/csh* installiert, sie ersetzt die C-Shell also vollständig.

Der Name *TENEX* geht auf ein Betriebssystemexperiment, das im Jahr 1972 begann, zurück, das den Autor der *tcsh* unter anderem durch die (damals durchaus noch nicht übliche) Kommandovervollständigung inspirierte.

Übungen

Da wir jetzt einen Überblick über die verschiedenen Shells haben, sollten wir einmal herausfinden, welche Shell wir eigentlich selbst benutzen. Hierzu schauen wir einmal in die Datei */etc/password*: Übung 1-1

```
herbert@Paulina:/home/herbert $ cat /etc/passwd
root:x:0:0:root:/root:/bin/bash
daemon:x:1:1:daemon:/usr/sbin:/bin/sh
[...]
herbert:x:1000:1000:Martin Dietze,,,:/home/herbert:/bin/bash
```

Welche Shell die einzelnen Benutzer haben, steht jeweils am Ende der Zeilen. Übrigens enthält diese Datei nicht die Passwörter der Benutzer. Das war früher der Fall, wurde dann aber aus Sicherheitsgründen geändert (siehe auch Seite 63). Übung 1-2

KAPITEL 2

Erste Schritte

In diesem Kapitel:

- Vom Starten bis zum Beenden
- Die Historie-Funktion
- Wichtige Tastenkürzel
- Bewegen im Dateisystem
- Das Hilfesystem

Im interaktiven Betrieb besteht die Kommunikation mit der Shell primär aus der Eingabe von Kommandos und dem Warten auf deren Ausgabe. Um sich in dieser Umgebung schnell und effektiv bewegen zu können, stellen die verschiedenen Shells jeweils unterschiedliches Handwerkszeug zur Verfügung, das natürlich zunächst einmal kennengelernt werden will.

Vom Starten bis zum Beenden

Die Shell ist die Standardbenutzerschnittstelle des Unix-Systems. Das gilt sogar, wenn man eine grafische Oberfläche benutzt, da auch dann im Hintergrund eine Shell läuft, von der aus alle anderen Prozesse gestartet wurden. Somit beginnt die allererste Shellsitzung streng genommen beim Anmelden auf dem System und endet mit dem Abmelden.

Da die Shell im Grunde ein Programm wie jedes andere ist, kann aus einer Shell-Sitzung heraus ohne Weiteres eine weitere Shell durch Eingabe ihres Namens (etwa *tcsh* oder *bash*) gestartet werden, beispielsweise wenn Sie mit einer anderen Shell als der voreingestellten arbeiten wollen.

Eine weitere Möglichkeit, direkt mit der Shell zu arbeiten, stellt das bereits mehrfach erwähnte Programm *xterm* oder eines seiner Derivate dar, das auf der grafischen Oberfläche in einem Fenster eine interaktive Shell-Sitzung zur Verfügung stellt.

Verlassen wird jede Shell mit dem Kommando `exit`. Die Kontrolle wird wieder an den aufrufenden Prozess zurückgegeben – entweder an die Sitzung, aus der heraus die jeweilige Shell gestartet wurde, oder zum Anmeldebildschirm.

Die Historie-Funktion

Alle »neueren« Shells, die nach der klassischen Bourne-Shell kamen, besitzen eine *Historie-Funktion*, über die zu einem früheren Zeitpunkt eingegebene Kommandos bequem zurückgeholt werden können.

Die Bourne-Shell-Erweiterungen (*ksh* und *bash*) sowie die erweiterte C-Shell (*tcsh*) speichern sogar alle Kommandos in einer eigens dafür bereitgestellten Datei, so dass sich die Historie-Funktion auch auf frühere Shell-Sitzungen erstreckt.

Die Liste der früheren Kommandos wird in einem sogenannten *Historie-Buffer* gehalten, aus dem sich z.B. über die Angabe eines Index wahlfrei oder relativ zu einem Positionszeiger Kommandos abrufen lassen. Am Anfang befindet sich das älteste noch gespeicherte Kommando, am Ende das gerade eingetippte, aber noch nicht ausgeführte, gegebenenfalls aber auch gar nichts.

Historie über Tastendruck

Bei der ersten Gruppe (*ksh*, *bash* und *tcsh*) können frühere Kommandos einfach durch einen Tastendruck »zurückgeholt« werden.

Die Taste, über die das geschieht, ist abhängig von der aktuellen Tastaturbelegung (siehe Abschnitt »Kommandozeileneditoren«), häufig sind jedoch die Pfeiltasten Nach-oben und Nach-unten mit dieser Funktion vorbelegt. Mit Drücken der Nach-oben-Taste erscheint dann das zuletzt eingegebene Kommando, auf einen weiteren Druck das Kommando davor usw., und man kann mit den üblichen Tasten die Kommandos ändern, bevor man sie mit der Enter-Taste neu abschickt.

Historie durch Substitution in der C-Shell

Die klassische C-Shell verfügt nicht über einen derartigen interaktiven Historie-Mechanismus, bietet aber einige Substitutionsoperatoren an, über die auf die Gesamtheit bzw. Bestandteile von früheren Kommandos zugegriffen werden kann. Die *tcsh* beherrscht diesen Mechanismus ebenso, erlaubt aber zudem wie im vorherigen Abschnitt beschrieben die Benutzung der Historie-Funktion über Tastendruck. Ebenso versteht übrigens auch die *bash* diese alternative Art, frühere Kommandos zurückzuholen.

Was die klassische C-Shell stattdessen bietet, erfordert einige Einarbeitung, sei hier aber dennoch kurz vorgestellt. Benutzer anderer Shells mögen diesen Abschnitt je nach Interesse lesen oder auch überspringen.

Die Größe des Historie-Buffers, also wie viele Kommandos sich die Shell merkt, wird über die interne Variable `history` gesteuert (Kapitel 5 enthält weitere Informationen zur Konfiguration). Mit dem internen Kommando `history` kann man sich alle Befehle aus dem Historie-Buffer ansehen.

Es gibt nun eine ganze Anzahl von Substitutionsoperatoren, von denen zumindest ein Teil genannt werden soll. (Näheres lesen Sie im Abschnitt »Das Hilfesystem« zum Onlinehilfesystem sowie auch in der *Manpage* zur *tcsh*, die eine vollständige Liste der unterstützten Operatoren enthält.) Sie können beliebig in die Kommandozeile »eingebaut« und somit auch erweitert werden.

Die folgenden Operatoren selektieren ein Kommando aus dem Historie-Buffer:

`!!`
: Das letzte Kommando wird wiederholt.

`!-n`
: Es wird die Kommandozeile wiederholt, die *n* Kommandos zurückliegt.

`!name`
: Es wird das letzte von den Kommandos ausgeführt, die mit *name* beginnen, sofern eines gefunden wurde.

`!?name?`
: Es wird das letzte von den Kommandos ausgeführt, die irgendwo *name* enthalten, sofern eines gefunden wurde.

An die Auswahl des Kommandos können nun noch weitere Operatoren angefügt werden, die es erlauben, nur Teile des Kommandos auszuwählen.

Diese Operatoren werden mit einem Doppelpunkt an die Auswahl des Kommandos gehängt:

`n`
: Selektiert das *n*-te Wort (Zählung beginnt mit 0).

`^`
: Selektiert das erste Argument des Kommandos (nicht den Kommandonamen).

`$`

Selektiert das letzte Argument.

`m-n`

Selektiert die Wörter *m* bis *n*.

`-n`

Selektiert die Wörter *0* bis *n*.

`n*`

Selektiert alle Wörter ab *n*.

`*`

Selektiert alle Argumente.

Die Benutzung dieser Funktionen erfordert ein wenig Vorstellungskraft. Besonders häufig wird man normalerweise einfach ein früheres Kommando komplett wiederholen (`!!` bzw. `!`*n*) oder die Argumente eines früheren Kommandos in das aktuelle einfügen (`!!:*` bzw. `!`*n*`:*`).

Wichtige Tastenkürzel

Um das interaktive Leben zu erleichtern, bieten die verschiedenen Shells eine ganze Reihe von Komfortfunktionen, die über Tastenkürzel erreicht werden können. Es lohnt sich, alle einmal auszuprobieren und dann zumindest einige davon zu behalten, man erspart sich dadurch einiges an unnötiger Tipparbeit.

Kommandozeileneditoren

Die neueren Shells, z.B. die *ksh*, die *bash* und die *tcsh*, besitzen einen *Kommandozeileneditor* als Eingabehilfe, so dass es möglich ist, in der gerade getippten Kommandozeile Änderungen vorzunehmen, also den Kommandotext richtiggehend zu *editieren*. Bei allen drei oben genannten Varianten ist es möglich, zwischen zwei Tastaturbelegungen, *Emacs* und *vi*, die jeweils in der Bedienung den gleichnamigen Texteditoren unter Unix angeglichen sind, zu wählen. Kapitel 10 enthält eine Kurzeinführung in die Bedienung des *vi*.

Je nach Shell kann es aber notwendig sein, die gewünschte Einstellung zunächst einmal zu aktivieren:

- Die *ksh* hat oft keine spezielle Variante des Kommandozeileneditors voreingestellt, man muss ihn meist erst manuell aktivieren. Das geschieht durch `set -o emacs` bzw. `set -o vi` oder durch Setzen der Umgebungsvariablen `VISUAL` (zur Benutzung von Variablen siehe den Abschnitt »Variablen« in Kapitel 4). Wenn die Umgebungsvariable `VISUAL` gesetzt ist, muss das letzte Wort des Variablenwerts einer der beiden Namen sein, z.B. */usr/bin/emacs* oder */bin/vi*. Beide Varianten lassen sich verwenden, um diese Einstellungen beim Starten der Shell automatisch vorzunehmen (in Kapitel 5 gibt es nähere Information dazu).

- Die *bash* setzt üblicherweise automatisch die Option `emacs`. Wie auch bei der *ksh* kann in der *bash* diese Option mit dem `set`-Kommando geändert werden. Allerdings hat die `VISUAL`-Umgebungsvariable hier keine Wirkung.
- Die *tcsh* benutzt wie die *bash* üblicherweise die *Emacs*-Tastaturbelegung. Umgeschaltet wird hier mit `bindkey -e` auf *Emacs*- und `bindkey -v` auf *vi*-Belegung. Alternativ ist wie bei der *ksh* auch die Benutzung der Umgebungsvariablen `VISUAL` möglich.

Die Emacs-Belegung

Bei Tastenkombinationen mit mehreren gleichzeitig gedrückten Tasten steht im Folgenden `C` für Control (Strg) und `M` für Meta (Alt). Alternativ kann auch vor dem Kommando Esc gedrückt werden. Das ist sinnvoll, wenn die Alt-Taste vom Terminal nicht als Meta erkannt wird. Manche Kommandos akzeptieren zusätzlich eine vorangestellte Wiederholungszahl *n*. Um die angeben zu können, muss vorher die Esc-Taste gedrückt werden. Wird die Wiederholungszahl weggelassen, wird das Kommando einmal ausgeführt.

Hier ist eine kurze Liste mit den (von mir) am häufigsten gebrauchten Kürzeln, eine komplette Liste befindet sich z.B. in der Onlinedokumentation zum Emacs oder den Shells (siehe Abschnitt »Das Hilfesystem« zum Onlinehilfesystem):

Allgemeine Kommandos

`C-v`

Verhindert, dass das nächste eingegebene Zeichen als Tastaturkommando interpretiert wird (C-v und dann die Enter-Taste erzeugen z.B. ^M).

`C-c`

Bricht ein gerade aktives Kommando ab.

`C-l`

Löscht den Bildschirm und positioniert den Eingabeprompt in der ersten Zeile (*bash* und *tcsh*).

`C-d`

Beendet die aktuelle Shell-Sitzung (entspricht `exit`, siehe den Anfang dieses Kapitels). Die aktuelle Zeile muss leer sein.

Bewegen in der Kommandozeile

`C-a`
: Bewegt den Cursor auf das erste Zeichen der Zeile.

`C-e`
: Bewegt den Cursor hinter das letzte Zeichen der Zeile.

`nC-b`
: Bewegt den Cursor um *n* Zeichen zurück (funktioniert oft auch mit Pfeil-nach-links).

`nC-f`
: Bewegt den Cursor um *n* Zeichen vorwärts (funktioniert oft auch mit Pfeil-nach-rechts).

`nM-f`
: Bewegt den Cursor um *n* Wörter vorwärts.

`nM-b`
: Bewegt den Cursor um *n* Wörter zurück.

Text löschen und einfügen

`nC-d`
: Löscht die nächsten *n* Zeichen, wenn die aktuelle Zeile nicht leer ist. Das ist nützlich, wenn das Terminal die Del-Taste (Entf) nicht richtig erkennt.

`nC-h`
: Löscht *n* Zeichen links vom Cursor. Das ist nützlich, wenn das Terminal die Backspace-Taste nicht richtig erkennt.

`nM-d`
: Löscht die nächsten *n* Wörter.

`nMC-h`
: Löscht die *n* Wörter links vom Cursor.

`C-k`
: Löscht alle Zeichen rechts vom Cursor.

`C-y`
: Fügt den zuletzt gelöschten Text vor der Cursorposition ein.

Historie-Funktionen

`M-<`
: Setzt den Positionszeiger auf den Anfang des Historie-Buffers und fügt das dortige Kommando in die Kommandozeile ein.

`M->`

Setzt den Positionszeiger auf das Ende des Historie-Buffers und fügt das dortige Kommando in die Kommandozeile ein.

`nC-n`

Setzt den Positionszeiger um *n* Positionen weiter und fügt das dortige Kommando in die Kommandozeile ein. Das ist natürlich nur dann sinnvoll, wenn der Zeiger vorher vom Ende des Historie-Buffers wegbewegt wurde. Alternativ kann hier auch die Nach-unten-Taste benutzt werden.

`nC-p`

Setzt den Positionszeiger um *n* Positionen zurück und fügt das dortige Kommando in die Kommandozeile ein. Alternativ kann hier auch die Nach-oben-Taste benutzt werden.

`C-r`

Durchsucht den Historie-Buffer inkrementell rückwärts ab der aktuellen Zeigerposition. Es erscheint eine Aufforderung zur Eingabe des Anfangs des Kommandos, nach dem gesucht werden soll. Durch weitere C-r kann in den Kommandos im Historie-Buffer, mit denen das bisher Eingegebene übereinstimmt, geblättert werden. Wurde das richtige Kommando gefunden, kann es mit der Enter-Taste ausgelöst werden.

Die vi-Belegung

Bei der *vi*-Belegung ist zu beachten, dass analog zum »echten« *vi* modal gearbeitet wird. Das heißt, dass für verschiedene Aufgaben verschiedene »Betriebsarten« (Modi) existieren, zwischen denen durch bestimmte Kommandos gewechselt wird (anders als beim Original fehlt hier allerdings der *ex*-Mode). Für die meisten Tastaturkommandos benötigt man den *visual*-Modus, das Eingeben von Text erfolgt im Eingabemodus.

Hier eine Auswahl von Kommandos analog zu obiger *emacs*-Belegung, Wiederholungskommandos und Abkürzungen gelten ebenfalls wie oben:

Allgemeine Kommandos

`Esc`

Wechselt vom Eingabemodus in den *visual*-Modus oder bricht ein Kommando ab.

`.`

Wiederholt das letzte Editierkommando.

`C-l`

Löscht den Bildschirm und positioniert den Eingabeprompt in der ersten Zeile; funktioniert nicht im Eingabemodus, also gegebenenfalls vorher Esc drücken (*bash* und *tcsh*).

`C-v`

Verhindert im Eingabemodus, dass das als Nächstes eingegebene Zeichen als Tastaturkommando interpretiert wird (C-v und dann die Enter-Taste erzeugen z.B. ^M).

`C-d`

Beendet die aktuelle Shell-Sitzung (analog zu `exit`, siehe den Anfang dieses Kapitels). Die aktuelle Zeile muss leer sein.

Bewegen in der Kommandozeile

`i`

Wechselt in den Eingabemodus (*Einfügen*) an der aktuellen Cursorposition *(insert)*.

`a`

Wechselt in den Eingabemodus (*Einfügen*) hinter der aktuellen Cursorposition *(append)*.

`I`

Wechselt in den Eingabemodus (*Einfügen*) am Zeilenbeginn.

`A`

Wechselt in den Eingabemodus (*Einfügen*) am Zeilenende.

`^`

Bewegt den Cursor auf das erste Zeichen der Zeile.

`$`

Bewegt den Cursor hinter das letzte Zeichen der Zeile.

`nh`

Bewegt den Cursor um *n* Zeichen zurück (das funktioniert oft auch mit Pfeil-nach-links).

`nl`

Bewegt den Cursor um *n* Zeichen vorwärts (das funktioniert oft auch mit Pfeil-nach-rechts).

`nw`

Bewegt den Cursor um *n* Wörter vorwärts.

`nW`

Bewegt den Cursor um *n* großgeschriebene Wörter vorwärts.

`nb`

Bewegt den Cursor um *n* Wörter zurück.

nB

Bewegt den Cursor um *n* großgeschriebene Wörter zurück.

Text löschen und einfügen

nd

Leitet ein *n*-faches Löschkommando ein. Direkt nach diesem Befehl muss ein einfaches Bewegungskommando (also eines von *hlwWbB*) eingegeben werden. So löscht z.B. *db* das Wort links vom Cursor.

nx

Löscht die nächsten *n* Zeichen, wenn die aktuelle Zeile nicht leer ist. Das ist nützlich, wenn das Terminal die Del-Taste (Entf) nicht richtig erkennt.

nX

Löscht die *n* Zeichen links vom Cursor. Das ist nützlich, wenn das Terminal die Backspace-Taste nicht richtig erkennt.

D

Löscht alle Zeichen rechts vom Cursor.

p

Fügt den zuletzt gelöschten Text hinter der aktuellen Cursorposition ein.

P

Fügt den zuletzt gelöschten Text vor der aktuellen Cursorposition ein.

Historie-Funktionen

nG

Setzt den Positionszeiger auf die *n*-te Position des Historie-Buffers und fügt das dortige Kommando in die Kommandozeile ein.

nj

Setzt den Positionszeiger um *n* Positionen weiter und fügt das dortige Kommando in die Kommandozeile ein. Das ist natürlich nur sinnvoll, wenn der Zeiger vorher vom Ende des Historie-Buffers wegbewegt wurde. Alternativ kann hier auch die Nach-oben-Taste benutzt werden.

nk

Setzt den Positionszeiger um *n* Positionen zurück und fügt das dortige Kommando in die Kommandozeile ein. Alternativ dazu kann hier auch die Nach-oben-Taste benutzt werden.

/
: Durchsucht den Historie-Buffer rückwärts ab der aktuellen Zeigerposition. Der Anfang des gesuchten Kommandos wird direkt nach dem Schrägstrich eingegeben, dann wird die Suche mit der Enter-Taste abgeschlossen. Wurde ein Kommando gefunden, erscheint es jetzt in der Kommandozeile und kann durch erneutes Betätigen der Enter-Taste ausgelöst werden. Zwischen eventuell mehreren Treffern kann mit *n* in die eine und *N* in die andere Richtung gewechselt werden.

Vervollständigung von Namen

Jede der drei hier betrachteten Shells beherrscht das Vervollständigen von Kommando-, Datei- oder Verzeichnisnamen. Auf welche Weise diese Funktion abgerufen wird, hängt sowohl von der Shell als auch von der im Kommandozeileneditor aktiven Tastaturbelegung ab:

Shell	*Emacs*-Belegung	*vi*-Belegung
bash	*Tab*	*Tab*
ksh	*EscEsc*	*C-f*
tcsh	*Tab*	*Tab*

Warnung C-f steht unter Umständen bei alten *ksh*-Versionen nicht immer zur Verfügung.

Wenn nichts mehr geht

Mitunter kommt es vor, dass durch versehentliche Eingaben der Eindruck entsteht, die Shell reagiere nicht mehr richtig oder sogar überhaupt nicht mehr (die Shell kennt keine »Sind-Sie-sicher?«-Dialoge). Einige besonders häufig auftretende Probleme lassen sich aber leicht beheben:

Die Shell reagiert nicht und zeigt auch keine Angaben an
: Das kann vorkommen, wenn versehentlich C-s gedrückt wurde, was die Kommunikation zwischen dem Terminal und der Shell vorübergehend unterbricht. Die Verbindung kann durch C-q wiederhergestellt werden.

Unlesbare Zeichen auf dem Terminal statt normaler Buchstaben
: Die Ansteuerung des Terminalbildschirms erfolgt durch »Ausgabe« von Zeichen, die eine besondere Bedeutung haben. Werden solche Zeichen versehentlich ausgegeben, kann es sein,

dass Einstellungen des Terminals geändert wurden. Um das Terminal zurückzusetzen, stellen viele Unix-Systeme das Kommando `reset` zur Verfügung. Gibt es dieses Kommando nicht oder macht es etwas anderes, hilft unter Umständen das Kommando `echo -e \\033c`. Bringt auch das nichts, bleibt immer noch, die Shell durch blindes Eintippen von `exit` zu verlassen und dann eine neue zu starten.

Beispiele

Um mit den oben genannten Funktionen vertraut zu werden, wollen wir anhand eines kurzen Beispiels einmal die Historie-Funktion und die Vervollständigung von Namen ausprobieren. Zum Editieren des Kommandotexts kann natürlich je nach Geschmack die *Emacs*- oder *vi*-Tastaturbelegung verwendet werden.

Wir beginnen wieder mit dem bereits mehrmalig verwendeten `ls`-Befehl. Wenn Ihre Shell diese Funktion unterstützt, geben Sie den Befehl nur bis zum »pro« ein und lassen dann z.B. durch die Tab-Taste den Dateinamen vervollständigen:

```
herbert@Paulina:/home/herbert $ ls /etc/profile
/etc/profile
herbert@Paulina:/home/herbert $ _
```

Wir haben gesehen, dass eine Datei */etc/profile* im Dateisystem existiert. Nun wollen wir auch sehen, wie groß diese Datei ist. Hierzu holen wir uns den obigen Befehl mit der *Historie*-Funktion zurück und springen in die Mitte der Kommandozeile, um die Option `-l` (`l` für *long*) einfügen zu können:

```
herbert@Paulina:/home/herbert $ ls -l /etc/profile
-rw-r--r--  1 root  root  6142 Aug 15 17:31 /etc/profile
herbert@Paulina:/home/herbert $ _
```

Nun wollen wir wissen, wie viele Wörter diese Datei enthält. Hierzu benutzen wir den im Beispiel auf Seite 9 schon einmal verwendeten `wc`-Befehl, jetzt allerdings ohne Verkettung. Hierzu holen wir uns erneut mithilfe der Historie-Funktion einen der beiden letzten `ls`-Befehle zurück (z.B. mit der Suchfunktion), springen mit dem Cursor an den Zeilenanfang und löschen alles bis */etc/profile* (zeichen- oder auch wortweise), um dann den `wc`-Befehl mit der Option `-w` (`w` für *words*) einzufügen:

```
herbert@Paulina:/home/herbert $ wc -w /etc/profile
    889 /etc/profile
herbert@Paulina:/home/herbert $ _
```

Wie hier mal wieder deutlich wird, gibt es weit mehr als einen Weg, um zum Ziel zu gelangen. Es ist empfehlenswert, sich zunächst einmal für einige wenige, besonders flexibel einsetzbare Tastaturkürzel zu entscheiden und sie konsequent einzusetzen.

Eine sinnvolle Auswahl könnte sein:

- Die Kommandos zum Vor- und Rückwärtsgehen durch den *Historie-Buffer* (z.B. mit den Pfeiltasten).
- Wenn vorhanden, die Vervollständigung von Datei- und Kommandonamen (meist mit der Tab-Taste).
- Die Kommandos, um den Cursor nach rechts, links, zum Zeilenbeginn und zum Zeilenende zu bewegen.
- Die Kommandos zum zeichenweisen Löschen.

Bewegen im Dateisystem

Als vollständige »Benutzeroberfläche« bietet die Shell mit ihren Werkzeugen natürlich auch Möglichkeiten, auf Dateien und Verzeichnisse im Dateisystem zuzugreifen. Um diese effektiv nutzen zu können, ist es wichtig, ein grundsätzliches Verständnis der Organisation eines typischen Unix-Dateisystems und der syntaktischen Konventionen zur Angabe von Datei- und Verzeichnisnamen in der Shell zu gewinnen.

Verzeichnisse und Dateien

Wie heutzutage üblich, kennt auch das Unix-Dateisystem einfache Dateien und Verzeichnisse, die aus Benutzersicht durch ihren Namen identifiziert werden (Vorsicht: Groß- und Kleinschreibung ist von Bedeutung):

- Einfache Dateien sind Objekte im Dateisystem, die Benutzerdaten, aber auch Programmcode enthalten können. Sie belegen abhängig von der Größe ihres Inhalts unterschiedlich viel Platz auf dem Datenträger.
- Verzeichnisse sind spezielle Dateien, die zwar keine Daten, dafür aber beliebig viele Dateien enthalten können. Sie dienen daher der logischen Aufteilung des Dateisystems.

Das Unix-Dateisystem geht immer von einem Hauptverzeichnis aus, dem sogenannten *Root-Directory*. In diesem Verzeichnis befindet sich üblicherweise eine Vielzahl von Unterverzeichnissen und anderen Dateien. Die Unterverzeichnisse können ihrerseits weitere Unterverzeichnisse und wiederum einfache Dateien enthalten, so dass eine Art Baum entsteht, der seine Wurzel im Hauptverzeichnis hat.

Während einer Shell-Sitzung befindet man sich immer in irgendeinem Verzeichnis. Das heißt, man kann auf alle Objekte innerhalb dieses Verzeichnisses direkt zugreifen, ohne der Shell noch mitteilen zu müssen, wo genau sie sich befinden. Dieses aktuelle Verzeichnis kann man auch wechseln, um durch das Dateisystem zu »wandern«.

Da Unix ein Multiuser-Betriebssystem ist, enthält das Dateisystem auch Informationen über Besitzer von Objekten und welche Art von Zugriffsrechten sie und andere Benutzer auf diese Objekte haben. Dabei gilt allgemein die Philosophie, dass zwar die meisten Objekte für alle Benutzer lesbar sind, der schreibende Zugriff aber üblicherweise nur dem Besitzer erlaubt ist.

Pfadangaben

Da das Unix-Dateisystem hierarchisch aufgebaut ist, benötigen wir eine Notation, die es uns erlaubt, eine Beziehung der Art »Datei A befindet sich im Verzeichnis B, das sich seinerseits im Hauptverzeichnis befindet« einfach auszudrücken. Hierzu dient die Pfadsyntax. Hinter dem *Pfad* steckt die Idee, den logischen Weg vom Ursprung (dem Hauptverzeichnis) bis hin zu einem bestimmten Objekt zu zeichnen.

Der Weg hin zu einem Objekt geht immer über Verzeichnisse. Um die Beziehung eines Verzeichnisses zu einem enthaltenen Objekt zu beschreiben, wird unter Unix als Trennsymbol der Schrägstrich (engl. *Slash*) benutzt. Dabei steht immer links der aktuelle Ausgangspunkt, rechts steht das gerade beschriebene Objekt. Das Beispiel oben lässt sich also in Pfadsyntax als */B/A* ausdrücken.

Leser, die aus der Microsoft-Welt kommen, werden hier möglicherweise die Laufwerkbuchstaben vermissen. Tatsächlich gibt es dieses Konzept unter Unix nicht – weil es schließlich auch nicht notwendig ist. Das Schöne am Unix-Dateisystem ist, dass es den Benutzer überhaupt nicht zu interessieren braucht, auf welcher Partition welcher Festplatte sich welche Dinge befinden. Festplattenpartitionen werden völlig transparent als Verzeichnisse in den Unix-Verzeichnisbaum aufgenommen und tauchen somit nicht explizit auf.

Absolute Pfadangaben

Wer ganz genau hingesehen hat, wird vielleicht bemerkt haben, dass das Hauptverzeichnis hier überhaupt nicht genannt ist. In der Tat hat das Hauptverzeichnis im Unix-Dateisystem keinen wirklichen Namen, sondern wird durch den Schrägstrich ganz links angegeben. Das heißt, sobald sich in einer Pfadangabe ganz links ein Schrägstrich befindet, fangen wir beim Hauptverzeichnis an. In einem solchen Fall handelt es sich um eine *absolute Pfadangabe*.

Absolute Pfadangaben benutzt man üblicherweise, um auf Objekte zuzugreifen, die sich nicht unterhalb des aktuellen Verzeichnisses befinden. Bereits im Beispiel aus dem vorherigen Abschnitt auf Seite 27 wurde eine absolute Pfadangabe verwendet:

```
herbert@Paulina:/home/herbert $ ls /etc/profile
/etc/profile
herbert@Paulina:/home/herbert $ _
```

Wir haben uns hier die Datei *profile* im Verzeichnis */etc* anzeigen lassen. Das Verzeichnis *etc* befindet sich wiederum im Hauptverzeichnis, was man anhand des Schrägstrichs ganz links erkennen kann.

Relative Pfadangaben

Das Gegenstück zur absoluten ist die *relative Pfadangabe*. Hier wird die Adressierung relativ zu einem bestimmten Ort im Dateisystem durchgeführt. Die einfachste Form ist die Nennung des Namens, wenn sich das Objekt im jeweils aktuellen Verzeichnis befindet (z.B. *A* für eine Datei oder ein Verzeichnis *A*). Es sind aber auch Verzweigungen durch Unterverzeichnisse möglich (z.B. *B/A* für eine Datei oder ein Verzeichnis *A* in einem Unterverzeichnis *B*, das sich im aktuellen Verzeichnis befindet).

Was aber tun, wenn sich das gesuchte Objekt nicht unterhalb des aktuellen Verzeichnisses befindet? Zu diesem Zweck existieren zwei Aliase:

. steht für das aktuelle Verzeichnis.

.. steht für das Verzeichnis, in dem sich das jeweils aktuelle befindet (also das nächsthöhere Verzeichnis).

Zusammen mit dem Schrägstrich als Trennzeichen können diese Aliase beliebig oft verkettet werden, so dass wie mit der absoluten auch mit der relativen Pfadangabe jedes beliebige Objekt im Dateisystem mehr oder weniger umständlich erreicht werden kann. Im folgenden Beispiel gehen wir davon aus, dass wir uns gerade im Verzeichnis */home/herbert* befinden. Wir werden uns mithilfe des `ls`-Befehls Objekte zunächst mithilfe einer absoluten Angabe zeigen lassen und dieselbe Aktion dann mithilfe relativer Pfadangaben wiederholen:

```
herbert@Paulina:/home/herbert $ ls /etc/profile
/etc/profile
herbert@Paulina:/home/herbert $ ls ../../etc/profile
../../etc/profile
herbert@Paulina:/home/herbert $ ls ./../../etc/profile
./../../etc/profile
herbert@Paulina:/home/herbert $ ls ./.././../etc/./profile
./.././../etc/./profile
herbert@Paulina:/home/herbert $ ls ../../home/../etc/profile
../../home/../etc/profile
herbert@Paulina:/home/herbert $ _
```

Da wir uns im Verzeichnis */home/herbert* befinden, nimmt jedes *../* je eine Verzeichnisebene weg, so dass wir mit *../../* zwei Ebenen höher sind also in */*. Von da an funktioniert dann wieder alles wie bei der absoluten Angabe.

Was hier mit dem `ls`-Befehl angezeigt wird, ist übrigens die systemweite Konfigurationsdatei, in der die Grundeinstellungen aller Shells der Bourne-Shell-Familie festgelegt sind. Es lohnt sich, einmal hineinzuschauen und zu überprüfen, wie viel man schon von dem versteht, was darin steht. Diese Übung können Sie gern im Verlauf der Lektüre dieses Buchs von Zeit zu Zeit wiederholen und somit Ihren Fortschritt überprüfen!

Vielleicht stellt sich manchem die Frage, wozu denn der einfache Punkt (.) als Alias für das aktuelle Verzeichnis notwendig ist, da er in den Beispielen oben immer auch weggelassen werden konnte? Diese Frage ist in diesem Fall natürlich vollkommen verständlich. Es gibt allerdings eine Menge anderer Aktionen, in denen es möglicherweise notwendig wird, in allgemeiner Form das aktuelle Verzeichnis angeben zu können (z.B. beim Konfigurieren des Systems oder beim Aufrufen von Befehlen). Wir werden im Verlauf dieses Buchs noch auf einige Beispiele stoßen, die den einfachen Punkt zwingend erforderlich machen.

Einige besondere Verzeichnisse im Unix-Dateisystem

Obwohl in den Bezeichnungen mitunter einige Unterschiede bestehen, gibt es doch unter den verschiedenen Unix-Systemen immer einige besondere Verzeichnisse bzw. Verzeichnishierarchien, die bestimmten Verwendungszwecken zugeordnet sind. Heutzutage werden diese Unterschiede immer kleiner, was für Benutzer und Softwareentwickler natürlich ungemein vorteilhaft ist, allerdings gibt es weiterhin einige Exoten, bei denen die unten genannten Verzeichnisnamen nicht zutreffen.

Hier einige Beispiele:

- Alle Benutzer erhalten ein eigenes Verzeichnis, das sogenannte *Home-Verzeichnis*, in dem sie ihre eigenen Daten (Dokumente oder auch eine Homepage, wenn das System einen Webserver betreibt) ablegen und eigene Software installieren können. Diese Verzeichnisse tragen meist den Anmeldenamen des jeweiligen Benutzers (z.B. heißt mein Verzeichnis */home/herbert*). Die Shell bietet für dieses spezielle Verzeichnis eine Abkürzung an, das Tilde-Zeichen (~).
- Meist befinden sich alle diese Verzeichnisse in einem gemeinsamen Oberverzeichnis, das sinnvollerweise */home*, aber auch anders heißen kann.
- Für temporäre Dateien, die von Anwendungen angelegt und (hoffentlich) hinterher wieder gelöscht werden, kann ein systemweites *Temp-Verzeichnis* benutzt werden, für das alle Benutzer schreibberechtigt sind. Beliebte Orte dafür sind */tmp* oder */var/tmp* (*tmp* steht für »temporär«, *var* für »variabel« im Sinne von »veränderlich«). Man beachte, dass die meisten Unix-Systeme so konfiguriert sind, dass */tmp* bei jedem Systemstart geleert wird. Will man also temporäre Dateien ablegen, die einen Neustart überleben, sollte man sie lieber in */var/tmp* ablegen.
- Die systemweite Konfiguration befindet sich meist in dem Verzeichnis */etc*. Subsysteme können durchaus andere Verzeichnisbäume benutzen (z.B. */usr/X11/lib/X11* für das XWindow-System).
- Für die auf dem System installierten Anwendungen existiert ein Verzeichnisbaum oder auch mehrere. Auf den allermeisten Unix-Systemen ist das in der Hauptsache */usr*. Typische Unix-Anwendungen werden nicht in ein eigenes, sondern in gemeinsam mit anderen Anwendungen benutzte Unterverzeichnisse verteilt installiert (um Software auch wieder richtig deinstallieren zu können, gibt es auf fast allen modernen Unix-Systemen sehr leistungsfähige Paket-Manager zur Installation und Deinstallation von Software, die dafür sor-

gen, dass keine Komponenten beim »Entsorgen« vergessen oder versehentlich überschrieben werden).

- Ausführbare Programme befinden sich meist in Verzeichnissen, die *bin* (für »Binaries«) heißen. Von diesen Verzeichnissen gibt es meist mehrere, */bin* für Systemprogramme, die für den Betrieb unbedingt benötigt werden, und */usr/bin* sowie */usr/local/bin* für Anwendungsprogramme.

Befehle zum Navigieren durch das Dateisystem

Um im Dateisystem von einem Ort zum nächsten zu gelangen, benötigen wir vor allem ein Fortbewegungsmittel und eine Navigationshilfe. Als wichtiges Hilfsmittel zur Notation von Orten wurde ja bereits im Abschnitt »Pfadangaben« die Pfadnotation vorgestellt. Wie aber finden wir heraus, an welchem Ort wir uns gerade befinden, und wie wechseln wir an einen anderen?

In den bisherigen Beispielen wurde ohne weiteren Kommentar die Kommandoaufforderung, wie sie auf meinem System eingestellt ist, gezeigt:

```
herbert@Paulina:/home/herbert $ _
```

Wie auf vielen anderen Systemen zeigt mir auf meinem Rechner die Shell bereits am Prompt an, in welchem Verzeichnis ich mich befinde. Im obigen Beispiel ist das mein Home-Verzeichnis */home/herbert*. Was aber tun, wenn ein System nicht so schön vorkonfiguriert ist und ich noch nicht weiß, wie ich so etwas selbst einstellen kann?

Hinweis Wie man seinen Prompt einstellt, wird in Kapitel 5 ausführlich behandelt.

Hilfe verspricht hier der Befehl `pwd` (*print working directory*):

```
$ pwd
/home/herbert
$ _
```

Das Wechseln eines Verzeichnisses geschieht mithilfe des `cd`-Kommandos (*change directory*). Das Zielverzeichnis übergibt man ganz einfach als Kommandozeilenargument:

```
$ cd Verzeichnis
```

Um ein Verzeichnis zum Hineinwechseln zu finden, bietet sich wieder der bereits in vorherigen Beispielen benutzte `ls`-Befehl an. Allerdings taucht hier ein Problem auf, da nicht auf den ersten Blick klar ist, bei welchem Objekt im Dateisystem es sich um eine Datei oder ein Verzeichnis handelt. Um dem `ls`-Befehl mehr Informationen zu entlocken, wird er mit der Option `-l` aufgerufen.

Hinweis Aus Platzgründen werden wir von hier an des Öfteren in Beispielen auf platzraubende Eingabeaufforderungen (siehe Abschnitt »Die Eingabeaufforderung einrichten« in Kapitel 5) verzichten und uns auf das einfache, aber platzsparende `$` beschränken.

```
$ ls -l /
total 602
-rw-r--r--   1 root    root    148044 Sep 18 13:20 System.map
drwxr-xr-x   2 root    root      1024 Jul 26 17:04 bin
drwxr-xr-x   4 root    root     26624 Sep 18 12:50 dev
drwxr-xr-x  25 root    root      3072 Sep 18 12:50 etc
drwxr-xr-x   9 root    root      1024 Aug  8 20:15 home
drwxr-xr-x   4 root    root      1024 Aug  9 19:22 lib
drwxr-xr-x   2 root    root     12288 Jan  6  1999 lost+found
d---------   2 root    root      1024 Jan  6  1999 mnt
dr-xr-xr-x  54 root    root         0 Sep 18  1999 proc
drwxr-xr-x   4 root    root      2048 Feb  3  1999 sbin
drwxrwxrwt  10 root    root      2048 Sep 18 13:06 tmp
drwxr-xr-x  25 root    root      1024 Jul 30 14:44 usr
drwxr-xr-x  17 root    root      1024 Aug  8 20:15 var
-rw-r--r--   1 root    root    411266 Sep 18 13:20 vmlinuz
$ cd /etc/
$ pwd
/etc
$ _
```

Auf die Informationen, die die lange Ausgabe des `ls`-Befehls enthalten, wird in Kapitel 3 näher eingegangen. Hier sei nur so viel erwähnt, dass ganz links an der Ausgabe zu erkennen ist, um welche Art von Objekt im Dateisystem es sich bei einem Eintrag handelt. Verzeichnisse erkennt man daran, dass sich ganz links der Buchstabe `d` befindet. Im obigen Beispiel haben wir es fast ausschließlich mit Verzeichnissen zu tun, nur *System.map* und *vmlinuz* sind normale Dateien.

Das Wechseln von Verzeichnissen funktioniert natürlich auch mit relativen Pfadangaben:

```
$ pwd
/home/herbert
$ cd ../../etc/
$ pwd
/etc
$ _
```

Abkürzungen beim Verzeichniswechseln

Um für das Wechseln von Verzeichnissen nicht unnötig viel tippen zu müssen, definieren einige Shells recht nützliche Abkürzungen. Zwei davon haben Sie schon kennengelernt: . und .. (siehe Abschnitt »Pfadangaben«). So gibt es beispielsweise für das Wechseln in das jeweils vorherige Verzeichnis in der *ksh*, *bash* und *tcsh* die Möglichkeit, bei dem cd-Befehl als Zielverzeichnisnamen einfach das Minuszeichen (-) anzugeben:

```
herbert@Paulina:/home/herbert $ cd /etc/
herbert@Paulina:/etc $ cd -
/home/herbert
herbert@Paulina:/home/herbert $ cd -
/etc
herbert@Paulina:/etc $ _
```

Die *csh* verfügt (wie auch *tcsh* und *bash)* über die Kommandos pushd und popd, mit deren Hilfe beim Verzeichniswechsel das alte Verzeichnis in einer Stack-Struktur gespeichert bzw. aus ihr entfernt wird:

```
herbert@Paulina:/home/herbert $ pushd /etc/
/etc ~/src/unix-shell
herbert@Paulina:/etc $ popd
~/src/unix-shell
herbert@Paulina:/home/herbert $ popd
-bash: popd: directory stack empty
herbert@Paulina:/home/herbert $ _
```

Wie dieses Beispiel zeigt, entfernt popd das gewählte Verzeichnis, so dass ein Hin- und Herwechseln wie im Beispiel darüber nicht möglich ist.

Ein besonders häufig benötigtes Verzeichnis ist das eigene Home-Verzeichnis. Um dorthin zu kommen, muss man überhaupt keinen Namen angeben, der cd-Befehl kann also einfach ganz ohne Argumente aufgerufen werden. Der Vollständigkeit halber sei noch erwähnt, dass cd ~ genauso funktioniert, aber nötig ist das natürlich nicht.

Außerdem gibt es für beliebige Verzeichnisnamen immer noch die automatische Vervollständigung von Namen in der *ksh*, *bash* und *tcsh* (siehe Abschnitt »Vervollständigung von Namen«).

Übungen

Auf vielen Unix-Systemen gibt es ein Verzeichnis */usr/local*, in dem üblicherweise Software, die nicht mit dem Betriebssystem ausgelie- Übung 2-1 fert wurde, installiert wird. Finden Sie heraus, ob es auf Ihrem System ein solches Verzeichnis gibt, und wechseln Sie gegebenenfalls in dieses Verzeichnis (ansonsten tut es auch */usr*!). Probieren Sie bei dieser Gelegenheit die Abkürzungen aus dem letzten Abschnitt und auch die Vervollständigung von Datei- und Verzeichnisnamen aus, wenn Ihre Shell das unterstützt.

Übung 2-2 ▶ Was befindet sich in diesem Verzeichnis? Welches Unterverzeichnis enthält besonders viele Dateien? Was für Dateien könnten das dem Namen des Verzeichnisses nach zu urteilen sein? Gibt es Verzeichnisse mit demselben Namen noch an anderer Stelle (z.B. im Hauptverzeichnis, in */usr* oder gegebenenfalls in */opt*)? Zu diesen Fragen gibt es keine feste Antwort, es ist aber ein typisches Merkmal von Unix-Systemen, dass der */usr/local*-Baum Teile des */usr*-Baums abbildet.

Das Hilfesystem

Die klassische Onlinedokumentation von Unix-Systemen erscheint in Form der *Online-Manuals* (*Manpages*) und steht für die Shells, Werkzeuge und sogar für wichtige Konfigurationsdateien zur Verfügung. Diese Art von Hilfe ist in erster Linie als Referenz gedacht und in der Regel unter Namen von Befehlen oder Konfigurationsdateien usw. einsortiert.

Eine solche Dokumentation zu lesen, erfordert ein gewisses Training, deswegen werden wir in den folgenden Abschnitten genauer darauf eingehen, wie sie aufgebaut ist und wie man sie liest. Da man oft nicht weiß, wie ein Befehl heißt, den man gerade braucht, werden wir auch die Benutzung einiger Hilfswerkzeuge vorstellen, mit denen man die Dokumentation durchsuchen kann.

Viele Unix-Systeme oder auch einzelne Softwarepakete verwenden für ihre Dokumentation zusätzlich zu oder auch anstelle von Manpages andere Formate. Neben dem sich immer mehr verbreitenden HTML, das sich in beliebigen Browsern anzeigen und durch meist mitgelieferte Suchmaschinen durchsuchen lässt, ist *GNU info* in der Welt der GNU-Software oft eine Alternative zu den klassischen Manuals.

Der man-Befehl

Die Onlinedokumentation zu einer Shell, einem Befehl, einer Funktion aus einer Programmbibliothek oder einer Konfigurationsdatei usw. öffnet man mit `man`, dem man als Argument den Namen z.B. des Befehls, über den man sich informieren will, übergibt. Wurde dann der gesuchte Eintrag gefunden, wird die entsprechende Dokumentation auf dem Terminal angezeigt. Beispielsweise öffnet man das Manual zum `ls`-Befehl so:

```
herbert@Paulina:/home/herbert $ man ls
```

Anzeigen der Manuals

Typischerweise ist ein solches Handbuch etwas länger, als dass es auf eine Bildschirmseite passen würde, daher wird zur Anzeige meist ein eigenes Programm benutzt, das die Anzeige seitenweise ermöglicht. Ein solches Programm nennt man *Pager*.

Die Intelligenz und der Funktionsumfang dieser Pager-Programme variieren von System zu System, mitunter stehen sogar mehrere alternativ zur Auswahl. Häufig vorkommende Beispiele sind `more` und `less`, auf älteren Systemen auch `pg`. Für Programme, die wie `man` einen Pager automatisch aufrufen, wird üblicherweise durch die `PAGER`-Umgebungsvariable ein Standardwert gesetzt, den Benutzer ihren eigenen Bedürfnissen anpassen können (Näheres dazu siehe Kapitel 5).

Der kleinste gemeinsame Nenner in der Bedienung all dieser Programme ist, dass man in ihnen mit der Leertaste seitenweise vorwärts blättern kann. Viele von ihnen beenden sich automatisch, sobald das Ende des angezeigten Texts erreicht ist, manche müssen auch mit der Taste q beendet werden. Weitere Funktionen wie das Zurückblättern, das zeilenweise Bewegen im Text oder das Suchen von Zeichenketten können nur die etwas intelligenteren Pager. Das auf GNU-Systemen übliche `less` hat von den oben genannten Beispielen den größten Funktionsumfang, beim »echten« `more` hingegen ist das abhängig vom gerade verwendeten Unix-System.

Die Bezeichnung `less` (im Gegensatz zu `more`) ist durchaus kein Zufall. Wir haben es bei der Shell mit einem *sprachbasierten* System zu tun, und die Schöpfer der Shell hatten offenbar auch ganz einfach Spaß an Sprache. Was lag also näher, als die Verbesserung des Programms mit dem Namen `more` mit dem Namen `less` zu belegen (gut, `evenmore` oder `most` wäre sicher auch eine Option gewesen, aber sicherlich weniger originell.). Derartige Wortspielereien kommen immer wieder vor, hier sei nur noch ein weiteres Beispiel genannt: `cat` gibt den Inhalt einer Datei auf der Standardausgabe aus, `tac` tut das auch – nur rückwärts!

Ob das gerade verwendete Pager-Programm die eine oder andere Funktion unterstützt, kann einfach durch Probieren herausgefunden werden, da die Tastaturkommandos hierfür meist dieselben sind

Vorblättern	Bild oder C-f
Zurückblättern	Bild oder C-b
Zeilenweise bewegen	Pfeiltasten oder j bzw. k
Vorwärts suchen	/
Rückwärts suchen	?
Hilfe zur Belegung	h, selten auch ?

Einige der oben genannten Tastaturkommandos sind dem Unix-Systemeditor *vi* (Kapitel 10 enthält eine Kurzeinführung zu *vi*) entlehnt, an dessen Tastaturbelegung sich auch heute noch einige Konsolenprogramme unter Unix orientieren.

Unterteilung der Manuals

Da die Manpages so viele verschiedene Dinge dokumentieren können, sind sie auf verschiedene »Sektionen« verteilt. So kann es ohne Weiteres sein, dass es unter demselben Namen mehrere Einträge in der Dokumentation gibt. Tritt so ein Fall auf, muss der `man`-Befehl zusätzlich mit der zu durchsuchenden Sektion aufgerufen werden. Im Fall unseres guten alten `ls`-Kommandos ist das zwar nicht notwendig, aber prinzipiell möglich:

```
herbert@Paulina:/home/herbert $ man 1 ls
```

Bei manchen anderen Systemen auch:

```
herbert@Paulina:/home/herbert $ man -s 1 ls
```

Wie das Beispiel zeigt, wird die Sektion vor dem Namen der jeweiligen Dokumentationsseite angegeben, wobei unter es Umständen notwendig wird, dazu einen Schalter wie z.B. `-s` zu benutzen (ein `man man` gibt Aufschluss darüber, wie die Syntax auf dem jeweiligen System ist). Folgende Sektionen sind üblicherweise vorhanden:

1	Benutzerkommandos
2	Systemaufrufe (typischerweise Funktionen aus der C-Bibliothek)
3	Subroutinen (Funktionen aus anderen Subsystemen)
4	Geräte
5	Konfigurationsdateien

6	Spiele
7	Sonstiges
8	Kommandos zur Systemadministration
n	Neues
o	Altes

Manpages lesen

Das Lesen von Manpages will gelernt sein. Sie enthalten oft mehr Information, als gerade benötigt wird; auch haben sie in der Regel einen bestimmten Aufbau, der das Finden von Informationen erleichtern soll. Es gibt hier natürlich auch größere Unterschiede, von unterschiedlichen Schreibstilen bis hin zu abweichenden Konventionen unter den verschiedenen Unix-Systemen. Dennoch gibt es eine Reihe von typischen Abschnitten:

- In der Kopfzeile steht der Name der Manpage gefolgt von der Sektion in Klammern.
- *NAME* enthält eine Liste der dokumentierten Befehle bzw. Funktionen usw. mit einer kurzen Beschreibung.
- *SYNOPSIS* beschreibt die Syntax eines Befehls. Diese Beschreibung kann bei komplexen Befehlen auf den ersten Blick sehr lang und unübersichtlich wirken. Vorn steht immer der Befehl gefolgt von einer Liste von obligatorischen oder optionalen Argumenten, wobei die in eckigen Klammern optional sind. Der Sinn dieser Darstellungsweise liegt darin, einen Überblick über den Funktionsumfang und die Aufrufsyntax zu verschaffen.
- *DESCRIPTION* ist die eigentliche Beschreibung, die je nach Komplexität des Themas wiederum in einige Unterabschnitte aufgeteilt sein kann. Hier werden z.B. alle in *SYNOPSIS* aufgelisteten Optionen sowie allgemeine Konzepte dokumentiert. Dieser Abschnitt ist meist der längste in der Manpage.
- *FILES* sind Dateien, die im Zusammenhang mit dem aktuellen Thema wichtig sind, z.B. Konfigurationsdateien oder Dateien, die von einem Befehl angelegt werden.
- *SEE ALSO* enthält eine Liste anderer Manpages, die verwandte Informationen zum aktuellen Thema enthalten.
- *BUGS* werden mitunter ungern zugegeben, dennoch gilt es als guter Stil, in diesem Abschnitt auf bekannte Probleme im Zusammenhang mit dem aktuellen Thema hinzuweisen.

- In der Manpage zur *bash* beginnt dieser Abschnitt übrigens mit der Feststellung *It's too big and too slow*!

Dieses Schema ist typisch vor allem für Benutzerkommandos – also Sektion 1 –, Manpages zu Systemaufrufen und Konfigurationsdateien enthalten mitunter noch eine ganze Reihe weiterer Abschnitte, wobei jedoch die wesentlichen Elemente in den allermeisten Varianten zu finden sind.

Beispiel einer Manpage

Um das Ganze ein wenig mit Leben zu füllen, denken wir uns an dieser Stelle einen fiktiven Befehl `foo`, zu dem eine ebenfalls fiktive Manpage Folgendes enthält:

```
FOO(1)

NAME
   foo - do a bar

SYNOPSIS
   foo [-l] [--long] [-v] [--verbose] infile [-o outfile]

DESCRIPTION
   This manual page documents the foo command. The foo command bars infile writing
   the output to standard output. Alternatively, an outfile can be specified to
   redirect the output to a file.

OPTIONS
   -l, --long
       Produce a longer output with each entry in its own line.

   -v, --verbose
      Verbose mode, produces status messages to standard error while processing.
      This is useful for debugging purposes.

   -o outfile
      Write the output to file outfile rather than to standard output.

OUTPUT DECORATION
   The foo command honors the FOO_COLOR environment variable. If set to one of the
   colors red, yellow, blue or green the output will be shown in it if supported by the terminal.

SEE ALSO
   bar(1), foobar(1)

BUGS
   It does not actually do anything.

AUTHORS
   A. Mustermann, Yoyodyne Inc.
   amuster@yoyodyne.com
```

Wir haben also einen Befehl `foo`, der optional mit drei beliebig kombinierbaren Optionen aufgerufen werden kann.

Für zwei dieser Optionen gibt es je zwei unterschiedliche Schreibweisen, eine lange und eine kurze. Die alternative Benutzung von Schaltern in der langen Form mag auf den ersten Blick umständlich erscheinen, ist aber z.B. bei Skripten praktisch, da sie dadurch besser lesbar werden. Dass wie in diesem Fall je zwei Schalter dasselbe bedeuten, geht allerdings aus dem *SYNOPSIS*-Abschnitt nicht hervor. Hier wird lediglich aufgelistet, welche Schalter *syntaktisch* richtig sind.

Eine weitverbreitete Konvention ist es, zu erlauben, dass Schalter der kurzen Form mit einem »gemeinsamen« Minus direkt hintereinander geschrieben werden dürfen, in unserem Fall z.B. `foo -lv`. Daher kommt es in Manpages recht oft vor, diese Schreibweise auch im *SYNOPSIS*-Abschnitt zu benutzen.

```
SYNOPSIS
   foo [-lv] [--long] [--verbose] infile [-o outfile]
```

In diesem Beispiel fällt auf, dass die Langoptionen mit einem doppelten Minus eingeleitet werden. Das ist eine weitere Konvention, die ihren Ursprung in GNU-basierten Systemen (z.B. Linux) haben. Diese Schreibweise ist sinnvoll, weil so eine Verwechslung mit den hier gerade gezeigten kaskadierten Kurzoptionen vermieden wird. Allerdings sind Langoptionen ganz allgemein stark systemabhängig, so dass einem in der Praxis meist nichts anderes übrig bleibt, als mithilfe der Manpages herauszufinden, welche Aufrufkonventionen unterstützt werden. Kurzoptionen werden in der Regel mit einer höheren Wahrscheinlichkeit in identischer Form auf verschiedenen Systemen unterstützt.

Nach einer kurzen Beschreibung dazu, was der Befehl macht, folgt dann in *DESCRIPTION* ein Unterabschnitt *OPTIONS*, in dem die einzelnen Optionen mit ihrer Bedeutung aufgelistet werden. Je nach Komplexität des beschriebenen Kommandos kann es sein, dass man einige Male blättern muss, um dorthin zu gelangen. Weitere Unterabschnitte sind ohne Weiteres möglich und ergeben sich aus dem jeweiligen Thema. So gibt es hier z.B. noch eine kurze Abhandlung zu den Möglichkeiten, die Ausgabe unseres fiktiven Befehls farbig darzustellen.

Am Schluss erhalten Sie dann noch die »Formalitäten«: Verweise auf verwandte Themen, bekannte Probleme und die Autoren des Programms bzw. der Manpage.

Das richtige Manual finden

Der man-Befehl allein hat natürlich den Nachteil, dass man bereits vorher wissen muss, worüber man sich informieren will. Oft aber hat man gerade einmal ein Schlagwort zu dem, was man gerade machen will, oder aber es gibt eine Reihe verschiedener Manpages zu einem Namen, die man nicht alle nacheinander lesen will. Aus diesem Dilemma befreien sollen zwei Befehle: apropos und whatis.

Der apropos-Befehl durchsucht die *NAME*-Abschnitte sämtlicher Manpages nach einem Schlagwort und listet alle auf, in denen es vorkommt. Aus dieser Liste kann man sich dann die gewünschte Seite aussuchen und mit man ansehen. Angenommen, wir suchen nach Befehlen zum Kopieren von Dateien:

```
herbert@Paulina:/home/herbert $ apropos copy
cp (1)               - copy files
cpio (1)             - copy files to and from archives
...
herbert@Paulina:/home/herbert $ _
```

Wer das an seinem System ausprobiert, wird feststellen, dass mit großer Wahrscheinlichkeit weit mehr als die beiden oben gezeigten Treffer gefunden werden, so dass die Ergebnisliste kaum auf das Terminal passt. Ausgefeilte Filtertechniken, um gezielter an die gewünschte Information zu kommen, werden wir ausführlich in Kapitel 6 betrachten.

Mit etwas gesundem Halbwissen und dem Beispiel aus Abschnitt »Die Philosophie hinter der Shell« sowie den im Zusammenhang mit dem man-Befehl kennengelernten *Pagern* können wir uns die Ausgabe auch seitenweise anzeigen lassen (warum das so funktioniert, werden wir ausführlich in Abschnitt »Pipes« auf Seite 82 behandeln):

```
herbert@Paulina:/home/herbert $ apropos copy | more
```

Natürlich kann statt more auch less, pg oder irgendein anderer, hier nicht genannter Pager benutzt werden.

Der whatis-Befehl gibt einfach nur den Inhalt des *NAME*-Abschnitts einer oder mehrerer Manpages aus. Dies ist nützlich, wenn es zu einem Namen mehrere Seiten gibt und man nicht weiß, welche nun die richtige ist. Vielleicht will man sich auch nur kurz darüber informieren, was ein Befehl im Wesentlichen macht, und sich nicht die gesamte Manpage dazu ansehen. Hier ist ein Beispiel, in dem mehr als eine Seite unter einem Namen gefunden wird:

```
herbert@Paulina:/home/herbert/src/unix-shell $ whatis write
write (1)           - send a message to another user
write (2)           - write to a file descriptor
herbert@Paulina:/home/herbert/src/unix-shell $ _
```

Es gibt also ein Benutzerkommando (weil in Sektion 1) `write`, mit dem man eine Nachricht an einen anderen Benutzer schicken kann, und einen Systemaufruf (weil in Sektion 2) `write()`, mit dem man in eine Datei schreiben kann.

GNU Info

Während Manpages den Ansatz verfolgen, einzelne Kommandos, Konzepte usw. jeweils für sich und in eher kompakter Form zu dokumentieren, besteht oft der Wunsch, umfangreichere Dokumentationen sowohl online als auch in druckbarer Form anbieten zu können. Manpages lassen sich durchaus in guter Qualität mit entsprechenden Werkzeugen unter Unix drucken, nur ändert das natürlich nichts an deren inhaltlichem Konzept.

Den Spagat, ein Format sowohl für die Betrachtung auf dem Bildschirm als auch für eine qualitativ hochwertige Ausgabe auf Papier bereitzustellen, versucht *info*, das Standarddokumentationsformat des GNU-Projekts.

Die Idee hinter diesem Hilfesystem ist, dass derjenige, der Software dokumentiert, das einmal in einem bestimmten Format – *Texinfo* – tut, aus dem sich sowohl die mit dem Befehl `info` lesbaren *.info*-Dateien als auch die mithilfe des Textsatzsystems TeX formatier- und druckbaren *.dvi*-Dateien erzeugen lassen. Im Laufe der Zeit wurden noch von verschiedenen Leuten diverse Programme entwickelt, durch die man *Texinfo*-Dokumente in weitere Formate, z.B. HTML, Windows- oder OS/2-Hilfedateien, übersetzen kann. Im Vergleich mit anderen Dokumentformaten für die Onlinehilfe zeigt sich aber schnell, von wie hoher Qualität die Druckausgabe von *Texinfo*-Dokumenten ist, die erzeugten Handbücher können sich mit ihren Inhaltsverzeichnissen, Querverweisen, Abbildungen usw. wirklich sehen lassen.

So findet man auf GNU-Systemen ganze Bücher, wie z.B. das Benutzerhandbuch des GNU-Compilers *gcc* oder des *Emacs*-Editors, im *info*-Format online lesbar vor. Da diese Werkzeuge auch auf kommerziellen Unix-Systemen sehr verbreitet sind, lohnt es sich, einen näheren Blick auf die Organisation von *info*-Dokumenten und das Anzeigeprogramm *info* zu werfen. Da allerdings *info* auf Nicht-GNU-Systemen allenfalls optional ist, muss es nicht immer vorhanden sein, der folgende Abschnitt kann in einem solchen Fall also gern übersprungen werden.

Organisation von info-Dokumenten

Da *info*-Dokumente üblicherweise den Umfang eines kleinen Buchs erreichen, sind sie auch einem Buch vergleichbar organisiert. So ist die Struktur eines *info*-Dokuments ausgehend vom Inhaltsverzeichnis baumartig. Die Wurzel eines Dokuments heißt *top*, die systemweite Wurzel *dir* (es gibt also ein systemweites Inhaltsverzeichnis, in dem alle *info*-Dokumente eingetragen werden können). Zwischen Blättern und Verzweigungen in diesem Baum wird nicht unterschieden, die *info*-Terminologie bezeichnet sie als *Knoten*.

Inhaltsverzeichnisse in *info* heißen *Menüs*. Die Einträge von Menüs sind Verweise auf Knoten, die eine Ebene tiefer liegen und denen man wie Links in Webseiten folgen kann. Ob ein Knoten nun ein weiteres Menü, Text oder beides enthält, hängt letztlich nur von Geschmack bzw. Stil des Autors ab. Oft befindet sich aber über einem Menü noch ein kurzer Textabschnitt, der zusammenfasst, um was es sich im jeweiligen Abschnitt dreht.

In einem *info*-Dokument gibt es eine Reihe von logischen Richtungen, die bei der Navigation helfen:

Nach oben
: Es geht zum nächsthöheren Menü (außer natürlich, man ist bereits ganz oben).

Nach unten
: Man bewegt sich nach unten, wenn man einem Eintrag aus einem Menü folgt.

Vorwärts
: Man kommt zu dem Knoten, der im übergeordneten Menü nach dem aktuellen kommt. Umgekehrtes gilt für *Rückwärts*.

Der `Top`-Knoten der *info*-Seite zu unserem fiktiven `foo`-Befehl könnte so aussehen:

```
File: foo, Node: Top, Next: Intro, Prev: (dir), Up: (dir)

   This manual provides some information about foo, a tool
that produces a bar on standard output.

* Menu:

* Intro::                Historical notes etc.
* Usage::                How to use it.
```

Folgt man nun dem ersten Menüeintrag »Introduction«, könnte man in etwa Folgendes erhalten:

```
File: foo, Node: Intro, Next: Usage, Prev: Top, Up: Top

Introduction
************

* Menu:

* Historical notice::     Its roots.
* Further notices::       What you might like to know.
```

Der eigentliche Text könnte dann beginnend mit »Historical notice« in der dritten Ebene stehen.

Der info-Browser

Zu den *info*-Dokumenten gehört ein eigener »Browser«, der mit `info` aufgerufen wird. Anders als bei Manpages muss man sich hier keine Gedanken um den verwendeten Pager machen, da das *info*-Programm sozusagen einen eigenen mitbringt. Darüber hinaus gibt es eine Suchfunktion durch alle Hierarchieebenen und Tastaturbefehle zur Navigation durch das Dokument.

Einen Wermutstropfen hat *info* jedoch: Es kennt weder Mausbedienung noch Pull-down-Menüs zur Bedienung, man muss die mitunter nicht unbedingt intuitive Tastaturbelegung einfach kennen. Eine etwas komfortablere Version des *info*-Programms bringt allerdings der *Emacs*-Texteditor mit, der in einer X11-Umgebung sicher von vielen bevorzugt werden wird.

Ob nun im »nackten« *info* auf der Konsole oder im *Emacs*, die wichtigsten Tastaturkommandos funktionieren in jedem Fall:

u	Geht eine Ebene aufwärts (*up*).
m	Folgt einem Menü. Es erscheint ein Eingabefeld, in das man den Namen des Menüeintrags eingibt (*menu*).
n	Geht eine Seite vorwärts (*next*).
p	Geht eine Seite rückwärts (*previous*).
l	Geht zur zuletzt besuchten Seite (*last*).
r	Folgt einem Querverweis im Dokument. Es erscheint ein Eingabefeld, in das man den Namen des Knotens eingibt (*reference*).
s	Durchsucht das aktuelle Dokument nach einem beliebigen Text (*search*).

Bei Eingabeaufforderungen muss der Name eines Knotens nicht vollständig »per Hand« eingegeben zu werden. Nach Eingabe der ersten paar Zeichen kann man wie auch bei einigen Shells mithilfe der Tab-Taste den angefangenen Namen vervollständigen lassen.

Hinzu kommt ein Cursor, mit dem man durch das Dokument navigieren kann. Je nach Terminaleinstellungen kann der Cursor mit den Pfeiltasten bewegt werden, ansonsten funktionieren aber auch die Tastaturkommandos von *Emacs*, die bereits für den Kommandozeileneditor in Abschnitt »Die Emacs-Belegung« aufgelistet wurden. Um einem Verweis, Menü oder Querverweis zu folgen, kann alternativ zu den Kommandos oben auch der Cursor auf den Verweis bewegt und dann die Enter-Taste gedrückt werden.

Die vollständige Dokumentation zum *info*-Anzeigeprogramm liegt natürlich ebenfalls im *info*-Format vor und kann mit `info info` angezeigt werden.

Übungen

Übung 2-3 ▶ Wozu ist der `wc`-Befehl gut? Kann der `wc`-Befehl auch einfach nur Zeilen zählen? Wenn ja, wie bringt man ihn dazu?

Übung 2-4 ▶ Finden Sie einen *Benutzerbefehl*, mit dem man den *Typ* einer Datei herausfinden kann. Da Sie unter Umständen recht viele Treffer auf Ihre Suche erhalten, benutzen Sie einen Pager, um durch die Suchergebnisse blättern zu können. Wenn Ihr Pager eine eigene Suchfunktion hat, benutzen Sie die, um den gefragten Befehl schneller zu finden.

Übung 2-5 ▶ Benutzen Sie die Manpages, um herauszufinden, wer der Autor des Original-`man`-Hilfesystems war. Falls diese Information in den Manpages nicht vorhanden ist (unwahrscheinlich, aber nicht völlig auszuschließen), helfen Sie sich notfalls mit dem Internet.

KAPITEL 3

Die Arbeit mit Dateien

In diesem Kapitel:

- Dateitypen
- Standarddateien
- Dateisysteme
- Zugriffsrechte
- Benutzer- und Gruppenverwaltung
- Dateioperationen
- Wildcards
- Quoting
- Übungen

Unix kennt neben einfachen Dateien und Verzeichnissen noch eine Reihe weiterer verschiedener Dateitypen, z.B. benannte Pipes oder Gerätedateien. Das hat damit zu tun, dass Dateien unter Unix einen ganz zentralen Mechanismus zum Speichern und Austauschen von Daten darstellen und daher der Einheitlichkeit und Einfachheit halber auch die Kommunikation mit Geräten oder anderen Prozessen weitgehend an das Konzept der Ein- und Ausgabe mit Dateien angelehnt wurde.

Dateitypen

Das Unix-Dateisystem kennt neben einfachen Dateien und Verzeichnissen diverse weitere Dateitypen. Wie schon im Beispiel auf Seite 33 gezeigt, kann man den Typ einer Datei an der Ausgabe des `ls`-Befehls mit der Option `-l` erkennen:

```
herbert@Paola:/tmp/bla $ ls -l
total 1
-rw-r--r--  2 root root     0 Nov 21 17:12 f1
-rw-r--r--  1 root root     0 Nov 21 17:12 f2
-rw-r--r--  2 root root     0 Nov 21 17:12 f3
lrwxrwxrwx  1 root root     6 Nov 21 17:12 symlink1 -> f1
lrwxrwxrwx  1 root root    11 Nov 21 17:12 symlink2 -> d1
drwxr-xr-x  2 root root  1024 Nov 21 17:12 d1
herbert@Paola:/tmp/bla $ _
```

Für den Typ einer Datei von Interesse ist hier der erste Buchstabe der linken Spalte der Ausgabe des `ls`-Befehls. Folgende Kennungen gibt es für die wichtigsten Typen:

`l`
: Symbolische Links (siehe unten), wie `symlink1` und `symlink2` oben.

`p`
: Benannte Pipes, über die Programme Daten austauschen können (siehe Seite Seite 82 in Kapitel 4 zur näheren Behandlung von Pipes).

`c`
: Zeichenorientierte Gerätedateien (*character devices*) wie z.B. serielle und parallele Schnittstellen.

`b`
: Blockorientierte Gerätedateien (*block devices*) wie z.B. Festplatten.

`-`
: Einfache Dateien wie `f1`, `f2` und `f3` im Beispiel oben.

`d`
: Verzeichnisse (*directories*) wie `d1` oben.

Gerätedateien

Eine Besonderheit des Unix-Betriebssystems besteht darin, dass Geräte in Form von Dateien (üblicherweise im Verzeichnis */dev*) zur Verfügung stehen. Diese Dateien repräsentieren für das System die Geräte selbst, nicht die Treiber. Die Gerätedateien sind in den allermeisten Fällen durch ihren Typ im Dateisystem als block- oder zeichenorientiert ausgewiesen, es kann aber durchaus auch Ausnahmen geben.

Die Unterscheidung zwischen block- und zeichenorientierten Geräten ergibt sich aus der Art, wie sie mit ihren Daten umgehen. Beispielsweise ist ein Terminal zeichenorientiert, was irgendwie logisch erscheint, da wir ja *zeichenweise* mit der Shell kommunizieren. Eine Festplatte andererseits organisiert Daten *blockweise*, sie interessiert sich nicht für Zeichen (streng genommen ist die Aufteilung der Daten auf einer Festplatte in Zeichen eine willkürliche, die nur zufällig für bestimmte Anwendungen praktisch erscheint).

Um Geräte zu benutzen, reicht es oft schon aus, ganz normale Dateioperationen auf den Gerätedateien auszuführen, die dann vom System abhängig vom jeweiligen Gerät mehr oder weniger sinnvoll interpretiert werden.

So kann z.B. auf vielen Systemen eine Sounddatei durch einfaches Kopieren oder Ausgeben der Datei auf eine entsprechende Gerätedatei (etwa */dev/audio*) über die Soundkarte ausgegeben werden.

Typischerweise wird man im */dev*-Verzeichnis Gerätedateien auch für Geräte, die gar nicht vorhanden sind, antreffen, die sozusagen »prophylaktisch« erzeugt wurden. Einige wichtige Geräte sind:

`/dev/hda`
: Für die erste IDE-Festplatte (*/dev/hdb* für die zweite usw.). Partitionen haben eigene Gerätedateien, z.B. */dev/hda1* für die erste Partition auf der ersten IDE-Festplatte.

`/dev/sda`
: Eigentlich für die erste SCSI-Platte im System (*/dev/sdb* für die zweite usw.). Echte SCSI-Geräte kommen heute zwar kaum noch vor, jedoch werden zumindest unter Linux heute viele andere Medien als Pseudo-SCSI-Geräte eingebunden:

  SATA-Festplatten

  USB-Massenspeicher, z.B. USB-Festplatten, Flash-Speicher, MP3-Player usw.

  Eigene Gerätedateien für Partitionen werden analog zu IDE-Festplatten vergeben.

`/dev/tty1`
: Für das erste Terminal. Dabei gibt es meist eine ganze Reihe verschiedener *ttys*, die sich z.B. auf serielle Schnittstellen, auf die Systemkonsole und auf XWindow-Displays beziehen.

`/dev/null`
: Das *Null-Device* – der Datenmülleimer des Systems, der einfach nur den Zweck hat, Daten auf Nimmerwiedersehen verschwinden zu lassen (ja, dafür gibt es sinnvolle Anwendungen, wie im Verlauf der kommenden Seiten noch deutlich wird).

Links

Der Zugriff auf eine Datei im Unix-Dateisystem ist zweistufig. Über den im jeweiligen Verzeichniseintrag (erste Stufe) gespeicherten Dateinamen greift man auf einen sogenannten *Inode* (zweite Stufe) zu, der die Dateiattribute und Verweise auf den durch den Inhalt belegten Speicherplatz enthält. Durch dieses Verfahren ist es möglich, dass mehrere Verzeichniseinträge und somit Dateinamen auf denselben Inode verweisen. Einen zweiten Namen für eine Datei kann man auf zweierlei Weise erzeugen:

- Es wird ein zweiter Verzeichniseintrag erzeugt, der auf dieselbe Datei wie ein anderer zeigt. Voraussetzung hierzu ist, dass sich die Zieldatei im selbem Dateisystem wie der neue Verzeichniseintrag befindet. (Gemeint ist hier die physikalische Aufteilung des Datenträgers, siehe den Abschnitt »Dateisysteme« in diesem Kapitel für weitere Informationen.) Beide Einträge sind dann gleichberechtigt, und wird einer von beiden gelöscht, kann die Datei weiterhin durch den anderen benutzt werden. Bei dieser Technik spricht man von einem *Hard Link*. Normalerweise können solche Links nicht auf Verzeichnisse erzeugt werden.

- Es wird eine Datei vom Typ *Symbolic Link* erzeugt, die in sich nichts anderes als ein Verweis auf einen Datei- oder Verzeichnisnamen ist. Ein solcher Verweis kann sowohl eine relative als auch eine absolute Pfadangabe zu irgendeinem Objekt im Dateisystem enthalten. Der Link selbst ist ein eigenständiges Mitglied des Dateisystems und kann wie jede normale Datei gelöscht oder verschoben werden, wobei natürlich darauf zu achten ist, dass der Verweis auf ein gültiges Objekt zeigt. Wird die Ursprungsdatei gelöscht, existiert der Link weiter, ist aber nicht mehr viel wert, da er sozusagen ins Leere zeigt.

In der Shell können Links mithilfe des `ln`-Befehls erzeugt werden. Hier sehen Sie einige Aufrufbeispiele, wobei in der ersten Zeile ein *Hard Link* und in der zweiten ein *Symbolic Link* (`-s` steht für *symbolic*) erzeugt wird:

```
$ ln buch.tex UnixShell.tex
$ ln -s /bin/ln mein_ln
$ ls -l buch.tex UnixShell.tex mein_ln
-rw-r--r-- 2 ich users  1082 Nov 28 15:49 UnixShell.tex
-rw-r--r-- 2 ich users  1082 Nov 28 15:49 buch.tex
lrwxrwxrwx 1 ich users     7 Nov 28 15:55 mein_ln -> /bin/ln
$ _
```

Wie Sie oben gut sehen können, wird ein symbolischer Link bei der langen Ausgabe des `ls`-Befehls mit einem Pfeilverweis auf eine andere Datei gekennzeichnet, wobei es übrigens egal ist, ob es diese Datei wirklich gibt. Man beachte auch, dass der belegte Speicherplatz eines symbolischen Links nichts mit dem der Datei zu tun hat, auf die er verweist, bei der `ls`-Ausgabe sehen Sie daher, dass ein symbolischer Link tatsächlich ausgesprochen wenig Speicherplatz benötigt. Hard Links gehört kein eigener Dateityp, allerdings gibt es als Hinweis in der Ausgabe oben die Zahl vor dem Benutzernamen, die aussagt, wie viele (harte) Links es bereits auf die jeweilige Datei gibt. Diese Information ist auch für das Dateisystem wichtig, da es ja wissen muss, ob nach dem Löschen eines Verzeichniseintrags auch der Inode und somit der Inhalt der Datei gelöscht werden darf oder ob es noch andere Links auf diese Datei gibt.

Symbolische Links und Systembibliotheken

Symbolische Links sind bei der Arbeit unter Unix sehr populär. Sie sind ein einfaches Mittel, dafür zu sorgen, dass dieselbe Datei an mehreren Orten oder unter verschiedenen Namen auftauchen kann. Als Beispiel sei hier genannt, wie Unix-Systeme mit Softwarebibliotheken umgehen, die von Programmen zur Laufzeit geladen werden. Derartige Bibliotheken gibt es auf allen modernen Systemen, auf Windows haben sie die Endung *.dll*, auf Mac OS X *.dynlib*, und unter Unix ist die Endung üblicherweise *.so*.

Software »benutzt« solche Bibliotheken, indem die Information über Abhängigkeiten beim Erstellen der Programme in ihnen abgelegt wird. Rufen wir nun ein Programm auf, wird das Betriebssystem diese Abhängigkeiten interpretieren und versuchen, die benötigten Bibliotheken zu laden. Gelingt das, wird das jeweilige Programm ausgeführt, gelingt es nicht, wird die Ausführung mit einer Fehlermeldung abgebrochen. Derartige Abläufe finden ständig im Hintergrund statt, wenn Sie selbst (oder auch das Betriebssystem) Programme aufrufen.

Für solche Bibliotheken sind mitunter neuere Versionen verfügbar, was dann in der Praxis allerlei Probleme verursachen kann: Manche Programme benötigen vielleicht explizit diese neue Version, einige funktionieren nur mit einer älteren, und wieder anderen ist es egal. Diese Situation wird unter Windows zu Recht als *DLL Hell* bezeichnet, da DLLs unter Windows keine Versionen kennen. Unter Unix sieht die Sache besser aus: Bibliotheken können Versionen haben, sie werden dann im Dateisystem abgelegt mit den Versionsnummern, die an die *.so*-Endung angehängt werden.

Das sieht dann in der Praxis so aus:

```
herbert@Paola:/usr/lib $ ls -l libstdc++*.so*
lrwxrwxrwx 1 root root      14 Jul 21 11:34 libstdc++.so   -> libstdc++.so.6
lrwxrwxrwx 1 root root      18 Jul  9 19:05 libstdc++.so.5 -> libstdc++.so.5.0.7
-rw-r--r-- 1 root root 737112 Jun 20 16:39 libstdc++.so.5.0.7
lrwxrwxrwx 1 root root      19 Jul 21 11:34 libstdc++.so.6 -> libstdc++.so.6.0.13
-rw-r--r-- 1 root root 975012 Jun 25 05:33 libstdc++.so.6.0.13
herbert@Paola:/usr/lib $ _
```

Im Verzeichnis */usr/lib* befinden sich zwei Versionen der Bibliothek *libstdc++*, und zwar die Versionen 5.0.7 und 6.0.13. Durch je einen symbolischen Link wurden alternative »Namen« für diese Bibliotheken erzeugt, sodass ein Zugriff durch die übergeordnete Version (in diesem Fall 5 oder 6) möglich wird. Zu guter Letzt existiert noch eine Variante ohne Version.

Software, die Funktionalität aus diesen Bibliotheken verwendet, kann nun so erstellt worden sein, dass sie die Bibliothek in der übergeordneten Version benötigt (das ist der Normalfall, da man davon ausgeht, dass die eigentliche Funktionalität von der übergeordneten Version abhängt und Unterversionen höchstens Fehlerbereinigungen enthalten). In diesem Fall würde sie die Variante mit nur einer Versionsnummer am Ende laden. Genauso kann sie aber auch auf eine ganz bestimmte Unterversion bestehen (z.B. um sicherzugehen, dass ein Fehler, der in einer früheren Version der Bibliothek enthalten war, bereinigt ist). Hier würde eine Variante der Bibliothek mit mehrstelliger Versionsnummer am Ende gesucht werden.

Fortsetzung →

Schließlich kann aber auch ganz einfach die Standardversion, also die Variante ohne Versionsnummer, geladen werden. Ob das sinnvoll ist, hängt im Wesentlichen von der geladenen Bibliothek und den zu erwartenden Unterschieden zwischen ihren Versionen ab (im Fall der im Beispiel genannten *libstdc++* dürfte dieser Fall übrigens praktisch nie auftreten, bei anderen Bibliotheken wiederum kommt der Zugriff über verschiedene Versionen mitunter selten oder nie vor.

Dieses Beispiel zeigt, welche Flexibilität das Unix-Dateisystem durch die Benutzung von symbolischen Links erhält. Diese Flexibilität nutzt, wie hier gezeigt, dem Betriebssystem selbst, kann aber auch in der täglichen Arbeit hilfreich sein.

Verzeichnisse

Verzeichnisse wurden ja bereits in Kapitel 2 einführend betrachtet. Sie nehmen unter den verschiedenen Dateitypen eine Art Sonderstellung ein, da ihre einzige Funktionalität darin besteht, weitere Objekte – einfache Dateien, weitere Verzeichnisse, Links usw. – aufzunehmen. Üblicherweise können auch von Verzeichnissen keine Hard Links erzeugt werden (dem Autor dieses Buchs ist zum Zeitpunkt des Schreibens keine Dateisystemimplementierung bekannt, die das erlaubt).

Die lange Ausgabe des `ls`-Befehls zeigt bei Verzeichnissen an der Stelle, an der sonst bei anderen Dateitypen die Anzahl der Hard Links steht, die Anzahl der Verzeichnisse, die mit diesem Verzeichnis verbunden sind. Das sind natürlich die direkten Unterverzeichnisse, aber auch das darüberliegende und das jeweilige Verzeichnis selbst:

```
$ ls -ld auto/
drwxr-xr-x 3 ich users   1024 Nov 28 17:24 auto/
$ ls -la auto/
total 11
drwxr-xr-x 3 ich  users  1024 Nov 28 17:28 .
drwxr-xr-x 4 ich  users  1024 Nov 28 17:28 ..
drwxr-xr-x 2 ich  users  1024 Sep 21 11:31 CVS
-rw-r--r-- 1 ich  users   155 Oct 24 15:33 anhang.el
-rw-r--r-- 1 ich  users   510 Nov 28 16:03 buch.el
-rw-r--r-- 1 ich  users   473 Nov 21 15:25 kapitel1.el
-rw-r--r-- 1 ich  users  1437 Nov 28 17:06 kapitel2.el
-rw-r--r-- 1 ich  users   259 Nov 28 17:28 kapitel3.el
-rw-r--r-- 1 ich  users   104 Sep 25 14:34 kapitel4.el
-rw-r--r-- 1 ich  users   138 Oct 24 11:49 kapitel5.el
$ _
```

Das Verzeichnis *auto* enthält ein Unterverzeichnis *CVS* sowie einen Verweis auf sich selbst und das nächsthöhere Verzeichnis. Um das hier zeigen zu können, sind zwei weitere Optionen zum `ls`-Befehl hinzugekommen, die einfach an das `-l` angehängt wurden. Das `d` als Schalter zu `ls` bewirkt, dass das angegebene Verzeichnis wie eine Datei angezeigt wird, es wird also nicht dessen Inhalt angezeigt (siehe in der Manpage zu `ls` im Pager unter `-d`). Im zweiten Befehl bewirkt das `a`, dass alle Dateien angezeigt werden (Namen, die mit einem Punkt beginnen, werden normalerweise ausgeblendet).

Hinweis Normalerweise beginnen Namen von beispielsweise persönlichen Konfigurationsdateien, die Einstellungen für Anwendungen oder die Arbeitsumgebung enthalten, mit einem Punkt, so dass diese Dateien nicht angezeigt werden, solange man `ls` nicht durch die Option `-a` dazu zwingt.

Standarddateien

Jeder neue Prozess hat mit dem Beginn seines Lebens automatisch drei Datenströme verfügbar:

- Die *Standardeingabe* (*stdin*) ist der Eingabekanal. Ihr ist üblicherweise die Tastatur des Terminals zugeordnet. Sie hat den Deskriptor mit der Nummer 0.
- Die *Standardausgabe* (*stdout*) ist der Ausgabekanal. Ihr ist üblicherweise der Bildschirm des Terminals zugeordnet. Sie hat den Deskriptor mit der Nummer 1.
- Die *Fehlerausgabe* (*stderr*) ist ein zweiter Ausgabekanal, dessen Ausgaben ebenfalls auf den Bildschirm des Terminals gehen. Dieser zweite Weg zum selben Ausgabegerät hat den Vorteil, dass sich so »normale Ausgaben« und Fehlermeldungen bei Bedarf trennen lassen. Wir werden uns damit im Abschnitt »Ein- und Ausgabe« in Kapitel 4 ausführlich befassen. Die Fehlerausgabe hat den Deskriptor mit der Nummer 2.

Die oben erwähnten *Deskriptoren* entsprechen den *Datei-Handles*, durch die auf Systemebene (bzw. in höheren Programmiersprachen) auf offene Dateien zugegriffen wird. Unter Unix sind diese Handles 0 oder positive ganze Zahlen.

Da Unix ein Multiuser-Betriebssystem ist, können natürlich auch durchaus mehrere Tastaturen und Bildschirme angeschlossen sein (indirekt über ein Netzwerk, aber auch direkt durch »echte« Terminals). Die Standarddateien von Prozessen werden daher, falls nicht explizit anders eingestellt, den Ein- und Ausgabegeräten zugeordnet, von denen aus der jeweilige Prozess gestartet wurde. Für Treiber und Serverdienste, die zentral auf dem Rechner laufen, ist das dann üblicherweise eine real vorhandene oder virtuelle Systemkonsole.

Dateisysteme

Während wir als Benutzer bei der Arbeit auf einem Unix-System immer nur einen großen Verzeichnisbaum sehen, kann dieser hinter den Kulissen aus vielen verschiedenen physikalischen Dateisystemen bestehen. Dabei kann es sich um lokale Ressourcen wie auch solche von fernen Servern handeln, die Medien können Fest- und Wechselplatten, Disketten, CD-ROMs usw. sein – kurz alles, was sich *mounten* lässt.

Dateisysteme in den Verzeichnisbaum einbinden

Der Begriff *mounten* (lässt sich in etwa mit »montieren« übersetzen) steht bei Unix-Systemen für das Einbinden von Dateisystemen in den Verzeichnisbaum. Als Resultat stehen dann alle Dateisysteme, auf die die Benutzer Zugriff haben sollen, als Verzeichnisse (gegebenenfalls mit Unterverzeichnissen usw.) irgendwo im Verzeichnisbaum zur Verfügung – das gilt prinzipiell auf die gleiche Weise für Festplattenpartitionen und Wechselmedien wie z.B. für Disketten, Flash-Speicher und USB-Platten.

Bei jedem Systemstart liest das Betriebssystem eine Konfigurationsdatei, die eine Zuordnung enthält, die bestimmt, welche Dateisysteme wie in den Verzeichnisbaum zu integrieren sind, und führt die entsprechenden `mount`-Kommandos aus. Diese Konfigurationsdatei kann je nach Unix-Variante unterschiedliche Namen oder einen anderen Aufbau haben. Auf Linux- und BSD-Systemen handelt es sich dabei üblicherweise um */etc/fstab*. Wenn das System dann läuft, können Zuordnungen aufgehoben werden, wenn nicht gerade Dateien aus diesen Verzeichnissen offen sind, ebenso können neue Zuordnungen vorgenommen werden.

Prinzipiell ist der `mount`-Befehl nur für den Systemadministrator reserviert, allerdings gibt es auf manchen Systemen wie z.B. Linux Möglichkeiten, normalen Benutzern eine eingeschränkte Benutzung zu erlauben.

Die Aufrufsyntax des `mount`-Befehls lautet wie folgt:

```
mount [Schalter] [Quelle] Ziel
```

Mit *`Quelle`* ist eine Gerätedatei (z.B. */dev/sd0* für eine SCSI-Festplattenpartition) oder eine Ressource auf einem Server (z.B. *server:/freigabe* für ein NFS-Verzeichnis) gemeint. Das *`Ziel`* ist ein über den Verzeichnisbaum erreichbares (also vorhandenes) Verzeichnis, über das das neue Dateisystem dann benutzt wird.

Hinweis *NFS* steht für *Net File System* und ist das unter Unix übliche Protokoll, um Dateisysteme über ein Netzwerk zu teilen.

Die *Schalter* können notwendig sein, um z.B. Protokolle oder Dateisystemtypen festzulegen, und unterscheiden sich je nach Unix-Dialekt, müssen also in der jeweiligen Manpage zu `mount` nachgeschlagen werden. Auf meinem Linux-System beispielsweise lautet die Befehlszeile für den Systemadministrator zum Mounten eines Flash-Speichers mit VFAT-Dateisystem in ein Verzeichnis */floppy* folgendermaßen (welche Gerätedatei hier benutzt wird, hängt davon ab, welche weiteren Speichermedien als Pseudo-SCSI-Geräte im Rechner vorhanden sind):

```
$ mount -t vfat /dev/sdc1 /floppy
```

Analog gibt es auch ein Kommando zum Aufheben einer Dateisystemzuordnung: `umount`. Als Argument nimmt dieses Kommando einfach nur das Verzeichnis oder die Ressource, deren Zuordnung aufgehoben werden soll. Um meinen oben eingebundenen Flash-Speicher nun wieder loszuwerden, könnte ich folgendes Kommando geben:

```
$ umount /floppy
```

Alternativ kann ich natürlich auch die Gerätedatei angeben (da jedes Gerät nur einmal gemountet werden kann, ist dies eindeutig):

```
$ umount /dev/sdc1
```

Belegter Platz in den Dateisystemen

Um sich darüber zu informieren, wie die Dateisysteme im Verzeichnisbaum gefüllt sind, stehen zwei nützliche Befehle zur Verfügung, die für jeden Benutzer zugänglich sind:

`df`
: `df` (*disk free*) zeigt an, wie viel Platz auf Dateisystemen noch verfügbar ist. Ohne Angabe von Verzeichnissen oder Gerätedateien werden alle gemounteten, ansonsten nur die als Argumente übergebenen aufgelistet.

`du`
: `du` (*disk used*) zeigt an, wie viel Platz auf dem Dateisystemen belegt ist. Die Aufruflogik entspricht der von `df`, allerdings kann dieser Befehl auch auf einfache Dateien angewandt werden.

Auf vielen Unixen empfiehlt es sich, diesen beiden Befehlen als Schalter noch `-k` mitzugeben, um eine Ausgabe in KByte zu erhalten. Das folgende Beispiel zeigt die Ausgabe auf meinem Linux-System:

```
herbert@Paola:~$ du -k /tmp/
8       /tmp/orbit-md
4       /tmp/.font-unix
4       /tmp/kde-md
4       /tmp/.X11-unix
4       /tmp/GNUstepSecure1000/NSMessagePort/ports
8       /tmp/GNUstepSecure1000/NSMessagePort/names
16      /tmp/GNUstepSecure1000/NSMessagePort
20      /tmp/GNUstepSecure1000
4       /tmp/ksocket-md
4       /tmp/.ICE-unix
4       /tmp/emacs1000
4       /tmp/ssh-NbPUvF4376
168     /tmp/
herbert@Paola:~$ df -k
Filesystem           1K-blocks      Used Available Use% Mounted on
/dev/sda5              1034244    254044    727660  26% /
tmpfs                  1557252         4   1557248   1% /lib/init/rw
udev                     10240       172     10068   2% /dev
tmpfs                  1557252         0   1557252   0% /dev/shm
/dev/sda6              3095536   2493308    444984  85% /home
/dev/sda7             10321136   9583064    213788  98% /usr
/dev/sda8             54701524  29580308  22342540  57% /var
herbert@Paola:~$ _
```

Noch hübscher ist die auf manchen Systemen mögliche Option -h, (*human readable*), die die Kapazität mit geeigneten Maßeinheiten auflistet:

```
herbert@Paola:~$ du -h /tmp/
8.0K    /tmp/orbit-md
4.0K    /tmp/.font-unix
4.0K    /tmp/kde-md
4.0K    /tmp/.X11-unix
4.0K    /tmp/GNUstepSecure1000/NSMessagePort/ports
8.0K    /tmp/GNUstepSecure1000/NSMessagePort/names
16K     /tmp/GNUstepSecure1000/NSMessagePort
20K     /tmp/GNUstepSecure1000
4.0K    /tmp/ksocket-md
4.0K    /tmp/.ICE-unix
4.0K    /tmp/emacs1000
4.0K    /tmp/ssh-NbPUvF4376
168K    /tmp/
herbert@Paola:~$ df -h
Filesystem            Size  Used Avail Use% Mounted on
/dev/sda5            1011M  249M  711M  26% /
tmpfs                 1.5G  4.0K  1.5G   1% /lib/init/rw
udev                   10M  172K  9.9M   2% /dev
tmpfs                 1.5G     0  1.5G   0% /dev/shm
/dev/sda6             3.0G  2.4G  435M  85% /home
```

```
/dev/sda7            9.9G  9.2G  209M  98% /usr
/dev/sda8             53G   29G   22G  57% /var
herbert@Paola:~$ _
```

Übungen

Von welcher Art (block- oder zeichenorientiert) ist das Null-Device? Erst nachdenken, dann im */dev*-Verzeichnis nachsehen! Übung 3-1

Suchen Sie auf Ihrem Rechner nach Beispielen für symbolische Links. Gute Startpunkte sind z.B. */usr/lib*, */usr/bin* oder auch */etc*. Wie können Sie symbolische Links von gewöhnlichen Dateien unterscheiden? Übung 3-2

Angenommen, das Dateisystem einer Unix-Installation besteht aus mehreren Partitionen, die beim Systemstart in den Verzeichnisbaum gemountet werden. Der Systemadministrator soll eine Software installieren, die in ein Verzeichnis unter */opt* installiert werden muss. Das Verzeichnis */opt* existiert noch nicht, und auf der Root-Partition (also unter */*) ist nicht ausreichend Platz für die Installation. Wie kann sich der Administrator helfen, wenn unter */usr/local* noch genügend freier Speicher vorhanden ist? Übung 3-3

Zugriffsrechte

Als Multiuser-System gestattet Unix den Zugriff auf Objekte im Dateisystem nicht allen Benutzern auf die gleiche Art und Weise, sondern entscheidet abhängig vom Benutzer, seiner Gruppe und auch von der Art der gewünschten Benutzung, ob dieser Zugriff gestattet wird oder nicht.

Arten von Zugriffsrechten

Grundsätzlich können drei verschiedene Zugriffsrechte im Dateisystem vergeben werden:

- Das Leserecht (*read*) gestattet, dass gesehen werden darf, was sich in einer Datei oder einem Verzeichnis befindet.
- Das Schreibrecht (*write*) unterscheidet zwischen Verzeichnissen und anderen Dateitypen:

  Es gestattet bei Verzeichnissen das Anlegen und Löschen von Dateien aller Art. Diese Rechte gelten unmittelbar in dem jeweiligen Verzeichnis; für Unterverzeichnisse können eigene

Rechte vergeben sein, die dann wiederum für deren Einträge gelten.

Bei sonstigen Dateitypen hingegen gestattet es das Modifizieren derselben (allerdings müssen sie bereits existieren).

- Das Ausführungsrecht (*execute*) unterscheidet ebenfalls zwischen Verzeichnissen und sonstigen Dateitypen:

  Bei Verzeichnissen wird dieses Recht benötigt, um es zu durchqueren oder überhaupt hineinzuwechseln – auch wenn man kein Leserecht darauf hat, somit also nicht sehen kann, was sich darin befindet.

  Diese Zweiteilung ist nötig, um anderen Benutzern den Zugriff auf Dateien oder Unterverzeichnisse freizugeben (von denen sie dann wissen müssen, wie sie heißen und wo sie liegen), ohne dass sie sehen können, was sich sonst noch in diesem Verzeichnis befindet.

Hinweis Ein bekanntes Beispiel hierfür sind Homepages von Benutzern auf Webservern. Eine Homepage befindet sich meist physikalisch im Home-Verzeichnis eines Benutzers, das natürlich ansonsten nicht vom Rest der Welt lesbar sein sollte.

- Bei gewöhnlichen Dateien hingegen gestattet dieses Recht die Ausführung als Programm. Alle Programme auf einem Unix-System werden für das System erst dadurch zu Programmen, dass sie mit dem Recht zur Ausführung im Dateisystem abgelegt sind. Dieses Attribut enthält keine Aussage darüber, ob die Datei auch wirklich etwas Ausführbares – etwa ein Shell-Skript oder Maschinencode – enthält. Das Betriebssystem wird natürlich nur Code aus Dateien ausführen, mit dem es etwas anfangen kann, andernfalls wird üblicherweise mit einer Fehlermeldung abgebrochen.

Die Anwendung von Benutzerrechten bei der Ausführung (*setuid*) ist ein sehr komplexes Thema, das wir hier nur kurz streifen wollen. Die Auswirkung unterscheidet je nachdem, ob wir Dateien oder Verzeichnisse betrachten:

Ein ausführbares Programm (also eine Datei, die das Ausführungsrecht gesetzt hat) kann mit diesem Recht versehen werden. Das führt dazu, dass, sobald dieses Programm aufgerufen wird, es mit den Rechten des Besitzers läuft, egal wer es ausführt. Das ist z.B. sinnvoll, wenn ein Programm bestimmte Geräte benutzt, auf die normale Benutzer in der Regel keinen Vollzugriff haben, sie aber dennoch in der Lage sein sollen, dieses Programm zu benutzen. In einem solchen Fall würde ein solches Programm dann als Besitzer einen privilegierten Benutzer, z.B. *root*, haben.

Wenn dieses Recht auf ein Verzeichnis angewandt wird, hat das bei den meisten Unix-Systemen zur Folge, dass Dateien und Verzeichnisse, die darin angelegt werden, den Besitzer »erben«, egal wer nun die Dateien oder Verzeichnisse anlegt.

Auf klassischen Unix-Systemen können diese Rechte nun für jedes Objekt im Dateisystem genau dreimal vergeben werden:

1. für den Benutzer (*user*), dem die Datei gehört,
2. für eine Benutzergruppe (*group*), der der Benutzer angehört und der diese Datei zugeordnet wurde (wenn ein Benutzer mehreren Gruppen angehört, kann er seine Dateien nach Belieben einer dieser Gruppen zuordnen),
3. für den Rest der Welt (*others*), also alle Benutzer, die weder Besitzer noch Mitglied der Gruppe dieser Datei sind.

Die Aufteilung in Besitzer, Gruppe und Rest hat sich in der Praxis als etwas mager erwiesen, deshalb erlauben andere Betriebssysteme häufig, dedizierte Zugriffsrechte für bestimmte Benutzer oder Untergruppen von Gruppen usw. zu verwalten. Um diesem Mangel zu begegnen, hat auch in der Unix-Welt mittlerweile eine Erweiterung des ursprünglichen Konzepts Einzug gefunden. Diese Technik – *Access Control List*, kurz *ACL* – ist häufig als Erweiterung auf moderneren Unix-Systemen vorhanden und kann vom Administrator aktiviert werden. Da ACLs aber nicht auf allen Unix-Systemen unterstützt oder häufig, selbst wenn sie unterstützt sind, nicht benutzt werden, wollen wir hier nicht weiter auf sie eingehen und den geneigten Leser ermuntern, sich bei Interesse einmal in die reichlich im Internet vorhandene Dokumentation zu diesem Thema einzulesen.

Verwaltung der Zugriffsrechte

Die Zugriffsrechte auf eine beliebige Datei werden in der Shell mit dem Werkzeug `chmod` (*change mode*) festgelegt bzw. verändert. Legt ein Benutzer eine neue Datei an, wird diese zunächst mit Standardrechten erzeugt.

Hinweis Wie dies konfiguriert wird, lesen Sie in Kapitel 5 unter `umask`.

Die Rechte zu einer Datei werden intern in einer Bitmaske gespeichert, in der jedes Bit ein bestimmtes Recht repräsentiert, das nun mit dem chmod-Befehl gesetzt oder auch gelöscht werden kann.

Um die Benutzung etwas einfacher zu machen, gibt es für die einzelnen Rechte bzw. Benutzer, für die die Änderungen gelten sollen, einigermaßen sinnvolle Abkürzungen:

- (*read*) setzt das Recht zum Lesen.
- (*write*) setzt das Recht zum Schreiben.
- (*execute*) setzt das Recht zum Ausführen.

Folgende Rechte können für verschiedene Benutzer(-gruppen) geändert werden:

- (*user*): der Eigentümer der Datei.
- (*group*): die Gruppe der Datei.
- (*others*): der Rest der Welt.
- (*all*): alle drei zugleich.

Hinweis Es können noch weitere Flags gesetzt werden, auf die hier allerdings nicht näher eingegangen werden soll. Mehr dazu gibt es in der Manpage zum chmod-Befehl.

Um nun Rechte hinzuzufügen oder wegzunehmen, wird einfach das Plus- bzw. Minuszeichen benutzt. Hier ein Beispiel:

```
herbert@Paola:~$ ls -l ih.txt
-rw-r--r--   1 herbert  fhw     189454 Mar  6 14:48 ih.txt
herbert@Paola:~$ chmod g+w ih.txt
herbert@Paola:~$ ls -l ih.txt
-rw-rw-r--   1 herbert  fhw     189454 Mar  6 14:48 ih.txt
herbert@Paola:~$ _
```

In diesem Fall wurde für die Gruppe *fhw*, der die Datei *ih.txt* zugeordnet ist, das Schreibrecht gesetzt, sodass alle Benutzer, die dieser Gruppe angehören, diese Datei nun editieren dürfen.

Der chmod-Befehl kann auf einfache Art und Weise auch auf ganze Verzeichnisbäume angewandt werden, indem die Option -R gesetzt wird:

```
herbert@Paola:~$ ls -l document/
total 2
drwxrwxr-x   3 herbert  fhw   1024 Feb 20 16:20 buckingham
drwxrwxr-x   2 herbert  fhw   1024 Feb 15 18:48 todo
herbert@Paola:~$ ls -l document/todo/
total 1
-rw-rw-r--   1 herbert  fhw    119 Feb 17 13:48 todo.TODO
```

```
herbert@Paola:~$ chmod -R og-rwx document/
herbert@Paola:~$ ls -l document/
total 2
drwx------    3 herbert  fhw    1024 Feb 20 16:20 buckingham
drwx------    2 herbert  fhw    1024 Feb 15 18:48 todo
herbert@Paola:~$ ls -l document/todo/
total 1
-rw-------    1 herbert  fhw     119 Feb 17 13:48 todo.TODO
herbert@Paola:~$ _
```

In diesem Beispiel wurden alle Verzeichnisse und Dateien unterhalb von *document*, die möglicherweise sehr private Daten enthalten, gegen sowohl die Gruppe *fhw* als auch den Rest der Welt abgeschottet. Das kann ohne Weiteres mithilfe eines Befehls geschehen, indem die jeweiligen Kürzel einfach aneinandergehängt werden.

Übrigens: Man kann mit `chmod` auch gezielt den Mitgliedern einer einzigen Gruppe den Zugriff verbieten, beispielsweise über die hier gesetzten Rechte:

```
herbert@Paola:~$ ls -l document/
total 1
-rw----r--    1 herbert  fhw     119 Feb 17 13:48 todo.TODO
```

Diese Datei kann vom Besitzer (*herbert*) geöffnet werden sowie von allen Benutzern, die nicht der Gruppe *fhw* angehören. Das ist auf den ersten Blick nicht unbedingt zu erwarten gewesen, da ja schließlich auch Benutzer der Gruppe *fhw* dem »Rest der Welt« angehören.

Man beachte, dass das Ändern der Rechte auf eine Datei eine Verwaltungstätigkeit ist und somit nicht als Schreibzugriff betrachtet wird – man kann also, wenn man sich selbst den Schreibzugriff auf eine Datei verboten hat, sich diesen jederzeit wieder erlauben.

Numerische Darstellung der Zugriffsrechte

Die oben beschriebene symbolische Darstellung der Zugriffsrechte mit *read*, *write* und *execute* ist technisch gesehen einfach nur eine Leseerleichterung für die interne Darstellung. Unter der Oberfläche werden die oben genannten Rechte als Bits mit den Dateien gespeichert. Ist ein Bit gesetzt (hat also einen Wert ungleich null), heißt das, dass das entsprechende Recht aktiviert ist.

Die Reihenfolge entspricht dabei der symbolischen Schreibweise `rwx` für Benutzer, Gruppen und den Rest. Jeder `rwx`-Block lässt sich nun numerisch darstellen, indem man sich einfach die entsprechenden Bits vorstellt und die entsprechende Zahl bildet:

`r--`
: Entspricht 001, also einer 1.

`-w-`
: Entspricht 010, also einer 2.

`--x`
: Entspricht 100, also einer 4.

Kombinationen erhalten Sie durch Addieren:

`rw-`
: Entspricht 011, also einer 3.

`r-x`
: Entspricht 101, also einer 5.

`-wx`
: Entspricht 110, also einer 6 (sinnlos!).

`rwx`
: Entspricht 111, also einer 7.

Mit diesem Rüstzeug ausgestattet, können wir nun Rechte über numerische Argumente setzen. Dabei hängen wir die gebildeten Zahlen einfach in der Reihenfolge Benutzer, Gruppe, Rest hintereinander:

```
$ mkdir foo
$ chmod 755 foo
$ ls -ld foo
drwxr-xr-x  2 herbert src 68 Aug 14 11:54 foo
$ chmod 700 foo
$ ls -ld foo
drwxr-----  2 herbert src 68 Aug 14 11:54 foo
```

Diese Schreibweise ist auf traditionellen Unix-Systemen unter Umständen die einzige Art, auf die man Rechte setzen kann, da dort die symbolische Form nicht immer unterstützt wird.

Zuordnung von Dateien zu Gruppen und Benutzern

Zum Ändern der Gruppe einer Datei steht der chgrp-Befehl (*change group*) zur Verfügung. Dazu müssen Sie zumindest der Zielgruppe angehören. Hier ein Beispiel:

```
herbert@Paola:~$ ls -l ih.ps
-rw-rw-r--   1 herbert  fhw      189454 Mar  6 14:48 ih.ps
herbert@Paola:~$ chgrp users ih.ps
herbert@Paola:~$ ls -l ih.ps
-rw-rw-r--   1 herbert  users    189454 Mar  6 14:48 ih.ps
herbert@Paola:~$ _
```

Unter Umständen wissen wir als Benutzer gar nicht, für welche Gruppen wir vom Systemadministrator eingetragen wurden. Dies lässt sich jedoch mit dem groups-Befehl leicht in Erfahrung bringen:

```
herbert@Paola:~/src/unix-shell$ groups
herbert floppy audio users fhw
herbert@Paola:~/src/unix-shell$ _
```

Der Systemadministrator (*root*) hat natürlich besondere Rechte: Er muss weder Eigentümer noch Mitglied einer passenden Gruppe sein, um Rechte an beliebigen Dateien zu ändern. Zudem darf er neben der Gruppe auch den Besitzer einer Datei ändern. Das geschieht mit dem chown-Befehl (*change owner*), der ganz ähnlich wie chgrp angewendet wird (analog zu groups lässt sich mit whoami anzeigen, mit welchem Benutzernamen man gerade im System angemeldet ist):

```
Paola:~# whoami
root
Paola:~# ls -l ih.ps
-rw-r--r--    1 root     root     189454 Mar  8 16:44 ih.ps
Paola:~# chown herbert ih.ps
Paola:~# ls -l ih.ps
-rw-r--r--    1 herbert  root     189454 Mar  8 16:44 ih.ps
Paola:~# _
```

Wie chmod können auch chgrp und chown mit der Option -R rekursiv auf ganze Verzeichnishierarchien angewandt werden.

Benutzer- und Gruppenverwaltung

Benutzerkonten und Gruppen werden unter Unix durch ganze Zahlen identifiziert, denen aber zusätzlich ein symbolischer Name zugeordnet ist, über den wir sie normalerweise zu sehen bekommen. Die Zuordnung zwischen Kennung und Name befindet sich in den Dateien */etc/passwd* und */etc/group*, die jeweils eine vollständige Liste aller Benutzerkonten bzw. Gruppen im Klartext enthalten.

Die Passwörter liegen nicht im Klartext vor, sondern werden indirekt, in Form einer Zeichenkette, gespeichert, die durch das systemeigene Verschlüsselungsverfahren aus dem Passwort generiert wird. Um ein Passwort zu überprüfen, wird das Verfahren einfach wieder angewandt und die entstandene Zeichenkette mit der gespeicherten verglichen. Auf vielen Unix-Systemen wird diese Information aus Sicherheitsgründen nicht in der für alle Welt lesbaren Datei */etc/passwd*, sondern in einer eigenen, nur von privilegierten Prozessen lesbaren Datei */etc/shadow* gespeichert.

Um Benutzer und Gruppen verwalten zu können, steht dem Administrator eine Reihe von Befehlen zur Verfügung:

`useradd`
: Erzeugt einen neuen Benutzer. Je nach Unix-Dialekt stehen Optionen zur Verfügung, über die die numerische Benutzerkennung, das Home-Verzeichnis, die Login-Shell usw. angegeben werden können.

`userdel`
: Löscht einen Benutzer.

`usermod`
: Ändert einen vorhandenen Benutzer. Je nach Unix-Dialekt stehen Optionen zur Verfügung, über die die mit `useradd` möglichen Einstellungen geändert werden können. Es können aber noch andere Dinge hinzukommen, wie z.B. die Zugehörigkeit zu weiteren Gruppen.

`groupadd`
: Erzeugt eine neue Gruppe. Mit der Option -g (je nach Unix-Dialekt kann der Schalter variieren) wird die numerische Gruppenkennung angegeben.

`groupdel`
: Löscht eine Gruppe.

`passwd`
: Das Passwort eines Benutzers wird geändert.

Alle diese Werkzeuge nehmen als Argument den Namen des Benutzers bzw. der Gruppe, auf die sich der Befehl bezieht. Das `passwd`-Kommando steht natürlich nicht nur dem Administrator, sondern auch (eingeschränkt auf das eigene Benutzerkonto) einfachen Benutzern zur Verfügung.

Da die Dateien */etc/passwd* und */etc/group* im Klartext vorliegen, ist es allerdings genauso möglich, diese Dateien mit einem Texteditor direkt zu modifizieren, anstatt die oben genannten Werkzeuge zu verwenden.

Dateioperationen

Wie es sich für einen Datei-Manager gehört, bietet die Shell zahlreiche Werkzeuge für Dateioperationen an. Allerdings haben wir es hier wieder mit einer Sammlung von relativ kleinen, unabhängigen

Programmen zu tun, die ihre Mächtigkeit erst durch die Zusammenarbeit mit der Shell entfalten. Wichtige Werkzeuge sind:

`ls`
: (*list*) zum Anzeigen von Verzeichnisinhalten.

`cd`
: (*change directory*) zum Wechseln des aktuellen Arbeitsverzeichnisses.

`pwd`
: (*print working directory*) zum Anzeigen des aktuellen Arbeitsverzeichnisses.

`mkdir`
: (*make directory*) zum Erzeugen eines neuen, leeren Verzeichnisses.

`rmdir`
: (*remove directory*) zum Löschen eines leeren Verzeichnisses.

`cp`
: (*change directory*) zum Kopieren von Dateien.

`mv`
: (*move*) zum Verschieben bzw. Umbenennen von Dateien.

`rm`
: (*remove*) zum Löschen von Dateien.

Verzeichnisinhalte anzeigen

Der `ls`-Befehl ist natürlich bereits ein alter Bekannter. Er zeigt den Inhalt eines oder mehrerer Verzeichnisse an. Die Art der Ausgabe und die anzuzeigende Information lassen sich durch optionale Schalter kontrollieren. Häufig benutzte, auf den meisten Unix-Systemen unterstützte Schalter sind:

`-a`
: (»all«) Es werden auch Dateien angezeigt, die mit einem Punkt beginnen (wie die meisten persönlichen Konfigurationsdateien).

`-d`
: (»directories«) Verzeichnisse werden wie normale Dateien angezeigt, statt ihren Inhalt anzuzeigen.

`-l`
: (»long«) Statt einer einfachen Dateiliste erscheinen für jede Datei Informationen zu Attributen, Besitzern usw.

`-h`
: (»human-readable«) Größen von Dateien werden bei `-l` in lesbaren Größendimensionen angezeigt.

`-R`
: (»recursive«) Es wird rekursiv über Verzeichnisbäume aufgelistet.

`-1`
: Jede Datei erscheint in einer eigenen Zeile (ansonsten ist die Ausgabe mehrspaltig).

Neben den obigen Schaltern können auch beliebig viele Dateien als weitere Argumente angegeben werden. Handelt es sich dabei um Verzeichnisse, wird `ls` üblicherweise deren Inhalt ausgeben und nicht den Inhalt des aktuellen Verzeichnisses. Bei anderen Dateitypen wird einfach der jeweilige Eintrag aufgelistet.

Leere Verzeichnisse erzeugen und löschen

Der `mkdir`-Befehl erzeugt neue, leere Verzeichnisse. Als Argument muss der Name des zu erzeugenden Verzeichnisses (oder gegebenenfalls eine Liste durch Leerzeichen getrennter Namen) mitgegeben werden. Verzeichnisnamen können durch relative oder auch durch absolute Pfadangaben angegeben werden. Um beispielsweise ein Verzeichnis *hallo* im aktuellen Arbeitsverzeichnis zu erzeugen, wäre folgende Kommandozeile möglich:

```
mkdir hallo
```

Das Gegenstück zum `mkdir`-Befehl bildet `rmdir` zum Löschen leerer Verzeichnisse. Auch hier wird der Name des zu löschenden Verzeichnisses (oder gegebenenfalls auch eine Liste von Namen) als Kommandozeilenargument übergeben. Nicht leere Verzeichnisse, die z.B. Dateien oder Verzeichnisse enthalten, werden nicht gelöscht. Das folgende Beispiel zeigt den Gebrauch von `mkdir` und `rmdir` mit mehr als einem Verzeichnisnamen als Argument:

```
herbert@Paola:~$ mkdir foo bar
herbert@Paola:~$ mkdir foo/bar
herbert@Paola:~$ ls -ld foo bar
drwxrwxr-x   2 herbert  fhw  1024 Apr  5 20:47 bar
drwxrwxr-x   3 herbert  fhw  1024 Apr  5 20:47 foo
herbert@Paola:~$ rmdir foo bar
rmdir: foo: Directory not empty
herbert@Paola:~$ ls -ld foo bar
ls: bar: No such file or directory
drwxrwxr-x   3 herbert  fhw  1024 Apr  5 20:47 foo
herbert@Paola:~$ _
```

Da im Verzeichnis *foo* eingangs ein Unterverzeichnis *bar* erzeugt wurde, ist es nicht leer und kann somit nicht direkt per `rmdir` gelöscht werden. Man beachte, dass `rmdir` und `mkdir` wie die meisten Shell-Werkzeuge immer so viel wie möglich von ihrem jeweiligen Auftrag erfüllen, auch wenn Teile davon fehlschlagen.

Dateien kopieren

Das `cp`-Kommando kopiert eine oder mehrere Dateien. Auf die folgende Art erzeugen Sie eine Sicherheitskopie der Datei *.bashrc*:

```
$ cp .bashrc .bashrc-orig
$ _
```

Verzeichnisse werden nur kopiert, indem Sie den Schalter `-r` verwenden. Da das Unix-Dateisystem neben gewöhnlichen Dateien und Verzeichnissen noch eine Reihe von weiterer Dateitypen kennt (wie bereits am Anfang dieses Kapitels erwähnt), kann sich die Semantik hinter einer Kopieraktion je nach Typ unterscheiden:

- Für symbolische Links wird das, worauf sie verweisen, kopiert, falls das nicht durch die Option `-d` unterbunden wird.
- Gerätedateien verkörpern Schnittstellen zu Hardware, sodass das Kopieren in Operationen auf die jeweiligen Geräte umgesetzt wird. Dies ist natürlich nur möglich, wenn es sinnvoll umsetzbar ist und vom Gerät unterstützt wird.
- Bei benannten Pipes wird die Kopieraktion in gewöhnliche Lese- und Schreibzugriffe umgesetzt.

Hinweis Was das zur Folge hat, wird in Kapitel 4 auf Seite 82 näher betrachtet.

Die Aufrufsyntax von `cp` ist ganz allgemein (die eckigen Klammern kennzeichnen optionale Teile):

```
cp [Schalter] Quelle [mehr Quellen] Ziel
```

Als Quellen sind beliebig viele Dateien möglich, von denen dann alle kopiert werden, bei denen das je nach Existenz und eventuell optionalen Schaltern möglich ist. Wurde nur eine Quelle genannt, kann das Ziel ein neuer Dateiname mit Pfad, unter dem die Kopie erscheinen soll, aber auch einfach nur ein Zielverzeichnis sein, in das die Datei hineinkopiert wird. Bei mehr als einer Quelle muss das Ziel ein existierendes Verzeichnis sein.

Häufig benutzte und auf den meisten Unix-Systemen unterstützte Optionen zu cp sind:

-d

: Symbolische Links werden als Links kopiert, anstatt die durch den Link referenzierte Datei zu kopieren.

-f

: Es wird versucht, vorhandene Zieldateien zu überschreiben, auch wenn sie schreibgeschützt sind.

-i

: Vor dem Überschreiben schon vorhandener Dateien wird eine Bestätigung angefordert.

-p

: Die Informationen zu Besitzer, Gruppe, Rechtemasken und Zeitstempel werden für die jeweilige Zieldatei übernommen (impliziert -d).

-r

: Wenn die Quelle ein Verzeichnis ist, wird es komplett mit seinem Inhalt kopiert.

-u

: Nur neue oder neuere Dateien werden kopiert. Das heißt, Dateien werden nicht kopiert, wenn eine identische oder neuere Datei bereits am Zielort existiert.

-R

: Weitgehend dasselbe wie -r. Die genauen Unterschiede sind stark systemabhängig, auf BSD-Systemen z.B. impliziert -R auch -d, während -r das nicht tut.

-a

: Abkürzung für -pr, existiert aber nicht auf allen Systemen, normalerweise unterstützt unter Linux und BSD.

Um beispielsweise sowohl einige gewöhnliche Dateien (*.profile* und *.bashrc*) als auch Verzeichnisse (*GNUstep* und *Mail*) aus dem aktuellen Arbeitsverzeichnis in ein existierendes Verzeichnis *out* zu kopieren, wäre folgende Kommandozeile möglich:

```
$ cp -r GNUstep .profile .bashrc Mail out
```

Dieses Kommando erweckt möglicherweise den Eindruck, man müsse ziemlich viel tippen, um das gewünschte Ergebnis zu erhalten. Wenn man das gern möchte, kann man das sicherlich machen, allerdings sehen Sie genau hier einen typischen Anwendungsfall für die Vervollständigung von Namen, die wir in Kapitel 2 auf Seite 26 kennengelernt haben.

Als geübter Benutzer wird man das obige Kommando in etwa so eingeben:

```
$ cp -r GNTab .profTab .bashrTab MaTab ouTab
```

Warum wurde bei *.bashrc* fast der ganze Dateiname per Hand eingetippt? Probieren Sie es aus! (Hinweis: Sind Sie Benutzer der *bash*, werden Sie mit großer Sicherheit eine Datei *.bash_history* in Ihrem Home-Verzeichnis haben!)

Dateien verschieben und umbenennen

Umbenennen und Verschieben sind für das Unix-System dasselbe, daher wird beides konsequenterweise auch nur mit einem Werkzeug erledigt: `mv` (*move*). Schalter gibt es eher selten, wenn vorhanden (siehe Manpages), ist allerdings `-i` zur Bestätigung vor dem Überschreiben vorhandener Dateien zu empfehlen. Die Aufrufsyntax bezüglich Quell- und Zielnamen entspricht genau der von `cp`, Verzeichnisse werden fast wie Dateien behandelt. Mit »fast« ist hier gemeint, dass auf manchen (vor allem älteren) Unix-Systemen Verzeichnisse nicht über Dateisystemgrenzen (siehe Abschnitt »Dateisysteme«) hinweg verschoben werden können.

Analog zu dem `cp`-Beispiel oben würde die entsprechende `mv`-Kommandozeile so aussehen:

```
$ mv GNUstep .profile .bashrc Mail out
```

Ebenfalls analog zu `cp` muss *out* existieren und ein Verzeichnis sein.

Dateien löschen

Das Löschen von Dateien unter Unix ist etwas Endgültiges, es gibt keinen `undelete`-Befehl. Um sich unliebsamer Dateien entledigen zu können, steht das `rm`-Kommando zur Verfügung. Als Argumente nimmt es eine beliebig lange Liste zu löschender Dateien und eventuell davor noch einen oder mehrere Schalter.

Häufig benutzte und auf den meisten Unix-Systemen unterstützte Optionen zu `rm` sind:

`-f`
: Es wird ohne Aufforderung zur Bestätigung versucht, auch schreibgeschützte Dateien zu löschen, nicht existierende Dateien werden einfach ignoriert.

`-i`
: Vor jeder Löschaktion wird eine Bestätigung angefordert.

`-r`

Wenn die Quelle ein Verzeichnis ist, wird es komplett mit seinem Inhalt gelöscht, das Verzeichnis muss nicht leer sein.

`-R`

Dasselbe wie `-r`.

Aus dem Nähkästchen: Die große Undelete-Party an der FH Wedel

Es begab sich zu der Zeit, da der Autor dieser Zeilen noch als Assistent an der FH Wedel beschäftigt war, als eine sehr talentierte Studentin eine Studienarbeit anfertigte und dabei unter anderem eine große Anzahl HTML-Dateien erzeugen musste. Da der hauseigene Webserver auf Linux lief, spielte sich auch das Erzeugen der HTML-Dateien unter Linux ab; der verwendete Datei-Manager war die Shell. Eines Tages berichtete besagte Studentin mit ziemlich blassem Gesicht, sie habe versehentlich mit **`rm -rf`** ihre gesamte Arbeit vernichtet, ob man nicht vielleicht doch noch etwas tun könne.

Nach einem anfänglichen »Nein, natürlich nicht!« kam dann doch noch die rettende Idee. Durch das **`rm -rf`** waren natürlich die Dateisystemeinträge, über die die Dateien zu finden gewesen wären, vernichtet, aber der Inhalt war ja noch da – zumindest so lange, bis der frei gewordene Plattenplatz von etwas anderem belegt würde. Die Idee war folgende:

Die Festplattenpartition enthielt weiterhin den Inhalt der Dateien, also wurde zunächst der Inhalt der gesamten Partition in eine Datei gefüllt. Das war einfach, da ja jede Festplattenpartition unter Unix als Eintrag im */dev*-Verzeichnis auftaucht (siehe den Anfang dieses Kapitels). Um also so ein Abbild zu erzeugen, reichte folgende Kommandozeile:

```
$ cat /dev/hda1 >/mnt/hda1.img
```

Nun mussten die HTML-Dateien in dem erzeugten Abbild gefunden werden. Das konnte man recht leicht mit dem Programm *strings* erreichen, das aus einer beliebigen Datei alles extrahiert, das irgendwie nach normalen Zeichenketten aussieht:

```
$ strings /mnt/hda1.img >hda1.strings
```

Nun kam der schwierige Teil: Aus all diesen Zeichenketten mussten jetzt die jeweiligen Anfänge und Enden der ursprünglichen Dateien erraten werden. Das war zum Glück nicht übermäßig kompliziert, da ja HTML-Dateien eine gewisse Struktur haben; man musste also im Wesentlichen nach etwas suchen, das in **`<html>`** und **`</html>`** eingefasst war. Diesen Job erledigte dann ein Skript – kein Shell-Skript, sondern ein in *TCL* geschriebenes. TCL ist eine Skriptsprache, die ähnlich wie etwa Perl auf recht einfache Art die Entwicklung von Filtern und die Verwendung von regulären Ausdrücken erlaubt, was bei der Lösung dieser Aufgabe sehr half.

Es dauerte eine Weile, aber der Großteil der verloren geglaubten Arbeit konnte gerettet werden. Wir lernen hieraus: Der **`rm`**-Befehl ist etwas für Menschen, die wissen, was sie tun, aber dennoch muss auch im Falle des Falles nicht alles verloren sein.

Da Ehre dem zuteil werden soll, dem Ehre gebührt, soll nicht unerwähnt bleiben, wem Idee und Umsetzung der Rettungsaktion zu verdanken waren: Prof. Schmidt, dem übrigens auch der Autor dieser Zeilen seine spätere große Liebe zu Unix und der Shell zu verdanken hat.

Hier ein Beispiel, das das Verschieben von Verzeichnisbäumen über Dateisystemgrenzen hinweg durch Kopieren und Löschen »simuliert«:

```
herbert@Paola:~$ ls nsmail/
Drafts           Sent             Trash
Inbox            Templates        Unsent Messages
herbert@Paola:~$ cp -rp nsmail/ /usr/src/archive/
herbert@Paola:~$ ls /usr/src/archive/nsmail/
Drafts           Sent             Trash
Inbox            Templates        Unsent Messages
herbert@Paola:~$ rm -rf nsmail/
herbert@Paola:~$ ls nsmail
ls: nsmail: No such file or directory
herbert@Paola:~$ _
```

Man beachte, dass mit dem Schalter `-rf` alles ohne Rückfrage gelöscht wird, was irgendwie löschbar ist. Man sollte also vorher gut überlegen, was man tut.

Auf manchen Systemen ist der `rm`-Befehl so konfiguriert, dass implizit immer die Option `-i` gesetzt ist, sodass man vor jedem Löschen ausnahmslos nach einer Bestätigung gefragt wird. Diejenigen, die sich das ausgedacht haben, sind offenbar der Meinung, dass man so weniger in Gefahr gerät, aus Versehen Dinge zu löschen. Nach der jahrelangen Erfahrung des Autors ist allerdings eher das Gegenteil der Fall, man ist nach kurzer Zeit von der ewigen Nachfragerei so genervt, dass man irgendwann, ohne überhaupt hinzusehen, fast schon mechanisch alles bestätigt, was gefragt wird. Das spricht dafür, dass aus psychologischer Sicht `rm -i` für jede Löschaktion eher noch gefährlicher ist als `rm -f`.

Wildcards

Die Shell erlaubt in Kommandos die Benutzung von Jokerzeichen – also *Wildcards*. Das sind spezielle Zeichen, die insofern eine besondere Bedeutung haben, dass sie als Platzhalter für andere Zeichen oder auch Zeichenketten stehen können, die somit nicht explizit genannt werden müssen.

Findet die Shell solche Wildcards, vergleicht sie den betreffenden Ausdruck mit Namen von Objekten im Dateisystem und nimmt gegebenenfalls Ersetzungen vor. Diese Ersetzungen werden vorgenommen, bevor die Shell die Kommandos ausführt, sodass die aufgerufenen Programme nur das Ergebnis der Ersetzung zu sehen bekommen.

Die Shell interpretiert die folgenden Wildcards:

*
: Passt auf eine beliebige Zeichenkette von beliebiger Länge (auch leer).

?
: Passt auf genau ein beliebiges Zeichen.

[]
: Umfasst eine Menge von Zeichen. Diese Menge kann eine einfache Auflistung von Zeichen (z.B. »*[abc178x]*«), ein Wertebereich (z.B. »*[a-zA-Z]*«) oder eine Kombination aus allem (z.B. »*[a-ZXY1-39]*«) sein.

{}
: Umfasst eine kommaseparierte Menge von Zeichenketten. Beispielsweise sind diese beiden Befehlszeilen semantisch identisch:

```
$ mkdir /tmp/{foo,bar,baz}
$ mkdir /tmp/foo /tmp/bar /tmp/baz
```

Ein Ausdruck, der nun einen der oben genannten Operatoren enthält, wird in der Kommandozeile von der Shell mit Objekten im Dateisystem verglichen, indem der Ausdruck als Pfadangabe interpretiert wird und dann versucht wird, im Dateisystem etwas Entsprechendes zu finden.

So wird beispielsweise ein Wildcard-Ausdruck `abc*` durch die Namen aller Dateien im Arbeitsverzeichnis ersetzt, deren Name mit *abc* beginnt. Hingegen würde bei `Mail/abc*` nach solchen Dateien in *./Mail* und bei `/tmp/abc*` in */tmp* gesucht. Findet die Shell keine passenden Dateien, ersetzt sie nichts, der Wildcard-Ausdruck gelangt also unverändert zum in der jeweiligen Kommandozeile aufgerufenen Programm.

Beispielsweise wird die Befehlszeile `ls s*` wie folgt abgearbeitet:

1. Im aktuellen Verzeichnis (die Wildcard enthält keinen Pfad) wird nach Dateien, die mit *s* beginnen, gesucht.
2. Angenommen, es wurden die Datei *selected-articles.tar.gz* und das Verzeichnis *src* gefunden:

   In der Kommandozeile wird der Ausdruck `s*` durch die Treffer ersetzt.

   Nun wird `ls` mit der neuen Argumentliste aufgerufen:

   ```
   $ ls selected-articles.tar.gz src
   ```

3. Gab es keine Treffer, wird die Kommandozeile nicht verändert, das ls-Kommando bekommt also den Ausdruck s* zu sehen.

Das Ergebnis sieht dann so aus:

```
herbert@Paola:~$ ls a*
ls: a*: No such file or directory
herbert@Paola:~$ ls s*
selected-articles.tar.gz

src:
chorkonzert          jni                  simulation
dada-1.01            music                rotate
dgl                  seminar              set
dir-utils            numa-script          experde
phd
herbert@Paola:~$ _
```

Gerade im Zusammenhang mit ls ist in diesem Beispiel bemerkenswert, dass nicht ls, sondern die Shell nach den Dateien, die mit *a* beginnen, sucht. Außerdem werden die zwei gefundenen Dateien unterschiedlich behandelt, da *src* ja ein Verzeichnis ist – es wird sein Inhalt aufgelistet, anstatt wie bei *selected-articles.tar.gz* nur den Namen anzuzeigen.

Hinweis Dies führt zu einer typischen Anwendung für den Schalter -d bei ls, siehe auch Seite 33.

Da die Shell die Ersetzung von Wildcards vornimmt, brauchen die Shell-Werkzeuge das in den allermeisten Fällen nicht mehr zu tun. Daher gibt es auch kaum Programme, die dazu in der Lage sind. Gerade bei Shells, die keine Vervollständigung von Datei- und Kommandonamen im interaktiven Betrieb kennen, sind Wildcards das Mittel der Wahl für Schreibfaule:

```
$ ls -1
abc
ein_sehr_langer_Verzeichnisname
$ cd e*
$ pwd
/home/herbert/ein_sehr_langer_Verzeichnisname
$ _
```

Dieses Liste ist beliebig erweiterbar. Letztlich sprechen die ersten beiden Beispiele eindringlich dafür, sich wenn möglich beim Arbeiten mit Wildcards gegebenenfalls durch geeignete Schalter (z.B. -i bei rm, cp und mv) mit einer Rückfrage vor dem ungewollten Überschreiben oder Löschen von Dateien zu schützen. Auf die Lösung zum dritten Problem, dem Quoting, wird im nächsten Abschnitt eingegangen.

Ein kleines Wildcard-Gruselkabinett

Mitunter können Wildcards auch ausgesprochen gefährlich sein. Die folgenden Fehler haben (nicht nur) dem Autor dieser Zeilen schon das eine oder andere Mal Schweißperlen auf die Stirn getrieben (bitte nicht zu Hause ausprobieren!):

`mv a*`

Dieser Fehler (das Zielverzeichnis ist nicht angegeben) kann zu folgenden Resultaten führen (`cp` ist in diesem Zusammenhang genauso schlimm):

Wenn mehr als zwei passende Dateien existieren und der in alphabetischer Sortierung letzte Name ein Verzeichnis ist, werden alle anderen dorthin verschoben. Das kann schon ärgerlich sein, besonders weil eventuell dort existierende Dateien gleichen Namens ohne Rückfrage überschrieben werden.

Wenn nun genau zwei passende Dateien existieren und keine ein Verzeichnis ist, kommt das dem Löschen der zweiten Datei gleich, da diese ohne Rückfrage überschrieben wird.

Die anderen Fälle sind unkritisch, da sie zu ungültigen Aufrufen von `mv` führen.

`rm * .*`

Ein versehentlich hineingerutschtes Leerzeichen führt dazu, dass nicht nur Dateien, die einen Punkt im Namen haben, sondern einfach alle gelöscht werden!

`echo /*xxx`

Dieser harmlos aussehende Befehl stammt aus einem Shell-Skript (siehe Kapitel 8 für weitere Informationen zu Shell-Skripten), das einige Zeilen C- oder C++-Code generieren sollte. Das, was hier mit `echo` ausgegeben werden sollte, diente dazu, einen Kommentarblock einzuleiten.

Dieses Skript begann an irgendeinem Punkt plötzlich, Dinge zu generieren, die der Compiler später nicht akzeptieren mochte. Der Grund war, dass der Ausdruck */*xxx* plötzlich auf eine Datei passte, die im Hauptverzeichnis herumlag. Solange das nicht der Fall gewesen war, hatte `echo` immer brav das Erwartete ausgegeben, nun aber kam so etwas wie */foo-xxx* (also die Datei im Hauptverzeichnis, auf die der Ausdruck passte) heraus. Wer schon einmal in C oder C++ programmiert hat, wird wissen, dass dies nun kein Kommentar mehr war und der Compiler sich folglich weigerte, die Ausgabe jenes Skripts zu verarbeiten.

Die Lösung lautet hier »Quoting«, um die Auswertung von Wildcards durch die Shell zu unterdrücken.

Quoting

Da die Shell bestimmte Zeichen in Kommandos auswertet und unter Umständen ersetzt, müssen besondere Vorkehrungen getroffen werden, wenn dieses Verhalten nicht gewünscht ist. Das Zauberwort heißt *Quoting* – durch bestimmte Operatoren wird die

Interpretation anderer Zeichen, die sonst eine besondere Bedeutung für die Shell haben, verändert.

Dabei gibt es Möglichkeiten, sowohl einzelne Zeichen als auch ganze Zeichenketten zu quoten. Die folgenden Operatoren stehen zur Verfügung:

Der Backslash
: Ein Backslash (\) »entschärft« das jeweils folgende Zeichen, so dass es seine eventuelle Sonderfunktion für die Shell verliert. So wird z.B. `echo \*` immer einen Stern auf der Standardausgabe erzeugen.

Doppelte Anführungszeichen …
: … um eine Zeichenkette herum haben gleich zwei Wirkungen: Darin vorkommende Wildcard-Operatoren werden nicht expandiert, und die Zeichenkette wird als eine logische Einheit behandelt, auch wenn sie Leerzeichen enthält.

Hinweis Normalerweise teilt die Shell Kommandozeilen nach Leerzeichen in mehrere logische Zeichenketten auf.

Einfache Anführungszeichen …
: … um eine Zeichenkette herum haben zunächst die gleiche Wirkung wie die doppelten, sind aber noch stärker: In der Zeichenkette vorkommende Variablenreferenzen (siehe Kapitel 4, Seite 85) werden nicht expandiert. Ebenso verlieren die anderen beiden Quoting-Operatoren ihre Wirkung (das einfache Anführungszeichen kann seinerseits wiederum mit doppelten Anführungszeichen gequotet werden).

Backquotes
: Backquotes dienen dazu, den eingeschlossenen Ausdruck als Kommando zu interpretieren und durch dessen Ergebnis zu ersetzen (näher beschrieben ab Seite 93). Mit dem Namen *Backquotes* bezeichnen wir die einfachen Anführungszeichen, die von oben links nach unten rechts gehen. Man erzeugt sie auf einer deutschen Tastatur durch die Akzenttaste rechts vom Fragezeichen, wenn man die Umschalt-Taste gedrückt hält. Bei manchen Tastaturen muss man, um dieses Zeichen auch wirklich zu bekommen, noch die Leertaste hinterher drücken, weil sonst versucht wird, das Zeichen als Akzent über den nächsten Buchstaben zu setzen.

Allgemein gilt, dass Quotes bei Zeichenketten, die keine oder keine passenden Wildcard-Ausdrücke enthalten, nicht schaden. So sollte beispielsweise beim echo-Befehl, falls es nicht explizit anders gewünscht ist, die auszugebende Zeichenkette immer in Anführungszeichen (siehe oben) gesetzt werden. Hier folgen einige kurze Beispiele, die zeigen, wo und wie Quotes Auswirkungen auf Befehlszeilen haben:

```
herbert@Paola:~$ ls e*
experde.txt
herbert@Paola:~$ ls e\*
ls: e*: No such file or directory
herbert@Paola:~$ echo e[xyz]perde?txt
experde.txt
herbert@Paola:~$ echo "e[xyz]perde?txt"
e[xyz]perde?txt
herbert@Paola:~$ ls 'experde.*'
ls: experde.*: No such file or directory
herbert@Paola:~$ _
```

Übungen

Übung 3-4 ▶ Warum ist das Verschieben von Dateien über Dateisystemgrenzen hinweg viel aufwendiger, als wenn es im selben Dateisystem stattfindet?

Greifen Sie das letzte Beispiel von Seite 67 auf:

```
$ cp -r GNUstep .profile .bashrc Mail out
```

Übung 3-5 ▶ Was passiert, wenn das Ziel *out* nicht existiert oder eine Datei und kein Verzeichnis ist? Welchen Grund mag es wohl haben, dass sich cp und auch mv so verhalten?

Übung 3-6 ▶ Wie kann mit echo ein Backslash (\) ausgegeben werden?

Übung 3-7 ▶ Was kann man als Administrator tun, damit alle an einem Projekt beteiligten Benutzer, die ein eigenes Benutzerkonto haben, die Dateien des Projekts sehen und ändern können, andere Benutzer das aber nicht können?

KAPITEL 4

Befehle kombinieren und erweitern

In diesem Kapitel:

- Ein- und Ausgabe
- Variablen
- Aliase
- Kombination von Werkzeugen
- Prozesse
- Übungen

Die Shell bildet das verbindende Element zwischen den unzähligen Kommandos, die die eigentliche Arbeit machen. In den folgenden Abschnitten wird es darum gehen, wie Befehle miteinander kommunizieren und wie man ihre Ausführung kontrolliert.

Ein- und Ausgabe

Viele Shell-Werkzeuge lesen von der Tastatur und geben auf der Konsole (Bildschirm) aus. Standardein- und Standardausgabe werden vom System wie Dateien behandelt, die für jedes Programm automatisch zur Verfügung stehen. Die Benutzung dieser Standarddateien (siehe auch den Abschnitt »Standarddateien« in Kapitel 3) ist sinnvoll, damit die Programme im interaktiven Betrieb benutzt werden können.

Um diese Programme nun miteinander kommunizieren zu lassen oder auch für Automatisierungszwecke kann es sinnvoll sein, dieses Verhalten an manchen Stellen zu »umgehen«. So ist es möglich, Ein- und Ausgabe von Shell-Kommandos mit Dateien im Dateisystem zu verbinden oder sogar die Kommandos durch andere Kommunikationskanäle direkt miteinander zu verbinden.

Ein- und Ausgabeumlenkung in der Shell

Man kann Ein- und Ausgabe durch offene Dateien auf andere Dateien umlenken, sowohl beim Programmieren in irgendeiner höheren Programmiersprache als auch in der Shell. Die Umlenkung von Ein- und Ausgabe in der Shell bezieht sich auf die drei oben genannten Standarddateien. So ist es also möglich, dafür zu sorgen, dass ein Programm, das üblicherweise auf Eingabe von der Tastatur wartet, diese aus einer Datei im Dateisystem erhält. Analog kann die Ausgabe vom Bildschirm in irgendeine andere Datei umgelenkt werden.

Grundlegende Umlenkungsoperatoren

Alle Shells unterstützen mindestens jeweils einen Operator für die Umlenkung der Ein- und der Ausgabe:

`>name`

Lenkt die Standardausgabe in der Datei *name* um. Der Inhalt von *name* wird dabei vollständig überschrieben.

Bei Shells der Bourne-Shell-Familie kann optional vor diesen Operator auch die Nummer der Datei geschrieben werden, die umgelenkt werden soll, sodass `2>name` dafür sorgt, dass die Fehlerausgabe in *name* landet. In der C-Shell-Familie ist es nicht möglich, nur die Fehlerausgabe allein umzuleiten.

`>>name`

Unterscheidet sich von der obigen Form dadurch, dass, falls *name* schon existiert, diese Datei nicht überschrieben wird, sondern der Inhalt hinten angehängt wird. Die Form mit der Nummer des Deskriptors ist genauso möglich: `2>>name`.

`<name`

Holt die Standardeingabe aus der Datei *name*.

Eine typische Anwendung für die Eingabeumleitung ist die Benutzung eines Pagers auf eine vorhandene Datei. Auf vielen traditionellen Unix-Systemen liest der Pager grundsätzlich nur aus der Standardeingabe. Um nun damit eine längere Textdatei lesen zu können, muss daher die Eingabeumlenkung der Shell bemüht werden:

```
$ more <langedatei.txt
```

Oft möchte man auch die Ausgabe von Fehlermeldungen unterdrücken, die mitunter auftauchen, wenn man zum Lesen bestimmter Dateien nicht berechtigt ist. Dies ist dann gleich auch ein erstes Beispiel für die sinnvolle Anwendung des *Null-Device* (siehe den Abschnitt »Gerätedateien« am Anfang von Kapitel 3), das zur Entsorgung der unliebsamen Meldungen dient:

```
$ ls /home/* 2>/dev/null
```

Da */home* auch die Home-Verzeichnisse anderer Benutzer enthält, auf die wir typischerweise keinen Zugriff haben, würde hier normalerweise eine Reihe von Fehlermeldungen erscheinen, die so unterdrückt werden. Wir sehen auf diese Weise leicht, welche Benutzer ihre Home-Verzeichnisse anderen Benutzern zum Lesen offen halten.

Es ist auch möglich, mehrere Umleitungen in einer Kommandozeile vorzunehmen. Um die Standardausgabe des letzten Beispiels in eine beliebige andere Datei umzuleiten, käme folgender Befehl infrage:

```
$ ls /home/* 2>/dev/null 1>list.lst
```

Die Reihenfolge spielt an dieser Stelle keine Rolle, auch kann wie hier aus Gründen der Lesbarkeit die (eigentlich implizit gesetzte) `1` für die Standardausgabe explizit angegeben werden.

Einige längere Beispiele

Ein Beispiel für den sinnvollen Einsatz einer einfachen Ausgabeumleitung ist der Benutzer, der eine auf dem System zentral verwaltete Software pflegt (z.B. der Entwickler dieser Software), ohne auf dem System Administratorrechte zu haben. Der Administrator hat diesem Benutzer sein Programm in */usr/local/bin* installiert, und zwar so, dass der Benutzer weiterhin Besitzer dieses Programms ist:

```
Paola:/usr/src/bva# whoami
root
Paola:/usr/src/bva# cp -p bva /usr/local/bin/
Paola:/usr/src/bva# cd /usr/local/bin/
Paola:/usr/local/bin# ls -ld . bva
drwxrwsr-x  2 root     root      1024 Apr 7 18:01 .
-rwxrwxr-x  1 herbert  herbert  60732 Apr 7 18:01 bva
Paola:/usr/local/bin# _
```

Der Benutzer hat nun nach wie vor Schreibrecht auf die Datei, er darf sie aber weder löschen noch neu in das Verzeichnis kopieren, da er auf dieses Verzeichnis eben kein Schreibrecht hat. Wenn er nun eine neue Version erstellt hat, kann er sie dennoch installieren:

```
herbert@Paola:~/src/bva$ cat bva >/usr/local/bin/bva
herbert@Paola:~/src/bva$ cd /usr/local/bin/
herbert@Paola:/usr/local/bin$ ls -ld . bva
drwxrwsr-x  2 root     root      1024 Apr 7 18:01 .
-rwxrwxr-x  1 herbert  herbert  72449 Apr 7 18:11 bva
herbert@Paola:/usr/local/bin$ _
```

Der cat-Befehl gibt eine Datei auf die Standardausgabe aus. Durch die Umleitung wird die (binäre) Datei *bva* hier in die auf dem System installierte geschrieben, ihr alter Inhalt wird dabei vollkommen ersetzt. Da unter Unix nicht zwischen binären und Textdateien unterschieden wird, ist das auf diese Art und Weise installierte Programm nach wie vor vollkommen funktionsfähig.

Typische Anwendungen für den »Doppelpfeil« zum Anhängen an vorhandene Dateien sind die Erzeugung von Logdateien oder das schrittweise Zusammensetzen von Dateien durch »Bausteine«. Diese Technik wird sehr häufig in Shell-Skripten verwendet (siehe Kapitel 8 für weitere Informationen dazu). In diesem Beispiel existieren bereits zwei Schablonen für eine einfache HTML-Datei, die immer wieder mit neuem (aktuellem) Inhalt erzeugt werden soll:

```
herbert@Paola:~$ cat html_header
<html>
  <head>
    <title>W&ouml;chentliche Statistik</title>
  </head>
  <body>
    <h1>W&ouml;chentliche Statistik</h1>
herbert@Paola:~$ cat html_footer
  </body>
</html>
herbert@Paola:~$ _
```

Um die Datei zu erzeugen, wird sie zunächst mit der Kopfschablone überschrieben, der Rest wird dann angehängt:

```
herbert@Paola:~$ cat html_header >statistik.html
herbert@Paola:~$ echo "    <p>
>       Immer 100 Prozent.
>     </p>" >>statistik.html
herbert@Paola:~$ cat html_footer >>statistik.html
herbert@Paola:~$ _
```

Man beachte, dass der echo-Befehl ohne Weiteres mit mehrzeiligen Zeichenketten zurechtkommt. Die Shell ermöglicht die Eingabe von mehrzeiligen Kommandos automatisch, wenn beim Drücken der Enter-Taste noch ein Anführungszeichen nicht geschlossen worden ist. Sie zeigt dann ein einfaches Promptzeichen an, das sich üblicherweise vom normalen Prompt unterscheidet (hier ist es »>«).

Das Resultat sieht dann so aus:

```
herbert@Paola:~$ cat statistik.html
<html>
  <head>
    <title>W&ouml;chentliche Statistik</title>
  </head>
  <body>
    <h1>W&ouml;chentliche Statistik</h1>
    <p>
      Immer 100 Prozent.
    </p>
  </body>
</html>
herbert@Paola:~$ _
```

Erweiterte Möglichkeiten bei der Korn-Shell und der bash

Die beiden »moderneren« Vertreter der Bourne-Shell-Familie verfügen neben den oben genannten Operatoren noch über eine Möglichkeit, Ausgabedatenströme zu mischen. Angenommen, wir wollen mit echo eine Ausgabe auf die Fehlerausgabe machen, oder wir wollen, dass bei einem Programmaufruf Standardausgabe und Fehlerausgabe denselben logischen Datenstrom benutzen:

```
herbert@Paola:~/$ echo "Boese Falle." 1>&2
Boese Falle.
herbert@Paola:~/$ _
```

Anders als bei der grundlegenden Syntax der Umleitungsoperatoren steht hier auf der rechten Seite kein Dateiname, sondern ein Deskriptor. Durch das & weiß die Shell, dass hier also keine Datei mit dem Namen *2* erzeugt, sondern stattdessen die Ausgabe dem Datenstrom mit der Nummer 2 hinzugefügt werden soll.

In dem Beispiel mit den zum Lesen offenen Home-Verzeichnissen von Seite 77 könnten wir auf die Idee kommen, doch an den Fehlermeldungen interessiert zu sein:

```
ls /home/* >list.lst 2>&1
```

Durch diese Syntax werden beide Datenströme gemischt, sodass alles genau in der Reihenfolge in der Datei landet, in der es sonst auf der Konsole erschienen wäre. Dies ist nicht identisch mit der Variante `>list.lst 2>list.lst`, denn hier geht die Reihenfolge verloren.

Leider steht dieses Mischen von Datenströmen nicht bei allen Shells zur Verfügung, auch die modernen Ausprägungen der C-Shell bieten keine vergleichbare Funktion. Auf manchen Unix-Systemen sind daher die Gerätedateien *dev/stdout* und */dev/stderr* eingerichtet, mit deren Hilfe ein Teil dieser Funktionalität abgebildet werden kann:

```
$ ls /home/* >list.lst 2>/dev/stdout
```

Es bleibt festzuhalten, dass Umleitung von Datenströmen einer der wesentlichen Mechanismen in der Unix-Shell ist und sowohl interaktiv als auch in Shell-Skripten in gleicher Form verwendbar ist.

Umleitung bei der C-Shell-Familie

Wie schon erwähnt, verfügt die C-Shell nur über eingeschränkte Umleitungsmechanismen. Sie kann von Haus aus nicht die Fehlerausgabe separat von der Standardausgabe behandeln, aber immerhin kann sie ihr, wenn die Standardausgabe umgeleitet wird, auch die Fehlerausgabe hinzufügen.

Das sieht dann so aus:

```
$ ls /home/* >&list.lst
```

In diesem Beispiel würden beide Ausgabeströme in die gemeinsame Datei *list.list* umgeleitet. Das ist möglicherweise nicht exakt, was uns interessiert, da wir ja eigentlich die Fehlermeldungen in einer separaten Datei haben wollen. Dies ist mithilfe eines kleinen Tricks möglich:

```
$ ( ls /home/* >list.lst ) >&error.lst
```

Innerhalb der Klammern wird die Standardausgabe umgeleitet, aber nicht die Fehlerausgabe. Da alles innerhalb der Klammern als ein separater Prozess behandelt wird (siehe Seite 92 für eine Erklärung, was die Klammern genau bewirken), kann auf den Klammerausdruck selbst eine Umleitung angewandt werden, wodurch in diesem Fall dann Standard- und Fehlerausgabe zusammen umgeleitet werden. Nur ist ja die Standardausgabe bereits vorher innerhalb der Klammern umgeleitet worden, sodass am Ende effektiv nur noch die Fehlerausgabe übrig bleibt.

Pipes

Pipes sind unidirektionale Kommunikationskanäle für Prozesse. Sie spielen eine wichtige Rolle in der Shell, da sie eine wesentliche Voraussetzung für die Kombination der an sich eher kleinen Shell-Werkzeuge hin zu mächtigen Lösungen für komplizierte Probleme sind.

Pipes können anonym sein oder auch einen Namen tragen. Im ersteren Fall wird durch einen Operator eine temporäre Pipe erzeugt und implizit eine Ein- bzw. Ausgabeumleitung für die beiden verbundenen Prozesse vorgenommen. Im zweiten Fall entsteht ein Objekt im Dateisystem (siehe Kapitel 3), das Programme wie Dateien öffnen und benutzen können, das aber andererseits Daten nicht permanent im Dateisystem speichern, sondern sie nur weiterleiten kann.

Anonyme Pipes

Eine anonyme Pipe lebt so lange wie die beiden sie benutzenden Prozesse. Das heißt, sobald einer der Prozesse beendet wird, hört die Pipe auf zu existieren. Um nun zwei Prozesse durch eine anonyme Pipe miteinander zu verbinden, benutzt man den Pipe-Operator `|`, den man einfach zwischen die zwei zu verbindenden Befehle schreibt:

```
$ ls /etc | wc
```

In diesem Beispiel wird die Anzahl der Einträge im */etc*-Verzeichnis gezählt. Die Ausgabe von `ls` wird umgeleitet in die Pipe, die dann für `wc` die Standardeingabe zur Verfügung stellt. Die hier stattfindende Ein- und Ausgabeumleitung lässt sich durchaus vergleichen mit der bei Dateien, die am Anfang dieses Kapitels vorgestellt wurde.

Mitunter ist es sogar bei der Benutzung von Pipes sinnvoll, zusätzlich die Umleitungsoperatoren für Dateien zu benutzen. Da der Pipe-Operator nur die Standardausgabe in die Pipe lenkt, würde eine auf die Fehlerausgabe geschriebene Fehlermeldung nach wie vor auf der Konsole landen. Mitunter will man aber beide Datenströme in der Pipe zur Verfügung haben, sodass man sie vorher zusammenführen muss.

Die Vorgehensweise ist hier abhängig von der Shell und dem jeweils verwendeten System. Benutzer der Korn-Shell oder der *bash* werden die dort vorhandenen zusätzlichen Operatoren (&) nutzen (siehe den Abschnitt »Ein- und Ausgabeumlenkung in der Shell«):

```
$ cat /etc/* 2>&1 | more
```

Bei anderen Shells kann das Fehlen des zusätzlichen Operators durch eine eventuell vorhandene Gerätedatei */dev/stdout* kompensiert werden:

```
$ cat /etc/* 2>/dev/stdout | more
```

Die anonyme Pipe bietet sich für »On-the-fly-Aktionen« in der Shell sowie für einfache Shell-Skripten an, da ihre Benutzung sehr einfach ist und eine große Zahl an Shell-Programmen der Konvention folgt, aus der Standardeingabe zu lesen und in die Standardausgabe zu schreiben.

Benannte Pipes

Bei benannten Pipes fehlen die Automatismen, durch die bei anonymen Pipes Ein- und Ausgaben umgeleitet werden. Da eine benannte Pipe nicht »automatisch« eine Verbindung zwischen zwei Prozessen aufbaut, muss sie explizit verwendet werden. Sie hat daher einen Namen und einen Eintrag im Dateisystem, in dem sie ähnlich einer einfachen Datei dazu bereitsteht, zum Lesen oder Schreiben benutzt zu werden.

Sinnvoll ist diese an sich etwas aufwendigere Vorgehensweise immer dann, wenn es nicht möglich oder nicht sinnvoll ist, jeweils mindestens einen lesenden und schreibenden Prozess gleichzeitig zu starten. Eine Pipe kann dann als eine Art Postkasten dienen, der sich mit den üblichen Werkzeugen zur Rechtevergabe für Dateien konfigurieren lässt.

Eine mögliche sinnvolle Anwendung könnte ein einfacher Serverdienst, implementiert z.B. als Shell-Skript, sein, der auf Aufträge über eine Pipe wartet und gegebenenfalls irgendwelche Aktionen durchführt.

Eine benannte Pipe kann auf die einfachste Art mit `mkfifo` erzeugt werden:

```
$ mkfifo name
```

Alternativ können Sie auch den `mknod`-Befehl benutzen, der mehr kann, als nur Pipes anzulegen. Deshalb man ihm noch mitteilen, welche Art von spezieller Datei er anlegen soll:

```
$ mknod [Schalter] Name p
```

Das `p` am Ende steht für eine Pipe, abhängig vom aktuell verwendeten System können auch andere Dateitypen mit dem `mknod`-Befehl erzeugt werden. Das Resultat »outet« sich als Pipe durch das `p` ganz links in der Ausgabe von `ls -l`:

```
herbert@Paola:~$ mknod urx p
herbert@Paola:~$ ls -l urx
prw-rw-r--  1 herbert  fhw   0 Apr 24 11:21 urx
herbert@Paola:~$ _
```

Die Benutzung einer benannten Pipe verläuft analog zu der von Dateien. So kann mit den üblichen Operatoren die Ein- oder Ausgabe von Kommandos in eine benannte Pipe umgeleitet werden. Das folgende Beispiel kann z.B. in zwei *xterm*-Fenstern ausprobiert werden, da jeder Prozess für sich gestartet werden muss. Hier wird in die Pipe geschrieben:

```
herbert@Paola:~$ echo hallo >urx
herbert@Paola:~$ _
```

Der zweite Prozess liest aus der Pipe:

```
herbert@Paola:~$ cat urx
hallo
herbert@Paola:~$ _
```

Zu beachten ist, dass der Schreibzugriff erst beendet wird, wenn am anderen Ende gelesen wurde. Entsprechend würde ein lesender Prozess im Lesezugriff warten, bis ein anderer Prozess Daten in die Pipe geschrieben hat.

Die benannte Pipe wird im interaktiven Shell-Betrieb eher in Ausnahmen eingesetzt, da für die meisten Anwendungen die anonyme Pipe einfacher zu benutzen ist.

Übungen

Übung 4-1

Auf einem Unix-System in einer Universität haben alle Studenten Benutzerkonten, deren Namen sich aus dem zweistelligen Kürzel für die Fachrichtung plus einer vierstelligen Matrikelnummer ergeben (z.B. *xx1234*). Alle Studenten haben ihre Home-Verzeichnisse in */home/stud* (z.B. */home/stud/ii9261*). Wie viele Wirtschaftsinformatiker (Kürzel *wi*) gibt es in */home/stud*? Zur Lösung sollen der `ls`- und der `wc`-Befehl zum Einsatz kommen.

Übung 4-2

Wie kann das Zählen der Studenten alternativ ohne Benutzung des `ls`-Befehls gelöst werden? Man beachte hierbei die Verarbeitung von Wildcards durch die Shell!

Variablen

Variablen spielen in der Unix-Shell nicht nur eine Rolle für die Programmierung, also die Shell-Skripten. Sie sind eine vielseitig einsetzbare Möglichkeit zur Speicherung von Daten, die sich auch im interaktiven Betrieb bietet. Darüber hinaus kommen sie oft zum Einsatz bei der Konfiguration der Arbeitsumgebung, da sowohl die Shell als auch viele andere Programme ihre Grundeinstellungen aus speziellen Variablen lesen, die beispielsweise in den Initialisierungsdateien der Shell gesetzt worden sind.

Zuweisung und Sichtbarkeitsbereich

Eine Variable wird von der Shell automatisch erzeugt, sobald ihr ein Wert zugewiesen wird. Wird eine Variable benutzt, die noch nicht erzeugt wurde, führt das üblicherweise nicht zu einem Fehler, das Resultat ist dasselbe, als wäre eine Variable mit leerem Inhalt verwendet worden.

Eine Variable muss einen legalen Namen haben. Der Name kann bestehen aus den Zeichen A bis Z, a bis z, 0 bis 9 und dem Unterstrich (_) ohne Sonderzeichen wie Umlaute etc., und sie muss mit einem Buchstaben oder einem Unterstrich beginnen.

Bei der Zuweisung eines Werts auf eine Variable ist die Syntax bei den beiden großen Shell-Familien unterschiedlich.

In der Bourne-Shell

Bei von der Bourne-Shell stammenden Shells geschieht die Zuweisung einfach durch den Zuweisungsoperator `=`, der direkt hinter dem Variablennamen (also ohne Leerzeichen dazwischen) stehen muss. Eine Variablenzuweisung sieht also so aus:

```
$ VAR=Wert
```

Als Resultat hat die Variable mit dem Namen `VAR` (Groß- und Kleinschreibung wird bei Variablennamen wie auch bei Shell-Befehlen unterschieden) den Wert `Wert` erhalten.

Shells dieser Familie erlauben es, den Sichtbarkeitsbereich von Variablen zu kontrollieren. Grundsätzlich sind Variablen nur im aktuellen Prozess sichtbar, das heißt, gestartete Programme oder weitere Shell-Prozesse können auf Variablenwerte nur dann zugreifen, wenn das explizit erlaubt wurde. Hierzu gibt es das interne Shell-Kommando `export`, mit dem eine Variable öffentlich gemacht wird:

```
$ export VAR
```

Der Variablenname `VAR` kann hier auch eine ganze durch Leerzeichen getrennte Liste von Variablennamen sein. Durch das Exportieren einer Variablen erben alle Subprozesse der Shell, in der der Export durchgeführt wurde, diese Variable und können darauf zugreifen. Es sollte man beachten, dass dies immer nur von Mutter auf Kind und nicht umgekehrt funktioniert. Man findet den `export`-Befehl häufig in Konfigurationsdateien, die beim Log-in von der *Login-Shell* eingelesen werden.

In der *bash* und der Korn-Shell kann man auch Zuweisung und Export zusammen verwenden:

```
$ export VAR=Wert
```

Da diese Form jedoch von vielen Shells nicht verstanden wird, sollte von dieser Vereinfachung nur Gebrauch gemacht werden, wenn man sicher weiß, welche Shell zum Einsatz kommt.

Um eine Variable genau einem gestarteten Programm zugängig zu machen, ohne sie aber mit `export` ganz zu »veröffentlichen«, kann man in den Shells der Bourne-Familie auch Variablenzuweisungen explizit nur für einen Prozess vornehmen:

```
$ A=b command
```

In diesem Beispiel findet eine ganz normale Variablenzuweisung statt, die aber nur für das Programm *command* Wirkung hat. Prinzipiell können hier beliebig viele Zuweisungen stehen, die dann alle jeweils durch mindestens ein Leerzeichen voneinander getrennt werden müssen.

In der C-Shell

Shells aus der Familie der C-Shell folgen einem etwas anderen Konzept bei der Behandlung von Variablen. Mit dem internen Kommando `set` wird eine Variablenzuweisung »angekündigt«, anschließend kommen Variablenname und Wert:

```
$ set VAR = Wert
```

Die Variable ist lokal, wird also nicht von Kindprozessen geerbt. In der C-Shell gibt es kein `export`-Kommando, stattdessen erzeugt man eine Variable statt mit `set` mit `setenv` (*set environment*):

```
$ setenv VAR Wert
```

Nun wird die Variable automatisch exportiert, sodass Kindprozesse sie verwenden können. Für beide Shell-Familien gilt, dass längere Variablenwerte, die z.B. Leerzeichen enthalten, auch in Anführungszeichen eingefasst sein können.

Variablen erweitern

Variablen können auch erweitert werden, indem sie selbst bei der Variablenzuweisung referenziert werden. Das kommt häufig zum Einsatz, wenn eine Variable eine Liste, z.B. von Verzeichnissen, enthält, die an verschiedenen Stellen definiert sind.

Dieses Beispiel greift die Systemvariable `PATH` auf, die näher auf Seite 111 beschrieben wird. Diese Variable enthält eine Liste von Verzeichnissen, die von der Shell nach ausführbaren Dateien durchsucht werden und die durch Doppelpunkte getrennt sind.

Wollen wir nun diese Liste um die Verzeichnisse *~/bin* und */opt/stuff/bin* erweitern, ohne den bisherigen Wert zu verlieren, können wir das so erreichen:

```
$ PATH=~/bin:$PATH:/opt/stuff/bin
```

Vor der Zuweisung hat die Variable noch den alten Wert und kann deshalb auch referenziert werden. Nach der Zuweisung hat sie dann als Ergebnis den neuen Wert gefolgt von dem alten.

Das Ergebnis könnte dann in etwa so aussehen:

```
~/bin:/bin:/usr/local/bin:/usr/bin:/opt/stuff/bin
```

In der C-Shell hat das Erweitern von Variablen eine etwas andere Syntax:

```
% setenv PATH $HOME/bin:${PATH}:/opt/stuff/bin
```

Die geschweiften Klammern bei der Referenz auf `PATH` sind notwendig, um den Variablennamen vom folgenden Doppelpunkt zu trennen. Das ist auch bei Bourne-ähnlichen Shells möglich, in diesem Fall aber nicht notwendig. Zudem unterstützt die C-Shell hier auch nicht die Tilde als Abkürzung für das Home-Verzeichnis.

Variablen löschen

In Shells der Bourne-Shell-Familie können Variablen mit dem Befehl `unset` gelöscht werden:

```
% unset VAR
```

In der C-Shell geschieht das mit `unsetenv`:

```
% unsetenv VAR
```

Verwendung

Da die Shell als einzigen Datentyp lediglich die Zeichenkette kennt, geht aus dem Kontext einer Befehlszeile nicht eindeutig hervor, an welcher Stelle es sich um eine einfache Zeichenkette handelt oder doch um den Namen einer Variablen, deren Wert gerade benutzt werden soll. Die Lösung ist in der Shell-Syntax einfach und effektiv. Der Variablenoperator `$` bewirkt, dass der ihr folgende Name als Variable expandiert und deren Wert eingefügt wird.

Der Ausdruck `$VAR` wird also in der Shell durch den Wert der Variablen `VAR` oder gegebenenfalls eine leere Zeichenkette ersetzt. Um auch Variablen mit beliebigen Zeichenketten verketten zu können, kann der zu interpretierende Variablenname auch in geschweifte Klammern eingefasst werden, `${VAR}` erlaubt also Dinge wie:

```
$ echo ${VAR}hallo
```

Variablen können sowohl als Argumente für Programme (wie oben `echo`) als auch zum Erzeugen des eigentlichen, auftauchenden Kommandos benutzt werden. Ein beliebter Trick, um komplexe Kommandozeilen, die möglicherweise selbst viele Variablen enthalten, besser debuggen zu können, ist, ein Kommando in eine Variable zu schreiben, die dann zunächst mit `echo` ausgegeben und dann ausgeführt werden kann.

Um sich alle gerade definierten Variablen in einer Shell-Sitzung anzeigen zu lassen, kann sowohl in der Bourne-Shell als auch in der C-Shell das interne Kommando `set` ohne Parameter aufgerufen werden.

Übungen

Warum muss in der Syntax der Bourne-Shell der Zuweisungsoperator (=) direkt nach dem Variablennamen folgen? ◄ Übung 4-3

Wie kann man einer Variablen einen Wert zuweisen, der das Zeichen $ enthält? ◄ Übung 4-4

Aliase

Aliase werden von einigen der neueren Shells (*bash*, *ksh*, *csh* und *tcsh*) angeboten, um sich eigene Pseudokommandos erzeugen zu können. Solch ein Pseudokommando kann ein ganz neuer Name sein, aber auch die Bedeutung eines vorhandenen Namens ändern.

Ein Alias erzeugen und löschen

Um Aliase zu setzen und zu löschen, stehen bei den oben genannten Shells die folgenden Kommandos zur Verfügung:

`alias`
: Erzeugt ein neues Alias.

`unalias`
: Löscht Aliase.

Das Anlegen von Aliasen ist je nach Shell-Familie unterschiedlich. Bei einer Shell der Bourne-Familie erzeugt man ein Alias `name` für das Kommando `kommando` so:

```
alias name='kommando'
```

Bei der C-Shell und ihren Verwandten wird das Gleichheitszeichen bei der Zuweisung weggelassen:

```
alias name 'kommando'
```

Die Anführungszeichen sind, solange sich der Wert des Alias nur um ein Wort handelt, optional. Allerdings können auch Befehlsnamen mit Optionen als Wert für ein Alias genommen werden – in einem solchen Fall werden die Anführungszeichen notwendig:

```
$ alias ll='ls -l'
```

Wird nun in der Shell der Befehl `ll` eingegeben, wird von der Shell das Kommando `ls -l` ausgeführt.

Um zu erfahren, welche Aliase aktuell definiert sind, ruft man einfach `alias` ohne Argumente auf:

```
$ alias
alias :q='exit'
alias l='ls -CF'
alias l1='ls -1'
alias la='ls -A'
alias ll='ls -l'
alias ls='ls -G'
[...]
$ _
```

Der `unalias`-Befehl funktioniert bei allen Shells gleich:

`unalias` *`name1 [name2 ...]`*

Die Wirkung von `alias` und `unalias` ist auf eine Shell-Sitzung beschränkt, Aliase werden nicht einmal auf Kindprozesse vererbt. Um also Aliase immer zur Verfügung zu haben, müssen sie zu Beginn jeder Shell-Sitzung neu erzeugt werden. Typischerweise werden Aliase daher in einer Datei abgelegt, die zu Beginn der Shell-Sitzung automatisch eingelesen wird. Diese Thematik wird ausführlich im Abschnitt »Konfigurationsdateien« behandelt.

Unterschiede zu »echten« Befehlen

Bei Aliasen findet in erster Linie eine einfache textuelle Ersetzung statt. Wird also ein Alias verwendet, muss dieses zunächst durch die Shell in die resultierende Befehlszeile übersetzt werden. Je nachdem, ob nun ein interner Befehl, ein Programm oder auch eine ungültige Befehlszeile herauskommt, wird nun die Shell dieselbe Aktion einleiten, die sie bei direkter Eingabe des aus dem Alias expandierten Befehls unternommen hätte.

Prinzipiell sind Aliase ein sehr einfaches und deshalb auch nicht besonders flexibles Werkzeug. So ist es zum Beispiel bei Shells der Bourne-Familie nicht möglich, auf die Argumente zuzugreifen, die dem als Alias gespeicherten Pseudokommando übergeben werden.

Hinweis Bei der C-Shell kann hier mit Historie-Substitution »nachgeholfen« werden, siehe Seite 18.

Wenn ich beispielsweise ein Alias erzeugen möchte, das für jede Zeichenkette, die ich ihm übergebe, einen bestimmten Text ausgibt, sind die Möglichkeiten sehr beschränkt:

```
herbert@Paola:~$ alias hallo='echo hallo '
herbert@Paola:~$ hallo herbert
hallo herbert
herbert@Paola:~$ _
```

Es liegt auf der Hand, dass auf diese Art kein Text automatisch hinter dem Argument ausgeben werden kann, da die einfache textuelle Ersetzung das resultierende Kommando aus dem Alias `echo hallo` und dem Argument `herbert` zusammensetzt.

Manchmal kommt es vor, dass ein Shell-Befehl von einem Alias verdeckt wird, das den gleichen Namen hat. In diesem Fall gilt folgende Regelung:

- Beim Aufruf des Namens gewinnt im Normalfall das Alias.
- Wenn dem Namen ein Backslash vorangestellt wird (also: `\name`), wird das Alias ignoriert und der Befehl aufgerufen.

Kombination von Werkzeugen

Die Kombination von Werkzeugen ist ein ganz wesentlicher Mechanismus bei der Benutzung und auch der Programmierung von Unix-Shells. Die einzelnen Werkzeuge selbst sind meist eher klein und bilden das Vokabular einer Sprache, mit der man auch komplexe Aufgaben lösen kann. Um diese Vokabeln miteinander zu verbinden, gibt es verschiedene Kommunikationskonzepte und eine Reihe von Operatoren.

Pipes

Pipes wurden bereits weiter oben besprochen. Zur Kombination von Werkzeugen werden vor allem die anonymen Pipes verwendet, die die Standardausgabe des jeweils schreibenden und die Standardeingabe des jeweils lesenden Programms miteinander verbinden.

Ein wesentliches Merkmal von Pipes ist, dass beide Prozesse rechts und links von der Pipe gleichzeitig ausgeführt werden. Das lesende Programm wird automatisch beendet, sobald das schreibende Programm fertig ist. Sollte das lesende Programm vor dem schreibenden enden (was normalerweise nur in Fehlersituationen vorkommt), wird das schreibende vom Betriebssystem abgebrochen.

Mit Pipes werden mitunter recht lange Kaskaden von Kommandos erzeugt. Es gibt eine ganze Kategorie von Shell-Programmen, die *Filter*, die alle aus der Standardeingabe lesen und auf die Standardausgabe schreiben und sich somit sehr effizient über Pipes kombinieren lassen.

Hinweis Filter werden ausführlich am Anfang des Kapitels 6 behandelt.

Einfache Verkettung

Manchmal ist es sinnvoll, mehrere Programme hintereinander in einer Kommandozeile zu starten.

Damit die Shell weiß, wo ein Kommando endet und das nächste beginnt, trennt man Kommandos durch ein Semikolon (;). Ein Beispiel:

```
herbert@Paulina:~ $ echo "Inhalt von foo.txt:"; cat foo.txt
Inhalt von foo.txt:
Irgendein Text...
herbert@Paulina:~ $ _
```

Beide Programme werden nacheinander in der Reihenfolge von rechts nach links ausgeführt.

Klammerung

Gerade im Zusammenhang mit Kommandoverkettung möchte man mitunter die Ausgabe mehrerer Kommandos zu der eines Kommandos zusammenfassen, beispielsweise um sie über eine Pipe an ein anderes Programm weiterzuleiten oder sie in eine Datei umzuleiten.

Diese Aufgabe erfüllen einfache runde Klammern: `(...)`. Alles, was sich zwischen solchen Klammern befindet, wird von der Shell wie ein Kommandoaufruf behandelt. Zudem wird für alle Kommandos innerhalb der Klammern ein eigener Prozess gestartet, sodass beispielsweise ein Verzeichniswechsel mit `cd` nur innerhalb der Klammern Wirkung hat und man sich nach Abarbeitung des geklammerten Ausdrucks nach wie vor im alten Verzeichnis befindet.

Im folgenden Beispiel wird eine Liste mit MP3-Dateien aus der alten Liste (die noch Dateien in anderen Verzeichnissen enthält) und dem Inhalt eines Verzeichnisses neu erstellt. Dazu werden zwei Filter eingesetzt – `sort` sortiert den Datenstrom, und `uniq` entfernt aus dem Datenstrom (der zuvor sortiert sein muss!) alle Duplikate:

```
$ (cat old.lst; ls -1 /var/mp3) | sort | uniq >new.lst
```

Das `ls`-Kommando wird hier mit der Option `-1` ausgeführt, was bewirkt, dass die Ausgabe von `ls` einspaltig ist.

Mitunter kann es nützlich sein, einzelne Kommandos in einer Kaskade von Pipes in einem anderen Verzeichnis ausführen zu können:

```
$ tar -cvf - . | (cd /mnt/new; tar -xvf -)
```

Das Archivierungsprogramm `tar` erzeugt in diesem Beispiel ein Archiv des aktuellen Verzeichnisses mit allem, was sich darin befindet, und schreibt es in eine Pipe. Aus dieser Pipe liest ein zweiter `tar`-Prozess und extrahiert das Archiv in sein aktuelles Verzeichnis. Natürlich ergibt das Ganze nur Sinn, wenn der Prozess, der das Archiv extrahiert, in einem anderen Verzeichnis abläuft als der, der das Archiv erzeugt.

Hinweis Siehe Seite 139 für eine ausführliche Beschreibung von *tar* und anderen Packern und Archivierern.

Kommandoersetzung

Während Pipes eine Kommunikation von Programmen über Ein- und Ausgabedatenströme ermöglichen, lässt die *Kommandoersetzung* die Befehlszeile zum Aufruf von Programmen oder auch Teilen davon dynamisch erzeugen.

Der Operator für die Ersetzung sind die in Kapitel 3 im Abschnitt »Quoting« bereits erwähnten *Backquotes*, also einfache Anführungszeichen von oben links nach unten rechts (\`). Alle Aufrufe, die sich zwischen solchen Backquotes befinden, werden von der Shell zuerst ausgeführt. Die Ausgabe dieser Aufrufe wird dann an die Stelle des Ausdrucks mit den Backquotes gesetzt, die dadurch entstandene Kommandozeile wird anschließend interpretiert und ausgeführt.

Nehmen wir dafür zunächst einmal ein sehr einfaches Beispiel:

```
herbert@Paulina:~ $ echo ‘echo hallo‘
hallo
herbert@Paulina:~ $ _
```

Die Befehlszeile wird nun in den folgenden Schritten abgearbeitet:

1. Das Kommando in den Backquotes wird ausgeführt.
2. Der Ausdruck mit den Backquotes wird durch die Ausgabe des gerade ausgeführten Kommandos ersetzt: `hallo`
3. Somit entsteht eine neue Befehlszeile: `echo hallo`, die dann ausgeführt wird.

Als Beispiel für diesen Mechanismus nehmen wir unsere auf Seite 92 erstellte Liste mit MP3-Dateien und spielen alle darin aufgelisteten Dateien ab:

```
mpg123 `cat new.lst`
```

Wichtig zu verstehen ist, dass das Programm *mpg123* hier überhaupt nichts davon weiß, dass die Dateiliste aus einer Datei kommt, da die Ersetzung bereits von der Shell abgefangen und ausgewertet wird.

Hinweis Das Programm *mpg123* ist ein einfaches MP3-Abspielprogramm auf der Kommandozeile, das als freie Software vielen Linux-Distributionen beiliegt, aber keineswegs ein Unix-Standardkommando ist.

Man beachte, dass *mpg123* hier eine Kommandozeile erwartet. Die Schreibweise `mpg123 <new.lst` oder `cat new.lst | mpg123` wird so nicht funktionieren, da das Programm dazu die Liste der Dateien aus der Standardeingabe erwarten müsste, was es im Normalfall nicht tut.

Benutzer der *bash* und der Korn-Shell werden vielleicht hin und wieder auf eine alternative Schreibweise der Kommandoersetzung stoßen:

```
$ mpg123 $(cat new.lst)
```

Diese Schreibweise ist vollkommen synonym zu den Backquotes. Allerdings wird sie eben nur von einem Teil der Shells unterstützt, sodass man diese Schreibweise zwar verstehen sollte, sie aber möglicherweise im Sinne der größeren Portabilität eher sparsam einsetzen möchte.

Es sollte auch nicht unerwähnt bleiben, dass das System beim Ausführen von Kommandos eine Platzbeschränkung bei den Kommandozeilenargumenten hat. Das heißt, dass es nicht möglich ist, ein Kommando mit einer beliebig langen Liste von Argumenten auszuführen. Wird die Liste zu lang, wird sie einfach abgeschnitten. Auf einem 32-Bit-Linux beispielsweise liegt diese Grenze bei 121.152 Bytes, wobei je nach Anzahl der Argumente nur ein geringerer Wert tatsächlich genutzt werden kann. In unserem Beispiel oben heißt dies, dass bei einer sehr langen Liste *new.lst* möglicherweise nicht alle darin enthaltenen Einträge als Kommandozeilenargumente bei *mpg123* ankommen. Dieses Problem ist in den meisten Alltagssituationen eher irrelevant, allerdings sollte man, wenn man – z.B.

durch Kommandoersetzung – Argumentlisten automatisch erzeugt, diese Beschränkung im Hinterkopf behalten.

mpg123 mit Umleitung oder Pipe benutzen

Wer *mpg123* unbedingt mit einer Pipe oder einer Umleitung statt mit Kommandoersetzung benutzen möchte, wird nach etwas Suchen bei diesem Programm fündig. Dazu ist ein kleiner Umweg nötig. Es gibt eine Option, über die man *mpg123* dazu veranlassen kann, die Liste der abzuspielenden Dateien aus einer Textdatei zu lesen: `-@`. Wie auch manche anderen Unix-Programme unterstützt *mpg123* nun ein Argument, durch das das Programm veranlasst wird, statt in einer regulären Datei in der Standardeingabe nach der Liste der abzuspielenden Dateien zu suchen. Dabei handelt es sich um das Minuszeichen. Wenn also als Argument zu `-@` statt eines Dateinamens das Minuszeichen übergeben wird, haben wir das, was wir suchen:

```
$ mpg123 -@ - <new.list
```

Entsprechend kann auch eine Pipe benutzt werden:

```
$ cat new.lst | mpg123 -@ -
```

Das Minuszeichen als Option kann durchaus als Konvention verstanden werden; es wird von einer ganzen Reihe von Kommandozeilenprogrammen unter Unix unterstützt.

Wir können es aber auch noch weiter treiben. *mpg123* kann nämlich nicht nur dazu bewegt werden, die abzuspielenden Dateinamen aus der Standardeingabe zu lesen, man kann es sogar über die Standardeingabe mit den Dateien selbst »füttern«. Hierfür benutzt man wieder das Minuszeichen, nur eben ohne weitere Option. Der Aufruf ist dann beispielsweise der folgende:

```
$ cat kvitka.mp3 | mpg123 -
```

Um jetzt unsere ursprünglich gestellte Aufgabe auf eine weitere Weise zu lösen, ginge demnach auch dieses:

```
$ cat ‘cat new.lst‘ | mpg123 -
```

Das ist zugegebenermaßen nicht die eleganteste Lösung, aber sie demonstriert doch, wie viele verschiedene Wege oft zu einer funktionierenden Lösung führen können.

Dabei wird deutlich, wie sehr die Sprache, in der wir mit der Shell kommunizieren, ihre Entsprechung in der natürlichen Sprache hat, in der man schließlich auch mit vielen verschiedenen Formulierungen dieselbe Aussage treffen könnte. Es lohnt sich also, wenn man Derartiges in irgendeiner Situation gut gebrauchen könnte, einen Blick in die Manpages der jeweiligen Programme zu werfen.

Kommunikationskonzepte im Vergleich

Um die eventuell aufgekommene Verwirrung nicht zu groß werden zu lassen, sollen hier die bisher vorgestellten Kommunikationskonzepte noch einmal zusammengefasst und gegenübergestellt werden:

- *Anonyme Pipes* verbinden die Standardausgabe eines Programms und die Standardeingabe eines anderen Programms, die beide gleichzeitig ausgeführt werden. Der Operator für anonyme Pipes ist der senkrechte Strich (|).

- Man kann auch mehrere Programme nacheinander in einer Kommandozeile ausführen. Der Operator für eine solche *einfache Verkettung* ist das Semikolon (;).
- Die Ausgabe von mehreren Programmen kann durch *runde Klammern* gebündelt werden, sodass sie nach außen hin wie ein Programm auftreten.
- Kommandozeilen oder Teile davon können durch *Kommandoersetzung* dynamisch erzeugt werden. Kommandos zwischen Backquotes (`) werden zuerst ausgeführt und dann durch ihre Ausgabe in der Kommandozeile ersetzt.

Für welche Aufgaben bieten sich nun welche Konzepte an?

- Pipes kommen typischerweise dann zum Einsatz, wenn Programme beteiligt sind, die aus der Standardeingabe lesen. Das ist fast immer der Fall, wenn man Datenströme mit Filtern aufbereitet. Eine ganze Reihe von Anwendungen für Pipes wird am Anfang von Kapitel 6 vorgestellt.
- Die einfache Verkettung von Kommandos benutzt man oft in Kombination mit Klammern. Neben der Zusammenfassung von Ausgaben ist diese Kombination auch sehr nützlich, um einzelne Kommandos in einem anderen Verzeichnis als dem aktuellen ausführen zu können.
- Kommandoersetzung wird oft verwendet, um Dateilisten zu erzeugen, auf die irgendein drittes Programm losgelassen werden soll. Dabei kann sich auch innerhalb der Ersetzung eine Kaskade von durch Pipes verbundenen Kommandos befinden, die durch diverse Manipulationen die gewünschte Dateiliste erzeugen. Im Gegensatz zu Pipes werden Ersetzungen also immer da eingesetzt, wo Programme nicht aus der Standardeingabe lesen und eine größere Menge an Informationen aus der Kommandozeile benötigen.

Verbinden der beiden Kommunikationskonzepte

Pipes und Kommandoersetzungen haben ihre eigenen Vor- und Nachteile. Speziell bei der Kommandoersetzung können zwei Probleme stören: die Längenbeschränkung der Argumentliste (siehe den Abschnitt »Kommandoersetzung«) und die Tatsache, dass der innere Ausdruck (der in den Backquotes) immer komplett ausgeführt worden sein muss, bevor der äußere Ausdruck (das Kommando, das das Ergebnis der Ersetzung benutzt) ausgeführt werden kann. Diese beiden Probleme werden dann relevant, wenn lange Argumentlisten entstehen bzw. das Abarbeiten des inneren Ausdrucks besonders lange dauert.

Im folgenden Beispiel wird ein komplexes Unix-Werkzeug, das `find`-Kommando, zum Einsatz kommen. Mit `find` ist es möglich, Verzeichnisbäume zu durchsuchen, darin enthaltene Objekte nach verschiedenen Kriterien auszuwählen und Aktionen darauf auszuführen oder sie auch einfach nur auf die Standardausgabe auszugeben. Eine typische Anwendung des `find`-Befehls ist es, einfach nach bestimmten Dateien zu suchen.

Wir wollen in einem Verzeichnisbaum alle Dateien löschen, die mit einer Tilde enden (die Tilde am Ende wird von vielen Texteditoren automatisch an Backup-Dateien angehängt). Diese Lösung hier kann zu Problemen führen:

```
$ rm `find /var/src/project -name "*~"`
```

Analog zum oben Gesagten können diese unliebsamen Fälle auftreten:

- Die Liste der gefundenen Dateien wird sehr lang, dabei wird die systeminterne Grenze für die Maximallänge der Argumentliste zum `rm`-Kommando überschritten. Als Konsequenz wird die Argumentliste nur unvollständig an das `rm`-Kommando weitergegeben. (Nach Murphy's Gesetz wird hier selbstverständlich die maximale Katastrophe auftreten: Es gibt in einem Verzeichnis eine Originaldatei *foo.c* und ein Backup *foo.c~*, und durch die Längenbeschränkung wird alles von eben dieser Tilde an abgeschnitten.)
- Das `find`-Kommando braucht ziemlich lange, da sich in dem Verzeichnis */var/src/project* einfach zu viele Dateien befinden.

Für solche Fälle gibt es `xargs`, ein nützliches Helferlein, das Pipes benutzt, um eine Funktionalität ähnlich der Kommandoersetzung zu erreichen. Dabei wird aus der Standardeingabe gelesen und alles Gelesene als Argument an ein Kommando weitergeleitet. Ist die Maximallänge der resultierenden Argumentliste erreicht, wird das Kommando ausgeführt und mit dem Bau einer weiteren Argumentliste für einen weiteren Aufruf des Kommandos begonnen. Das geschieht so lange, bis das Ende der Eingabe erreicht ist.

Unser repariertes Kommando für das Löschen von Backup-Dateien sieht nun so aus:

```
$ find /var/src/project | xargs rm
```

Die Ausgabe von `find` wird als Argument zu `rm` einfach angehängt, das resultierende Kommando wird dann ausgeführt. Die Argumentliste zu `rm` wird nie länger als erlaubt, im Zweifelsfall wird `rm` mehrfach aufgerufen.

Hiermit ist das Problem der abgeschnittenen Argumentlisten gelöst, zumindest für alle Fälle, in denen das mehrfache Aufrufen des Kommandos mit den einzelnen Teilen der Argumentliste das ist, was man will. Falls nun `find` sehr lange braucht, kann `xargs` zumindest immer helfen, wenn das `rm`-Kommando mehrfach aufgerufen wird, da dann, während `find` noch arbeitet, schon ein Teil seiner Ergebnisse verwendet wird.

Allerdings hat `xargs` auch zwei Nachteile. Das Kommando, das über `xargs` gestartet wird, hat eine andere Standardeingabe, das heißt, es kann nicht von der Tastatur lesen. Das macht `xargs` nur für die reine Stapelverarbeitung sinnvoll nutzbar. Ein weiteres Problem ist die Behandlung von Leerzeichen. Sollten im Beispiel oben Dateien unter */var/src/project* liegen, deren Namen Leerzeichen enthalten, könnte Folgendes passieren:

```
herbert@Paola:/tmp $ >"O a b"
herbert@Paola:/tmp $ >"O c d"
herbert@Paola:/tmp $ find . -name "O*" | xargs rm -v
rm: cannot remove './O': No such file or directory
rm: cannot remove 'c': No such file or directory
rm: cannot remove 'd': No such file or directory
rm: cannot remove './O': No such file or directory
rm: cannot remove 'a': No such file or directory
rm: cannot remove 'b': No such file or directory
```

Um diese Dateien mit `rm` einzeln zu löschen, müsste man Anführungszeichen setzen (wie bei der Erzeugung in diesem Beispiel). Das kann `xargs` nicht automatisch. Abhilfe schafft hier ein weiterer Mechanismus, das Lesen von Variablen aus der Standardeingabe, der in den Kontext der Shell-Skripten gehört, siehe dazu den Abschnitt »Die while-Schleife« in Kapitel 8.

Zusammenfassend kann man sagen, dass `xargs` ein überaus nützliches Werkzeug ist. An welcher Stelle man nun auf welche Art Kommandos kombiniert, ist sicher zu einem guten Teil auch eine Sache des eigenen Geschmacks, und jeder Shell-Benutzer entwickelt mit der Zeit einen eigenen Stil. Typische Beispiele, in denen `xargs` einer einfachen Kommandoersetzung vorzuziehen ist, sind Fälle wie das Beispiel oben (Löschen von Dateien) oder auch das Archivieren von Daten (z.B. mit *tar*), wenn nicht alle Quelldateien im selben Verzeichnis liegen oder aus einem Verzeichnisbaum nur bestimmte Dateien archiviert werden sollen.

Übungen

Rufen Sie `ls -l` (lange Ausgabe des `ls`-Kommandos) auf alle Dateien unter */etc* und seinen Unterverzeichnissen auf, die auf *.conf* enden. Benutzen Sie dabei die Kommandoersetzung. Übung 4-5

Erstellen Sie eine alternative Lösung zu dieser Aufgabe, in der eine Pipe verwendet wird. Übung 4-6

Schlagen Sie in den Manpages nach, um herauszufinden, wozu das Unix-Kommando `yes` gut ist. Welche der hier vorgestellten Kommunikationskonzepte zwischen Programmen dürften wohl im Zusammenhang mit diesem Befehl zum Einsatz kommen? Übung 4-7

Aliase können nützlich sein, die Shell etwas »fehlertoleranter« zu machen, z.B. wenn man beim Tippen dazu neigt, Dreher in Kommandonamen einzubauen. Erstellen Sie ein Alias, durch das das Kommando `grep` in alternativen »Schreibweisen« eingegeben werden kann (z.B. `grpe`). Probieren Sie aus, was passiert, wenn Sie einen Dreher im `ls`-Befehl haben. Wenn nichts weiter Bemerkenswertes passiert, suchen Sie im Internet nach dem `sl`-Befehl. Übung 4-8

Prozesse

Prozessmanagement ist notwendig, um von der Shell aus die Multitasking-Fähigkeit des Unix-Betriebssystems nutzen zu können. Das Betriebssystem und die verschiedenen Shells stellen dazu eine Reihe von Werkzeugen zur Verfügung. Wichtige Bestandteile des Prozessmanagements sind das Ausführen von Programmen in separaten Prozessen unabhängig von der aktuellen Shell-Sitzung, aber auch das Setzen von Prioritäten und die Kontrolle bereits laufender Prozesse.

Prozessnummern

Prozesse werden unter Unix mit Nummern, sogenannten *PIDs* (*Process-IDs*) identifiziert. Diese Nummern benutzt man immer dann, wenn man in irgendeiner Weise auf bereits laufende Prozesse Einfluss nehmen will, etwa sie zu beenden.

Man kann sich die Prozesse, die gerade laufen, mithilfe des `ps`-Kommandos anzeigen lassen. Die Ausgabe enthält pro Prozess unter anderem die PID, das Terminal, auf dem der Prozess läuft, und den Namen des Programms, das ausgeführt wird. Die Anzeige ist im Normalfall beschränkt auf die Anwendungsprogramme des Benutzers, der `ps` aufruft.

Hinweis Das Terminal wird üblicherweise als *tty* mit angehängter Nummer bezeichnet. Siehe auch den Abschnitt »Gerätedateien« am Anfang von Kapitel 3.

Auf den verschiedenen Unix-Derivaten existieren diverse Kommandozeilenoptionen zu `ps`, mit denen die Ausführlichkeit der Ausgabe und die Auswahl der angezeigten Prozesse angepasst werden können. Da es hier keine einheitliche Syntax gibt, sollte man im Zweifelsfall einen Blick in die Manpage zu `ps` werfen.

Ausführen im Hintergrund

Oftmals brauchen von der Shell aus gestartete Programme recht lange, um ihre Arbeit zu tun, und benötigen dabei keine Interaktion mit dem Benutzer. Typische Beispiele hierfür sind das Kopieren großer Datenmengen und das Durchsuchen von Verzeichnisbäumen. In solchen Fällen ist es nützlich, Programme in einem separaten Prozess unabhängig von der aktuellen Shell-Sitzung zu starten.

Diese Funktionalität bezeichnet man oft als *Ausführen im Hintergrund*, weil die aktuelle Shell-Sitzung im Vordergrund, also sichtbar und einsatzbereit, bleibt und nicht auf das Ende des gestarteten Prozesses wartet; man kann also gleichzeitig weitere Kommandos eingeben. In den verschiedenen Shells wird das durch den Operator `&` erreicht, der ans Ende der Befehlszeile angehängt wird.

Während das im Hintergrund gestartete Programm läuft, werden dessen Ausgaben in die aktuelle Shell-Sitzung geschrieben. Daher ist es sinnvoll, wenn Ausgaben zu erwarten sind, diese in eine Datei oder in den Datenmülleimer, das *Null-Device* (siehe den Abschnitt »Gerätedateien« am Anfang von Kapitel 3), umzuleiten.

Beim Start eines Programms im Hintergrund zeigt die Shell die PID des neuen Prozesses an. Nach Beendigung erscheint dann eine kurze Meldung, die über das Ende des Prozesses informiert.

In diesem Beispiel nun werden Backup-Dateien, die von vielen Texteditoren automatisch angelegt werden, gesucht und gelöscht (zur

Demonstration, dass die Shell weiterhin benutzbar bleibt, wird dann zwischendurch einmal ls aufgerufen):

```
herbert@Paulina:~ $ find ~ -name "*~" -exec rm {} \; &
[1] 1850
herbert@Paulina:~ $ ls
Desktop         bin            ns_imap        GNUstep
include         nsmail         Mail           News
lib             public_html    src
[1]+  Done          find ~ -name "*~" -exec rm {} \;
herbert@Paulina:~ $ _
```

> **Backup-Dateien**
>
> Manche Programme legen bei der Arbeit Backup-Dateien an. Beispielsweise gibt es Texteditoren, die immer dann, wenn man die aktuell bearbeitete Datei speichert, den jeweils letzten Stand zunächst in eine solche Backup-Datei umspeichern, bevor dann der aktuelle Stand gesichert wird. Unter Unix hat sich die Konvention etabliert, Backup-Dateien den Namen der ursprünglichen Datei mit einer angehängten Tilde (~) zu geben.

Hier fallen zwei etwas merkwürdige Ausgaben der Shell auf. Die Shell vergibt beim Starten von Prozessen im Hintergrund fortlaufende Nummern. Eine solche fortlaufende Nummer wird ausgegeben, wenn zu einem Prozess irgendeine Information angezeigt wird. Das erste Mal haben wir das direkt nach dem Starten des find-Befehls – die laufende Nummer ist 1. Danach folgt die Prozessnummer. Unten wird dann ein weiteres Mal eine Information über diesen Hintergrundprozess ausgegeben, nämlich dass er beendet ist (Done).

Die Aufrufsyntax des find-Befehls ist recht aufwendig, speziell die Option -exec sieht auf den ersten Blick ein wenig kryptisch aus. Für ausführliche Informationen wird wie immer das Studium der dazugehörigen Manpage empfohlen, für diesen Aufruf hier sei nur so viel gesagt:

- Vor der ersten Option (also dem ersten Minuszeichen) befinden sich eine oder mehrere Pfadangaben. In diesem Fall ist es die Tilde für das eigene Home-Verzeichnis.
- Die gefundenen Namen können mit -name gefiltert werden. Wenn das Argument dazu wie im Beispiel eine Wildcard enthält, muss es gequotet werden, da es hier durch find und nicht durch die Shell interpretiert werden muss.
- Das Argument zu -exec zum Ausführen eines Kommandos auf jede gefundene Datei, die alle anderen Filter passiert hat, ist

eine Kommandozeile, in der die geschweiften Klammern für den jeweiligen Dateinamen stehen und das Semikolon die Kommandozeile beendet. Da die Shell das Semikolon sonst als Operator (siehe den Abschnitt »Einfache Verkettung«) interpretieren würde, muss dies durch den Backslash davor unterdrückt werden. Unser an -exec übergebender Befehl ist also `rm DATEINAME` für jeden passenden Dateinamen in der Liste.

Um sich die gefundenen Dateien einfach anzeigen zu lassen, muss man `find` mit der Option `-print` aufrufen:

```
herbert@Paulina:~ $ find . -name "*.tex" -print >tex.lst&
[1] 1948
herbert@Paulina:~ $ ls
Desktop          bin              ns_imap          GNUstep
include          nsmail           Mail             News
lib              public_html      src
[1]+  Done           find . -name "*.tex" -print >tex.lst
herbert@Paulina:~ $ _
```

Die Ausgabe wurde hier in eine Datei umgeleitet, die Sie hinterher in Ruhe durchsuchen können.

Einige Shells (*csh*, *bash* und *ksh*) erlauben es sogar, einmal im Hintergrund gestartete Kommandos in den Vordergrund zu holen. Hierzu stellen sie das interne Shell-Kommando `fg` zur Verfügung. Sollte man mehr als einen Prozess im Hintergrund laufen haben, greift sich `fg` immer das jeweils zuletzt gestartete Kommando. Ansonsten kann der Job nach seiner laufenden Nummer (der in den eckigen Klammern im Beispiel oben) selektiert werden, z.B.:

```
$ fg %1
```

Das Prozentzeichen ist Teil der Syntax und muss daher mit angegeben werden.

Prioritäten

Wenn Prozesse im Hintergrund ausgeführt werden, kosten sie natürlich genauso Rechenzeit wie die Shell-Sitzung im Vordergrund. Oft startet man Prozesse gerade deswegen im Hintergrund, weil man nicht sofort deren Ergebnis benötigt und ihnen daher durchaus ein wenig Zeit lassen kann. Deswegen kann man beim Starten eines Programms, aber auch zu seiner Laufzeit, Einfluss auf die Priorität nehmen, mit der es ausgeführt wird.

Für diesen Zweck steht das Kommando `nice` für neue Prozesse zur Verfügung. Das `nice`-Kommando (*be nice [to the system]*) setzt im

Normalfall die Priorität eines Prozesses herab. Die Stärke der Einflussnahme wird durch eine ganze Zahl zwischen 1 und 19 angegeben, ohne Angabe wird 10 angenommen.

Der Aufruf von `nice` zum Starten eines neuen Prozesses mit niedrigerer Priorität sieht so aus:

```
$ nice -n 12 kommando
```

Obwohl `nice` ein richtiges Programm ist, ersetzt die C-Shell es durch ein internes Kommando desselben Namens, bei dem der Inkrementwert ohne `-n`, dafür aber mit einem vorangestellten Pluszeichen (+) angegeben wird. Auch ist bei dieser Variante der Standardwert nicht 10, sondern 4.

Bei bereits laufenden Prozessen kann die Priorität mit `renice` angepasst werden. Die Semantik bezüglich Vergrößerung bzw. Verkleinerung der Priorität ist dieselbe wie bei `nice`, ein positiver Wert bis 19 verkleinert also die Priorität.

Für `renice` gibt es aber zusätzlich noch drei Arten, einen oder mehrere Prozesse zu selektieren:

1. Über die PID mit dem Parameter `-p pid`.
2. Über die numerische *Gruppen-ID* (*GID*), unter der die Prozesse laufen, mit dem Parameter `-g gid`.
3. Über die numerische *User-ID* (*UID*) des Benutzers, dem die Prozesse gehören, mit dem Parameter `-u uid`.

Wird keine der drei Optionen angegeben, können die PIDs der Zielprozesse auch ohne `-p` angegeben werden. Die Festlegung des Inkrementwerts geschieht wie bei `nice` über die Option `-n`:

```
$ renice -n 10 -p 2322 -g 203
```

In diesem Beispiel wird die Priorität des Prozesses mit der PID `2322` sowie aller Prozesse der Gruppe mit der GID `203` mit dem Inkrementwert `10` gesenkt.

Prinzipiell ist es sowohl bei `nice` als auch bei `renice` auch möglich, die Priorität durch Angabe einer negativen Zahl bis –20 zu erhöhen, jedoch steht diese Funktionalität meist nur dem Systemadministrator zur Verfügung.

Signale

Neben dem Setzen von Prioritäten gibt es noch andere sinnvolle Nachrichten, mit denen man einen Einfluss auf ein laufendes Programm nehmen kann. Das Unix-Betriebssystem implementiert ein System für solche Nachrichten, die man als *Signale* bezeichnet.

Ein Signal ist im Grunde genommen ein kurzer Befehl, dessen Inhalt durch die Nummer des Signals bestimmt wird. Empfängt ein Prozess solch ein Signal, zwingt ihn das Betriebssystem zu einer bestimmten, mit dem Signal verbundenen Aktion (z.B. sich zu beenden), falls das laufende Programm nicht eine eigene Behandlung für das jeweilige Signal vorsieht.

Der Absender solch eines Signals kann das Betriebssystem selbst sein, z.B. wenn ein Programm eine Schutzverletzung »begeht«, etwa durch Zugriff auf nicht erlaubte Speicherbereiche. Es ist aber auch möglich, dass der Benutzer das Betriebssystem »bittet«, ein bestimmtes Signal an einen bestimmten Prozess zu senden. Wie das geht, werden wir etwas weiter unten sehen.

Ein Teil der auf einem Unix-System existierenden Signale ist architekturabhängig und ohnehin eher uninteressant für das Prozessmanagement von der Shell aus, es gibt jedoch eine Reihe von Signalen, denen man generell recht häufig begegnet (für eine vollständige Liste steht auf manchen Systemen die Manpage *signal(7)* zur Verfügung):

`SIGHUP`
: mit der Nummer 1 entsteht beim Beenden einer Verbindung (z.B. Auflegen des Telefonhörers). Viele Systemdienste (Server) benutzen dieses Signal, um ihre Konfiguration neu einzulesen.

`SIGINT`
: mit der Nummer 2 wird durch die Tastenkombination Strg-C, die dem Unterbrechen des jeweiligen im Vordergrund laufenden Prozesses dient, erzeugt.

`SIGILL`
: mit der Nummer 4 wird bei einer illegalen Instruktion vom Betriebssystem erzeugt.

`SIGFPE`
: mit der Nummer 8 wird bei einer illegalen Fließkommainstruktion vom Betriebssystem erzeugt.

`SIGKILL`
: mit der Nummer 9 beendet einen Prozess, ohne dass er das Signal abfangen kann. Dies ist meist die letzte Rettung, wenn ein Programm vollkommen »hängt«.

`SIGSEGV`
: mit der Nummer 11 wird vom Betriebssystem bei einer Schutzverletzung (einem illegalen Zugriff auf Speicher) erzeugt.

`SIGPIPE`
: mit der Nummer 13 wird vom Betriebssystem beim Schreiben in eine geschlossene Pipe erzeugt.

`SIGTERM`
: mit der Nummer 15 teilt einem Prozess mit, er möge sich sofort beenden.

`SIGTSTP`
: mit den Nummern 18, 20 und 24 wird beim Stoppen (Anhalten, aber nicht Beenden) eines Programms von der Konsole durch die Tastenkombination Strg-Z erzeugt.

Die genannten Nummern sind in der Benutzung äquivalent zu den jeweiligen symbolischen Namen. Technisch gesehen, sind sie jedoch das, was das System zu sehen bekommt. Die Namen dienen lediglich der Lesbarkeit bzw. als Hilfe, damit der Benutzer sich nicht die wenig aussagekräftigen Nummern merken muss.

Wie man sieht, sind viele dieser Signale eigentlich nur von interner Bedeutung, einigen wird man aber beispielsweise beim Absturz von Anwendungen (dem berüchtigten *Segmentation Fault*, der dem Signal `SIGSEGV` entspricht, oder dem *Broken Pipe*, wenn bei einer Verbindung zwischen zwei Prozessen der lesende plötzlich wegstirbt) von Zeit zu Zeit begegnen. Andere Signale sind fest mit Tastenkombinationen verbunden.

Von besonderem Interesse ist hier das Signal `SIGSTP`, das man durch Strg-Z erzeugt. Der Prozess wird unterbrochen, kann aber auch wieder fortgesetzt werden. Dies ist bei einigen Shells (*csh*, *bash* und *ksh*) möglich durch die internen Kommandos `fg` (siehe auch den Abschnitt »Ausführen im Hintergrund«), um den Prozess im Vordergrund, und `bg`, um ihn im Hintergrund fortzusetzen. Eine typische Anwendung hierfür ist, einen im Vordergrund gestarteten Prozess, der sich als ungeahnt zeitaufwendig erweist, in den Hintergrund zu schicken:

```
herbert@Paulina:~ $ find . -name "*.tex" -print >tex.lst
[1]+  Stopped
herbert@Paulina:~ $ bg
[1]+  find . -name "*.tex" -print >tex.lst&
herbert@Paulina:~ $ _
```

Um Prozessen beliebige Signale zu senden, kann das Kommando `kill` benutzt werden. Anders als der Name vermuten lässt, dient dieses Kommando also nicht nur dem Beenden von Programmen. Als Argumente erwartet `kill` mindestens eine oder mehrere PIDs von Zielprozessen und optional eine Spezifikation des Signals, das versandt werden soll. Ohne explizite Angabe eines Signals wird das Signal 15, `SIGTERM`, angenommen, das die betroffenen Prozesse anweist, sich zu beenden.

Die explizite Angabe eines Signals geschieht durch ein Minuszeichen unmittelbar gefolgt von entweder der Nummer des Signals oder dessen Namen ohne das `SIG` am Anfang. Beispielsweise können viele Systemdienste (hier mit der fiktiven PID 1234) durch folgendes Kommando zum Neueinlesen der Konfiguration aufgefordert werden:

```
$ kill -HUP 1234
```

In der anderen Schreibweise sieht das unbedingte Beenden zweier Prozesse mit den fiktiven PIDs 9876 und 5432 durch das Betriebssystem so aus:

```
$ kill -9 9876 5432
```

Das `kill`-Kommando kann auch recht nützlich sein, um in eigenen Programmen implementierte Signalbehandlungsroutinen auszuprobieren, da man es zum Versenden praktisch beliebiger Signale verwenden kann.

Es liegt auf der Hand, dass das hier vorgestellte Prozessmanagement normalen Benutzern nur für Prozesse, die ihnen auch gehören, erlaubt ist, während der Systemadministrator natürlich Zugriff auf alle auf seinem System laufenden Prozesse hat.

Rückgabewerte

Wenn ein Prozess endet, gibt er als Ergebnis eine ganze Zahl zurück. Diese Zahl enthält üblicherweise eine Art Statusinformation (z.B. darüber, ob die Ausführung des Prozesses erfolgreich war) und kann von aufrufenden Prozessen verwendet werden. Per Konvention beendet sich ein Prozess mit 0, wenn er erfolgreich war bzw. es nichts Besonderes zu melden gibt.

In der Shell kann man sich den Status des gerade zuletzt beendeten der aus dieser Shell-Sitzung heraus gestarteten Kommandos mit der vordefinierten Variablen `$?` anzeigen lassen:

```
herbert@Paola:~$ echo "hallo"
hallo
echo $?
0
herbert@Paola:~$ rm /existiert_nicht
rm: cannot remove '/existiert_nicht': No such file or directory
echo $?
1
```

In dem Beispiel oben war der Aufruf von echo offenbar erfolgreich, somit ist der Rückgabewert `0`. Anders sieht es mit dem Löschen einer nicht existierenden Datei aus, `rm` gibt konventionsgemäß etwas anderes als 0 zurück: `1`.

Übungen

Probieren Sie die Jobkontrolle aus. Starten Sie hierzu das Kommando `sleep 200` im Hintergrund, ermitteln Sie dessen PID und beenden Sie den Prozess mit `kill`. Übung 4-9

Finden Sie heraus, welcher Prozess auf Ihrem System die PID 1 hat und wem der Prozess gehört. Übung 4-10

KAPITEL 5

Die Arbeitsumgebung anpassen

In diesem Kapitel:

- Konfigurationsdateien
- Spezielle Umgebungsvariablen
- Die Eingabeaufforderung einrichten
- Sonstige Einstellungen
- Übungen

Viele Einstellungen für die Shells werden über Umgebungsvariablen gesteuert. Andere, wie z.B. Aliase, müssen zu Beginn einer Shell-Sitzung explizit angelegt werden. Daher verfügen die Shells über mehr oder weniger ausgefeilte Mechanismen, die festlegen, wie zu Beginn jedes Shell-Prozesses bestimmte Konfigurationsdateien automatisch eingelesen werden, über die das Verhalten der Shell eingestellt werden kann.

Konfigurationsdateien

Der Mechanismus zum Einlesen von Konfigurationsdateien stellt sich meist in der Form dar, dass zunächst die Grundeinstellungen aus systemweiten Dateien, meist im Verzeichnis */etc*, gelesen werden, die dann gegebenenfalls durch persönliche Einstellungen überschrieben werden können.

Üblicherweise suchen die verschiedenen Shells nach ihren jeweiligen Konfigurationsdateien, wenn sie als *Login-Shell* gestartet wurden. Mit diesem Begriff ist eine Betriebsart der Shell gemeint, die automatisch eingestellt ist, wenn man sich tatsächlich in die Shell-Sitzung hinein auf dem System angemeldet hat. Man kann diese Betriebsart aber auch durch eine spezielle Kommandozeilenoption beim Aufruf der Shell erreichen, die allerdings je nach Shell unterschiedlich sein kann. Wird eine Konfigurationsdatei nicht gefunden, ist das kein Fehler, sie wird dann einfach übersprungen.

Shells der Bourne-Familie lesen als Login-Shell folgende Dateien, wenn sie vorhanden sind (weitere sind möglich, hängen aber von der jeweiligen Shell ab):

1. Die systemweite Konfiguration aus */etc/profile*.
2. Die persönliche Konfiguration aus *.profile* im eigenen Home-Verzeichnis.

Mit jeder interaktiven Shell werden bei einigen Shells danach noch weitere persönliche Konfigurationsdateien gelesen:

- Bei der *bash* kann man zusätzlich eine Datei *.bashrc* anlegen, in der z.B. interne Shell-Variablen, die nicht vererbt werden, oder auch ganz einfach Kommandos aufgerufen werden.

  Zusätzlich liest die *bash*, sofern diese vorhanden sind, zwei weitere Konfigurationsdateien im Home-Verzeichnis: *.bash_profile* und *.bash_login*. Da wir Wert auf Portabilität legen, gehen wir hier nicht weiter auf diese beiden Dateien ein, sprechen dafür aber eine Warnung aus: Diese beiden Dateien sind auf manchen Unix-Systemen in den Benutzer-Homes vorinstalliert. Wenn es sie gibt, führt das je nach Inhalt häufig dazu, dass die *bash* nur noch diese Dateien, nicht aber mehr *.profile* liest. Wer nur die *bash* benutzt, mag damit zufrieden sein, uns erscheint es aber sinnvoller, diese Dateien zu löschen und sie nie anzulegen, sondern stattdessen lieber alles Shell-Übergreifende in *.profile* und das *bash*-Spezifische in *.bashrc* abzulegen.
- Das Pendant zur *.bashrc* ist bei der *ksh* eine Datei, deren Namen von der persönlich zu setzenden Umgebungsvariablen `ENV` abhängt. Ist diese Variable gesetzt (z.B. durch ein `export ENV=$HOME/.ksh_env`) und existiert die Datei, wird sie bei jedem Start einer interaktiven *ksh* gelesen.
- Bei den Ausprägungen der C-Shell sieht die Sache etwas weniger einheitlich aus:

  Bei der *tcsh* heißen die systemweiten Konfigurationsdateien */etc/csh.cshrc* und */etc/csh.login*, wobei Erstere nicht nur beim Aufruf als Login-Shell gelesen wird; manche Ausprägungen der klassischen *csh* lesen bei Login-Shells eine der Dateien */etc/cshrc* oder */etc/.login*. Die echte C-Shell sucht üblicherweise nach */etc/.login*, wobei das auch wiederum variieren kann.

  Die persönlichen Einstellungen werden von jeder Shell-Instanz aus *.cshrc*, bei Aufruf als Login-Shell zusätzlich noch *.login* im Home-Verzeichnis gelesen.

  Diese weiteren Konfigurationsdateien, die abhängig von der jeweiligen Shell sind, sind auch der Ort, an dem man Dinge wie z.B. Aliase (siehe Seite 89) ablegen kann. Typischerweise wird man dazu der Übersichtlichkeit halber eine weitere Konfigurationsdatei (z.B. *.alias*) anlegen, die man dann einbindet. Bei Shells der Bourne-Shell-Familie (z.B. der *bash*) würde das so aussehen:

```
$ . $HOME/.alias
```

In der C-Shell wäre die Syntax ein wenig anders:

```
% source $HOME/.alias
```

Generell ist es eine gute Idee, sich aus der Manpage zur jeweils benutzten Shell die Namen herauszusuchen, da diese oft variieren und gerade die neueren Shells noch eine ganze Reihe weiterer Konfigurationsdateien kennen.

Spezielle Umgebungsvariablen

Die Shell selbst wie auch viele Programme unter Unix prüfen, wenn sie aufgerufen werden, ob bestimmte Umgebungsvariablen gesetzt sind, und fragen gegebenenfalls deren Inhalt ab. Das Setzen der Variablen findet üblicherweise für Benutzer in der jeweiligen persönlichen oder, vorgenommen durch den Administrator, in den systemweiten Konfigurationsdateien statt.

Natürlich sind diese Umgebungsvariablen in einem hohen Maß abhängig von den verschiedenen Shells und Programmen, doch gibt es durchaus einen gemeinsamen Nenner, den man sinnvollerweise kennen sollte, um sich das Leben leichter machen zu können. Man beachte, dass bei Variablennamen zwischen Groß- und Kleinschreibung unterschieden wird (siehe den Abschnitt »Variablen« in Kapitel 4).

Die PATH-Variable

Die `PATH`-Variable enthält, getrennt durch Doppelpunkte, eine Liste von Verzeichnissen, die nach ausführbaren Dateien durchsucht werden.

Die Shell ist, was diese Liste betrifft, sehr strikt. Wenn ein Programm ohne explizite Pfadangabe (z.B. `/bin/ls`) aufgerufen wird, werden nur die in `PATH` enthaltenen Verzeichnisse in der genannten Reihenfolge durchsucht. Dabei gibt es keine implizit genannten Verzeichnisse, auch nicht das aktuelle!

Eine systemweite `PATH`-Variable kann typischerweise in etwa so aussehen (eine solche Ausgabe bekommt man, wenn man in der Shell das Kommando `echo $PATH` absetzt):

```
/bin:/usr/local/bin:/usr/bin
```

Auf manchen Systemen wird nun für »normale Benutzer« auch noch hinten das aktuelle und, so vorhanden, vorn das Unterverzeichnis *bin* im jeweiligen Home-Verzeichnis hinzugefügt:

```
~/bin:/bin:/usr/local/bin:/usr/bin:.
```

Ob man das aktuelle Verzeichnis im `PATH` haben möchte, sollte man sich gut überlegen. Im Normalfall liegen alle Programme, die man aufrufen möchte, in Verzeichnissen, die explizit im `PATH` liegen. Will man nun aus irgendeinem Grund ein Programm aus dem aktuellen Verzeichnis heraus aufrufen, kann man das explizit tun: `./meinProgramm`. Hat man nun aber das jeweils aktuelle Verzeichnis in die `PATH`-Variable aufgenommen, braucht man das nicht mehr. Das hat aber den gravierenden Nachteil, dass man die Kontrolle verliert und möglicherweise Dinge aufruft, die man gar nicht aufrufen wollte (wer schaut schon immer erst einmal nach, was im aktuellen Verzeichnis so alles herumliegt?). Wir empfehlen, das aktuelle Verzeichnis nicht in den Suchpfad aufzunehmen. Wer dennoch meint, es sei unbedingt nötig, sollte es aber immer ans Ende der `PATH`-Variable anfügen, sodass Programme aus dem jeweils aktuellen Verzeichnis nie den Vorzug vor Programmen in für diesen Zweck bestimmten Verzeichnissen bekommen.

Viele Benutzer werden früher oder später einmal in die Verlegenheit geraten, weitere Verzeichnisse hinzufügen zu müssen. Hier sei auf den Abschnitt »Zuweisung und Sichtbarkeitsbereich« in Kapitel 4 verwiesen, in dem auf das Erweitern von Variablen am Beispiel von `PATH` eingegangen wird.

Die Variable LD_LIBRARY_PATH

Die Variable `LD_LIBRARY_PATH` enthält in derselben Syntax wie `PATH` eine Liste von Verzeichnissen, die nach Bibliotheken, die von Programmen dynamisch geladen werden (sogenannten *Shared Libraries*), durchsucht werden. Das kann z.B. notwendig sein, wenn man Software, die derartige Bibliotheken enthält, im eigenen Home-Verzeichnis installieren will.

Hier ein Beispiel für einen typischen Wert dieser Variablen:

```
$HOME/lib
```

Auf vielen Systemen wird diese Variable gar nicht systemweit benutzt, sondern steht nur Benutzern zur Verfügung, die zusätzlich zu den systemweit konfigurierten auch eigenen Bibliotheksverzeichnisse »anmelden« wollen.

Auf Systemen, die kein dynamisches Linken unterstützen, wird diese Variable einfach ignoriert.

Die Variable MANPATH

Unter Unix ist es absolut üblich, dass sich auch Anwender ohne Administratorrechte Software in ihrem jeweiligen Home-Verzeichnis einrichten. Durch die Umgebungsvariablen `PATH` und `LD_LIBRARY_PATH` wird dafür gesorgt, dass die Anwendungen überhaupt ausgeführt werden können, was nun noch fehlt, ist das Hilfesystem.

Analog zu den oben genannten Variablen ist auch `MANPATH` eine Liste von Verzeichnissen. In diesen Verzeichnissen sucht das `man`-Kommando nach Hilfeseiten. Wer sich also Software in seinem Home-Verzeichnis installiert und auch auf die mitgelieferten Manpages zugreifen möchte, sollte für sich die `MANPATH`-Variable um das Verzeichnis *~/man* – oder wo auch immer man die Manpages installiert hat – erweitern:

```
$ MANPATH=$MANPATH:$HOME/man
```

Das Gleiche gilt übrigens auf Systemen, die GNU Info installiert haben, für die `INFOPATH`-Variable, die man analog um eigene *info*-Verzeichnisse erweitern kann.

Die PAGER-Variable

Eine ganze Reihe von Programmen, allen voran das `man`-Kommando, benutzen ein externes Programm – genannt *Pager* – zum Anzeigen von Inhalten. Ein solcher Pager zeigt zunächst einmal nur Text an, bietet aber je nach Funktionsumfang die Möglichkeit, im Text vor- und zurückzublättern oder ihn sogar zu durchsuchen.

Die klassischen Pager unter Unix sind `pg` und `more`, auf vielen Systemen ist aber auch das viel komfortablere `less` installiert. Man kann den Programmen, die einen Pager benötigen, durch die Umgebungsvariable `PAGER` mitteilen, welches Pager-Programm man in diesen Fällen benutzen möchte.

Als Wert enthält diese Variable ein ausführbares Kommando, also entweder ein Programm, das sich bereits in einem in der `PATH`-Variablen aufgelisteten Verzeichnis befindet, oder ein vollqualifizierter Pfad zu dem gewünschten Programm.

Um in einer C-Shell das Programm `less` als Pager einzustellen, das man sich vielleicht selbst ins Home-Verzeichnis installiert hat, könnte eine entsprechende Variablenzuweisung so aussehen:

```
% setenv PAGER /home/herbert/bin/less
```

Prinzipiell kann man so ziemlich jedes Programm als Pager einsetzen, das aus der Standardeingabe liest. Will man bestimmte Ausgaben gar nicht in einem »echten« Pager betrachten, sondern lieber in eine Datei sichern, kann man sich mit folgendem Trick (hier wieder in der Syntax der Bourne-Shell) helfen:

```
$ PAGER=cat
```

Der `cat`-Befehl wird nun den gesamten Eingabestrom unverändert auf die Standardausgabe schreiben, sodass man das Ergebnis bequem mit dem Umleitungsoperator »>« in eine Datei umleiten kann. Nach getaner Arbeit setzt man dann einfach die `PAGER`-Variable auf den alten Wert zurück.

Die Eingabeaufforderung einrichten

Die Eingabeaufforderung, üblicherweise als *Prompt* bezeichnet, kann man abhängig von der jeweils benutzten Shell für sich einstellen. Die verschiedenen Shells bieten dazu eine Fülle von Möglichkeiten, um sich mit der Eingabeaufforderung mehr oder weniger sinnvolle Informationen, aber durchaus auch sinnlosen, aber netten Spielkram anzeigen zu lassen.

Auf vielen Unix-Systemen existieren bereits vernünftige Grundeinstellungen, sodass man meist zumindest seinen Benutzernamen und das jeweils aktuelle Verzeichnis angezeigt bekommt, mitunter wird man aber auch nur von einem kargen `$` begrüßt.

In der Shell wird meist unterschieden zwischen dem *primären* Prompt, der die allermeiste Zeit über angezeigt wird, und dem *sekundären*, der bei mehrzeiligen Befehlen zur Eingabe auffordert. Einige Shells kennen noch weitere, interessant für die Konfiguration ist aber vor allem der primäre Prompt, der idealerweise etwas interessante Information anzeigen sollte, während alle weiteren meist aus nur einem Zeichen, z.B. dem »>«, bestehen.

Die Fülle an Optionen, die die verschiedenen Shells hier bieten, kann kaum in allgemeiner Form zusammengefasst werden, hier ist also wieder einmal ein Blick in die jeweilige Manpage fällig, aber ein einfacher Prompt, bestehend aus Login-Name, Name des jeweiligen

Rechners und des aktuellen Verzeichnisses, soll hier einmal exemplarisch zusammengebastelt werden.

Dieser Prompt besteht aus einem statischen Teil, der sich die ganze Zeit über nicht ändert – dem Login-Namen und dem Namen des Rechners –, sowie dem jeweils aktuellen Arbeitsverzeichnis, das natürlich nach jedem Verzeichniswechsel neu »berechnet« werden muss. Das Ergebnis soll am Ende dann so aussehen:

```
herbert@Paola:/home/herbert $ _
```

Der Login-Name des Benutzers ist in diesem Beispiel `herbert`, der Klammeraffe impliziert, dass der Benutzer Herbert gerade auf dem Unix-System `Paola` angemeldet ist. Der Doppelpunkt ist ein einfaches Trennzeichen und hat keine besondere Bedeutung. Es folgt das aktuelle Arbeitsverzeichnis (in diesem Fall offensichtlich Herberts Home-Verzeichnis) und das eigentliche Prompt-Zeichen `$`, das gewöhnlich benutzt wird, aber auch nicht zwingend notwendig ist.

An dieser Stelle sei noch erwähnt, dass es allgemein üblich ist, dem Administratorbenutzer *root* einen Prompt zuzuordnen, der sich von dem normaler Benutzer unterscheidet. Das hat den Grund, dass Benutzer, die sich zum Administrieren des Systems als *root* anmelden, sonst aber mit ihrem weniger privilegierten Benutzerkonto arbeiten, um Unfälle zu vermeiden, immer deutlich sehen wollen, ob sie gerade als *root* arbeiten oder nicht. Allgemein hat sich eingebürgert, dass *root*-Benutzer am Ende des Prompts immer das Hash-Zeichen `#` haben und gewöhnliche Benutzer irgendetwas anderes.

Wenn der primäre Prompt in einer Bourne-Shell bzw. einem ihrer Verwandten nun geändert werden soll, muss die Variable `PS1` (bzw. `PS2` für den sekundären) neu gesetzt werden.

Um den Prompt jetzt stückweise zusammenzubasteln, beginnen wir links mit dem Login-Namen. Das Kommando `whoami` verwenden wir, um den eigenen Login-Namen herauszufinden. Auf diese Art kann das, was in die Variable `PS1` geschrieben wird, allgemein gehalten werden, sodass es für jeden Benutzer »funktioniert« (alternativ kann man aber natürlich auch seinen eigenen Login-Namen direkt eintragen). Das `whoami`-Kommando lassen wir einfach durch eine Kommandoersetzung (siehe den gleichnamigen Abschnitt in Kapitel 4) bei der Variablenzuweisung ausführen:

```
$ echo $PS1
$
$ PS1="`whoami` "
herbert _
```

Die Zuweisung ist hier in doppelte Anführungszeichen gesetzt, damit nach dem Namen noch ein Leerzeichen spendiert werden kann, was generell der besseren Übersicht dient.

Hinweis Es geht natürlich auch ohne Anführungszeichen, siehe den Abschnitt »Quoting« in Kapitel 3).

Der nächste Schritt ist nun der Rechnername. Um den Rechnernamen zu ermitteln, bietet sich entweder die Umgebungsvariable `HOSTNAME` oder das Kommando `hostname` an. Wir werden in diesem Beispiel das Kommando bemühen und ganz analog zum Login-Namen eine Ersetzung verwenden. Das Klammeraffenzeichen können wir einfach zwischen die beiden Ausdrücke schreiben:

```
herbert PS1="`whoami`@`hostname` "
herbert@Paola _
```

Was nun noch fehlt, ist der »dynamische« Teil, nämlich der Verzeichnisname, der für jedes Erscheinen des Prompts neu gesetzt werden soll. Die Ersetzungen für den Login- und den Rechnernamen werden ja bereits beim Setzen der Variablen ausgeführt, was wir hier aber wollen, ist zu dem Zeitpunkt natürlich noch gar nicht bekannt.

Hier hilft ein kleiner Trick: Wenn wir erreichen, dass in der Variablen `PS1` eine Anweisung für eine Kommandoersetzung steht (also ein Ausdruck in Backquotes), wird die Shell diese Ersetzung vor jeder Anzeige des Prompts neu auswerten. Da aber die Backquotes von der Shell normalerweise bereits bei der Zuweisung ausgewertet werden würden, muss dieses Verhalten durch Quoting unterbunden werden:

```
herbert@Paola PS1="`whoami`@`hostname`:\`pwd\` $ "
herbert@Paola:/home/herbert $ echo \"$PS1\"
"herbert@Paola:`pwd` $ "
herbert@Paola:/home/herbert $ _
```

Wie man sieht, sind also die Backquotes für diesen letzten Teil Bestandteil des Prompts selbst und werden nicht schon bei der Zuweisung ausgeführt.

Abhängig von der jeweils benutzten Shell gibt es für diese Kommandoersetzungen noch Optimierungen – schließlich wird in dieser Form nach jedem Kommando wieder neu `whoami`, `hostname` und `pwd` ausgeführt.

Benutzer der *bash* werden daher möglicherweise lieber so etwas schreiben:

```
herbert@Paola PS1="\u@\h:\w $ "
herbert@Paola:/home/herbert $ _
```

In der C-Shell wird der primäre Prompt mit prompt (und der sekundäre mit prompt2) eingestellt. Hierbei handelt es sich aber nicht um Umgebungs-, sondern um interne Variablen, die daher mit dem set- anstelle des setenv-Kommandos behandelt werden.

Um die »statischen« Bestandteile einzustellen, kann weitgehend analog zur Bourne-Shell vorgegangen werden, wir verwenden einfach die zwei oben genannten Ersetzungen.

Für die Anzeige des jeweils aktuellen Arbeitsverzeichnisses wird die Sache nun leider etwas kompliziert, da der Trick mit der gequoteten Ersetzung und dem pwd-Befehl hier nicht funktioniert. Zudem müssen wir zwischen der klassischen C-Shell und der etwas moderneren Variante, der *tcsh*, unterscheiden.

Bei der *tcsh* ist die Sache relativ einfach, da sie eine eigene Syntax für die Anzeige von Verzeichnissen zur Verfügung stellt. Wir benutzen hier, um analog zum Beispiel oben zu bleiben, die Sequenz %/, die im Prompt für das jeweils aktuelle Verzeichnis steht:

```
Paola % set prompt = "‘whoami‘@‘hostname‘:%/ $ "
herbert@Paola:/home/herbert $ _
```

Auf vielen Systemen ist für die C-Shell ein anderes Prompt-Zeichen eingestellt als für die Bourne-Shell, recht populär ist das Prozentzeichen %. Da dieses Zeichen bei der *tcsh* eine besondere Bedeutung hat, muss man hier statt des einfachen ein doppeltes Prozentzeichen benutzen:

```
Paola % set prompt = "‘whoami‘@‘hostname‘:%/ %% "
herbert@Paola:/home/herbert % _
```

Die klassische C-Shell unterstützt diese Sequenzen nicht. Um dafür zu sorgen, dass das angezeigte Verzeichnis nach jedem Verzeichniswechsel aktualisiert wird, muss der Prompt daher möglichst automatisch nach jedem Verzeichniswechsel geändert werden. Abhilfe schafft hier das alias-Kommando (siehe Seite 18).

```
% alias setprompt 'set prompt="‘whoami‘@‘hostname‘:‘pwd‘ % "'
% alias cd 'chdir \!\!:* ; setprompt'
% alias pushd 'pushd \!\!:* ; setprompt'
% alias popd  'popd  \!\!:* ; setprompt'
% cd
herbert@Paola:/home/herbert % _
```

Es bleibt noch anzumerken, dass die verschiedenen Shells für oft benutzte Elemente wie z.B. das aktuelle Verzeichnisse Aliase anbieten, die in die Prompt-Variable eingebunden werden können und das Leben etwas leichter machen sollen, aber leider sind derartige Dinge eher selten portabel.

Sonstige Einstellungen

Das war natürlich noch lange nicht alles. Die folgenden Einstellungen möchte ich Ihnen keinesfalls vorenthalten.

Größe des Historie-Buffers in der C-Shell

Die Anzahl der letzten Kommandos, die sich die C-Shell und ihre Abkömmlinge für die Historie-Funktion merken sollen, kann durch das Setzen der internen Variablen `history` eingestellt werden:

```
% set history=1
```

In diesem Beispiel merkt sich die Shell nur das jeweils zuletzt ausgeführte Kommando.

Standardrechte für neue Dateien

Werden neue Dateien bzw. Verzeichnisse anlegt, setzt das System für diese zunächst immer erst einmal Standardrechte, die man natürlich später immer noch verändern kann. Diese Standardrechte kann sich jeder Benutzer mit dem internen Shell-Kommando `umask` setzen.

Beim Aufruf von `umask` gibt man eine dreistellige Maske an, die besagt, welche Bits bei der Erzeugung von neuen Dateien für welche der drei Kategorien Besitzer (*user*), Gruppe (*group*) und den Rest der Welt (*others*) ausgeblendet werden sollen.

Das `umask`-Kommando ist ein internes Kommando der einzelnen Shells und somit je nach Shell ein wenig anders. Generell bestimmt die Rechtemaske das Lese- und Schreibrecht auf neue Dateien. Ihre drei Stellen werden von links nach rechts in der oben genannten Reihenfolge (*ugo*, wie bei `chmod`) interpretiert.

Der `umask`-Befehl wird oft in der systemweiten Konfigurationsdatei */etc/profile* bzw. */etc/csh.cshrc* oder */etc/csh.login* aufgerufen. Da die Benutzerkonfiguration immer erst danach aufgerufen wird, kann dort der voreingestellte Wert problemlos überschrieben werden. Typische Aufrufe für `umask` sind (siehe Seite 61 für eine Erklärung der numerischen Rechtenotation):

```
$ umask 002
```

oder:

```
$ umask 022
```

Das erste Beispiel gibt dem Besitzer Schreib-, der Gruppe und dem Rest der Welt nur Leserecht. Im zweiten Beispiel darf auch die Gruppe schreibend auf die Dateien zugreifen.

Ohne Parameter aufgerufen, gibt `umask` den aktuellen Wert der Rechtemaske auf die Standardausgabe aus. Manche Shells erlauben auch eine Angabe der Maske in symbolischer Form, ähnlich der Syntax von `chmod`.

Wahl des Kommandozeileneditors

Die drei »moderneren« hier betrachteten Shells (*ksh*, *bash*, *tcsh*) verfügen über einen Kommandozeileneditor, den man auf zumindest zwei verschiedene Tastaturbelegungen konfigurieren kann – *vi* und *Emacs*. Die dafür notwendigen internen Variablen wurden bereits kurz im Abschnitt »Kommandozeileneditoren« in Kapitel 2 gezeigt.

Um diese Einstellung permanent einzustellen, muss die jeweils notwendige Variable zu Beginn jeder interaktiven Shell-Sitzung neu gesetzt werden, da diese Variablen in der Regel nicht auf Kindprozesse vererbt werden.

Die *tcsh* liest ihre Konfigurationsdatei (*.tcshrc* oder *.cshrc*) ohnehin, also kann hier einfach eingetragen werden:

```
% bindkey -v
```

Das stellt die *VI*-Belegung ein, die *Emacs*-Belegung ist meist voreingestellt, kann aber explizit mit `bindkey -e` festgelegt werden.

Bei *bash* und *ksh* muss die Datei editiert werden, die auch bei Nicht-Login-Shells gelesen wird, also die *.bashrc* für die *bash* und die in der `ENV`-Umgebungsvariablen genannte Umgebungsdatei für die *ksh*. Der entsprechende Eintrag sähe dann so aus:

```
$ set -o vi
```

Um die *Emacs*-Belegung zu erhalten, würde man entsprechend `set -o emacs` eintragen.

Ein dummer Spruch für jede Shell-Sitzung

Eine sehr populäre Einrichtung bei der Arbeit mit Unix-Shells ist das Kommando `fortune`, das nach einem Zufallsprinzip aus einer großen Sammlung von mehr oder weniger sinnvollen und unterhaltsamen Sprüchen einen aussucht und auf die Standardausgabe ausgibt. Der Begriff »fortune« entstammt übrigens den von chinesischen Restaurants allseits bekannten und beliebten *Fortune Cookies* (also Glückskeksen), Gebäck, das kleine Zettelchen beinhaltet, auf denen dann irgendeine Weisheit steht. Man kann trefflich darüber philosophieren, was der klassische Informatiker neben Pizza, Kaffee und Cola noch so zu sich nimmt.

Dieses Kommando wird meist als letztes Kommando in die Konfigurationsdatei für alle interaktiven Shell-Sitzungen (also wie oben: *.tcshrc*, *.bashrc* oder die Umgebungsdatei für die Korn-Shell) eingetragen:

```
$ fortune
```

Als Resultat erhält man beim Start einer interaktiven Shell-Sitzung immer ein klein wenig Unterhaltung:

```
New members urgently required for SUICIDE CLUB, Watford area.
                  -- Monty Python's Big Red Book
herbert@Paulina:~ $ _
```

Auf manchen Systemen kann man den `fortune`-Befehl mit Kommandozeilenparametern aufrufen, die die Auswahl der Sprüche etwas eingrenzen. Das wird meist benötigt, um den ganz derben Humor, der sich dann in einer eigenen Liste befindet, ein- oder auszuschalten.

Übungen

Übung 5-1 ▶ Angenommen, im Home-Verzeichnis eines Benutzers befindet sich eine ausführbare Datei *ls*. Wenn der Benutzer vom Home-Verzeichnis aus nun ohne explizite Pfadangabe einfach das Kommando `ls` absetzt, was wird ausgeführt bzw. wovon hängt ab, was ausgeführt wird?

Übung 5-2 ▶ Welchen Grund könnte es haben, dass für den Systemadministrator auf den meisten Systemen das jeweils aktuelle Verzeichnis (also der Punkt) nicht in der `PATH`-Variablen vorkommt?

Übung 5-3 ▶ Konfigurieren Sie Ihre Shell so, dass der primäre Prompt in eckigen Klammern erscheint und neben dem aktuellen Arbeitsverzeichnis mindestens noch die aktuelle Zeit in Stunden und Minuten enthält. Datum und Uhrzeit kann man sich in verschiedenen Formaten mit dem `date`-Kommando anzeigen lassen.

KAPITEL 6

Daten verarbeiten

Eine der großen Stärken der Shell ist, nicht zuletzt durch die Kombinierbarkeit von Befehlen, das Verarbeiten von (Text-)Daten. Eine ganze Reihe von Programmen beschäftigt sich genau mit dieser Art von Aufgaben. Ein weiteres klassisches Arbeitsfeld ist die Behandlung von Archiven, sei es zur Datensicherung oder nur zum Entpacken heruntergeladener Software.

Die Shell kennt lediglich einen Datentyp – Zeichenketten. Daher steht zur Verarbeitung dieser Art von Daten eine ganze Reihe von Shell-Werkzeugen zur Verfügung. Der Philosophie hinter der Unix-Shell entsprechend sind alle diese Werkzeuge klein und hoch spezialisiert, damit sie sich mittels der Kommunikationsmechanismen der Shell kombinieren lassen. Das Resultat ist wie immer sehr flexibel und dazu geeignet, komplexe Aufgaben zu lösen oder gar ausgewachsene Anwendungen zu implementieren.

Eine besondere Klasse von Werkzeugen sind die *Filter*, die der Verarbeitung von (Text-)Datenströmen dienen. Als aussagekräftige Sprache zur Beschreibung von Textmustern stehen über die Grenzen einzelner Anwendungen hinweg die *regulären Ausdrücke* zur Verfügung, die einen großen Teil zur Flexibilität der Shell im Umgang mit Text beisteuern.

Filter

Filter sind eine Klasse von Shell-Werkzeugen, die daran erkannt werden, dass sie Datenströme bearbeiten. Unix unterscheidet dabei nicht zwischen normalem lesbarem Text und z.B. Maschineninstruktionen oder Bilddateien, es können somit prinzipiell beliebige Dateien mit Filtern bearbeitet werden. Allerdings werden die meisten hier vorgestellten Filterprogramme und Anwendungsbeispiele nur sinnvoll mit Text einsetzbar sein.

Ein typisches Erkennungsmerkmal von Filtern ist, dass sie aus der Standardeingabe lesen und in die Standardausgabe schreiben. Statt der Standardeingabe kann man oft optional einen oder mehrere Dateinamen angeben, sodass der Filter für die Eingabe Dateien im Dateisystem öffnet. Durch die standardisierte Ein- und Ausgabe von Filtern lassen sie sich ideal durch Pipes und Kommandoersetzung (siehe die entsprechenden Abschnitte in Kapitel 4) miteinander kombinieren. Um diese Kombinierbarkeit zu erhalten, sind Filter in der Regel nicht interaktiv zu bedienen, sie erfordern also nach Aufruf keine Benutzereingaben.

Einige dieser hier gelisteten Filter wurden bereits vorgestellt:

`cat`
: `cat` (von *concat*) gibt eine Datei auf die Standardausgabe aus. Fehlt der Name einer Datei zum Öffnen, wird einfach das, was über die Standardeingabe kommt, auf die Standardausgabe weitergeleitet.

`cut`
: `cut` zerschneidet den Eingabestrom, indem Felder entfernt bzw. ausgewählt werden. Die Felder selbst sind durch ein frei zu wählendes Trennzeichen festgelegt.

`tr`
: `tr` (von *translate*) übersetzt alle Vorkommen einer Quellmenge von Zeichen in ihre Entsprechungen der Zielmenge.

`wc`
: `wc` (*word count*) zählt die Zeilen, Wörter und Buchstaben aus einem Datenstrom und gibt das Resultat auf die Standardausgabe aus.

`grep`
: `grep` (*global search for a regular expression and print out matched lines*) sucht in einem Datenstrom nach einer oder mehreren Zeichenketten und gibt das Resultat auf die Standardausgabe aus.

`more`
: `more` und seine Geschwister `pg` und `less` können im weiteren Sinn als Filter betrachtet werden, weil sie die oben genannten Kriterien bezüglich Ein- und Ausgabe erfüllen, auch wenn es sich hier um interaktiv zu bedienende Programme handelt.

`sort`
: `sort` sortiert Datenströme.

`uniq`
: `uniq` entfernt aus sortierten Datenströmen die Duplikate.

Zur Vorbereitung auf das folgende Beispiel werfen wir noch einmal einen erneuten Blick auf die Benutzung von `grep`. Ohne weitere Schalter liefert es uns ganz einfach die Treffer in allen Dateien, die auf der Kommandozeile übergeben wurden:

```
$ grep HTML ~/public_html/index.html
<HTML>
</HTML>
$ _
```

Um nun die Kombination von Filtern zu demonstrieren, nehmen wir noch `wc` hinzu. Das folgende Beispiel zählt alle Dateien in einem Verzeichnisbaum, in denen die Zeichenkette »public_html« vorkommt. Hierzu wird zusätzlich noch `find` benötigt, was kein Filter ist, aber die Dateiliste für `grep` erzeugt:

```
$ grep -l public_html 'find /etc/ -type f -print' | wc -l
find: /etc/ppp: Permission denied
find: /etc/news: Permission denied
...
grep: /etc/wvdial.conf.dist: Permission denied
    2
$ _
```

Die drei Punkte deuten an, dass bei der Ausführung noch eine Reihe weiterer Fehlermeldungen erscheint, die hier im Beispiel nicht angezeigt werden. Diese Fehlermeldungen entstehen, weil normale Benutzer nicht auf alle Konfigurationsdateien im */etc*-Verzeichnis Lesezugriff haben, was uns in diesem Fall nicht weiter interessieren muss. Die Option `-l` bei `grep` bewirkt, dass einfach nur die Namen aller Dateien angezeigt werden, in denen die gesuchte Zeichenkette mindestens einmal vorkommt. Bei `wc` bewirkt die Option `-l`, dass lediglich die Zeilen der Eingabe gezählt werden. Somit ist die Summe aller Zeilen die Anzahl der Dateien, die die gesuchte Zeichenkette enthalten.

Ein beliebtes Einsatzszenario von `sort` ist das Ermitteln der Benutzung von Plattenplatz, um beispielsweise herauszufinden, wo am wenigsten oder am meisten verbraucht wird:

```
$ du -s backup* | sort -n
 988 backup1
1008 backup2
1032 backup3
2056 backup4
```

Durch die Option `-n` werden Zahlenwerte arithmetisch sortiert (somit ist dann 988 auch wirklich kleiner als 1008, man probiere mal, was passiert, wenn die Option weggelassen wird).

Reguläre Ausdrücke

Beim Verarbeiten von Text tritt immer wieder die Situation auf, dass Textmuster gesucht und manchmal zusätzlich auch noch ersetzt werden sollen. Hierzu ist es notwendig, die Textmuster *beschreiben* zu können, ohne sie Buchstabe für Buchstabe kennen zu müssen.

Reguläre Ausdrücke stellen eine Notation zur Verfügung, durch die eine derartige Beschreibung von Text möglich ist. Da reguläre Ausdrücke aus Sicht des Benutzers im Grunde nichts anderes sind als eine Sprache, braucht man natürlich Werkzeuge, die diese Sprache sprechen. Unter Unix gibt es eine ganze Reihe von Filtern, die mit regulären Ausdrücken umgehen können – beispielsweise `grep` und `sed` (*stream editor*) für einfache und `egrep` (*extended grep*) und Skriptsprachen wie TCL bzw. Perl für erweiterte Suchmuster.

Hinweis Die im Folgenden genannten und bislang noch nicht behandelten Filter werden ausführlich ab Seite 128 diskutiert.

Ein regulärer Ausdruck ist im einfachsten Fall ganz einfach ein Stück Text, beispielsweise *Helga*. Wenn wir nun nach *Helga* in einem Zeichenstrom suchen wollen, ist das trivial:

```
$ grep "Helga" *.txt
```

Hinweis Den Suchbegriff in Anführungszeichen zu setzen, ist hier zwar nicht zwingend notwendig, aber generell eine gute Idee, da manche Abkürzungen sonst von der Shell statt vom jeweiligen Filter interpretiert werden könnten.

In diesem Beispiel werden alle Dateien, die auf *.txt* enden, nach *Helga* oder auch längeren Zeichenketten, die irgendwo das Muster enthalten, durchsucht. Nun können wir die Suche mithilfe von Abkürzungen, die uns die regulären Ausdrücke zur Verfügung stellen, erweitern:

```
$ grep "Helg." *.txt
```

Der Punkt am Ende des Textmusters ist eine solche Abkürzung und steht für ein beliebiges Zeichen. So wird nun außer *Helga* möglicherweise auch *Helge* gefunden sowie natürlich auch längere Zeichenketten, die irgendwo das Muster *Helg* enthalten.

Hier wird ein wesentliches Konstruktionsprinzip deutlich: Man bildet durch Aneinanderhängen von »normalen« Buchstaben und Abkürzungen ein Suchmuster, das überall dort, wo Zeichen mit besonderen Bedeutungen vorkommen, interpretiert und ansonsten einfach wörtlich genommen wird. So wird in dem Beispiel oben der Punkt nicht einfach als Punkt, sondern als Operator interpretiert. Dies trifft auf eine ganze Reihe weiterer Zeichen zu, sodass man, wenn man genau diese Zeichen beschreiben möchte, die Interpretation als Operator unterdrücken muss.

Operatoren

Die folgenden Operatoren verstehen auch die »einfachen« Filter wie `grep` und `sed`:

`\`
: Verhindert die Interpretation des folgenden Zeichens als Operator. Der Backslash dient also dem Quoten von Ausdrücken. Beispiel: `\\` ergibt den Backslash.

`[AaBbCc]`
: Passt auf genau ein Zeichen aus der Menge *{A, a, B, b, C, c}*. Um eine eckige Klammer zu suchen, muss ihr ein Backslash vorangestellt werden.

`[a-z]`
: Ist eine abkürzende Schreibweise für die Menge aller Kleinbuchstaben zwischen *a* und *z*. Der Bindestrich kann auch für Zahlen benutzt werden. Kombinierte Ausdrücke mit Bindestrichen und der Aufzählung von Zeichen sind ebenfalls möglich. Um nach dem Bindestrich selbst zu suchen, muss er entweder durch einen vorangestellten Backslash gequotet werden oder ganz einfach vor allen anderen Zeichen in den eckigen Klammern stehen.

`[^a-z]`
: Dreht die Sache um, das heißt, wir haben einen Buchstaben, der alles außer den (kleinen) Buchstaben *a* bis *z* sein darf. Das Dach-Zeichen muss in den eckigen Klammern ganz vorn stehen, sonst wird es als ganz normales Zeichen gewertet. Wird nach dem Dach-Zeichen selbst gesucht, muss es also entweder woanders als am Anfang in den eckigen Klammern stehen oder mit einem Backslash gequotet werden.

.

: Steht für ein beliebiges Zeichen. Wird der Punkt als Zeichen gesucht, muss ihm ein Backslash vorangestellt werden.

*

: Dies bedeutet, dass das Muster, das sich unmittelbar links vom Stern befindet, überhaupt nicht bis unendlich oft vorkommen kann. Man beachte, dass der Stern in regulären Ausdrücken eine andere Bedeutung hat als bei den Shell-Wildcards! Beispiel: " *" ergibt keine bis beliebig viele Leerzeichen (siehe den Abschnitt »Wildcards« in Kapitel 3).

^

: Steht für den Zeilenanfang, wenn es außerhalb eckiger Klammern (siehe oben) vorkommt. Beispiel: "^x" ergibt ein *x* am Zeilenanfang.

$

: Steht für das Zeilenende. Beispiel: "x$" ergibt ein *x* am Zeilenende.

\< und \>

: Diese stehen für Wortanfang und -ende. Beispiel: \<Hugo\> ergibt *Hugo* als ganzes Wort, also am Zeilenanfang, am Zeilenende oder mit Leerzeichen von anderen Wörtern getrennt.

Mit diesen einfachen Abkürzungen kann man bereits eine Menge anfangen. Nehmen wir uns als Beispiel eine typische Logdatei, wie sie Webserver wie der Apache auf Unix-Systemen produzieren:

```
$ tail -1 /var/log/httpd/access_log
127.0.0.1 [28/Mar/2010:16:19:07 +0200] "GET /a.html HTTP/1.1"
$ _
```

Da derartige Dateien typischerweise recht lang sind, möchte man oft nur einen Ausschnitt angezeigt bekommen. Dazu dient das tail-Kommando, mit dem wir uns die letzten Zeilen einer Datei anzeigen lassen können. In diesem Fall ist die Anzahl 1, da wir nur an der letzten Zeile interessiert sind. Was in einer solchen Zeile aufgelistet ist, ist nicht allgemeingültig, dazu hängt es zu sehr von der Konfiguration des jeweiligen Webservers ab. In diesem Fall haben wir einfach nur drei Informationen: die Internetadresse, von der aus zugegriffen wurde (127.0.0.1, das ist übrigens die Adresse des jeweils eigenen Rechners), weiterhin das Datum in eckigen Klammern und zum Schluss das Kommando, mit dem eine Seite (*/a.html*) angefordert wurde.

In unserem Beispiel interessieren wir uns nun für alle Zugriffe auf *.html*-Dateien vom 28.03. und einem Tag später. Das Ganze lässt sich mit grep einfach bewerkstelligen, wenn wir nur den richtigen regulären Ausdruck dafür zusammenbekommen.

Da das Thema noch recht frisch ist, wollen wir uns hier mit einer recht primitiven Lösung begnügen. Das Datum lässt sich mit `2[89]/Mar/2001` beschreiben. Etwas später in der Zeichenkette kommt der Dateiname, der immer einen Schrägstrich enthält und der gemäß unserer Vorgabe die Endung *.html* haben soll, wir können hier also `/.*html` verwenden. Zwischen beiden gesuchten Zeichenketten befindet sich irgendetwas, das wir einfach überspringen wollen, wozu wir `.*` verwenden.

Wir erhalten also als Resultat:

```
$ grep "2[89]/Mar/2001.*/.*\.html" /var/log/httpd/access_log
127.0.0.1 [28/Mar/2001:16:19:07 +0200] "GET /a.html HTTP/1.1"
127.0.0.1 [29/Mar/2001:17:00:12 +0200] "GET /b.html HTTP/1.1"
$_
```

Einige andere Operatoren werden nur von einigen Werkzeugen wie z.B. egrep direkt erkannt, bei anderen müssen sie erst »aktiviert« werden. Diese Aktivierung geschieht durch das Voranstellen eines Backslashs, womit dieser eine leicht erweiterte Bedeutung erhält: Der Backslash dreht die Bedeutung des auf ihn folgenden Zeichens um, sodass bei Zeichen, die sonst eine besondere Bedeutung hätten, die Interpretation unterdrückt wird, und bei Zeichen, die sonst keine besondere Bedeutung hätten, die Interpretation aktiviert wird.

Diese Definition sollten wir uns einrahmen und immer im Gedächtnis halten. Die Operatoren, die im Normalfall erst durch den Backslash »aktiviert« werden müssen, wollen wir der Einfachheit halber im Folgenden als *erweiterte Operatoren* bezeichnen. Folgende dieser Operatoren sind eine nähere Betrachtung wert:

`(text)`
: Klammert *text* zu einer syntaktischen Einheit. So wirken nun Wiederholungsoperatoren (*, ? und +) auf die ganze Zeichenkette darin statt nur auf ein Zeichen. Beispiel: ¨`(abc)*`¨ ergibt die Zeichenkette *abc* überhaupt nicht bis beliebig oft.

?
: Heißt, dass das davor befindliche Muster einmal oder gar nicht vorkommen kann. Beispiel: ¨`(Hallo)?`¨ ergibt ein oder überhaupt kein *Hallo*.

+
: Heißt, dass das davor befindliche Muster beliebig oft, aber mindestens einmal vorkommen kann.

`{n}`
: Heißt, dass das davor befindliche Muster genau *n*-mal vorkommt.

`{n,m}`
: Heißt, dass das davor befindliche Muster zwischen *n*- und *m*-mal vorkommt.

`{n,}`
: Heißt, dass das davor befindliche Muster mindestens *n*-mal vorkommt.

`text1|text2`
: Stellt eine Alternative (logisches Oder) dar zwischen den Mustern *text1* und *text2*. Beispiel: `"Hugo|Harry"` ergibt entweder *Hugo* oder *Harry*.

Warnung Bei den drei hier genannten Operatoren mit den geschweiften Klammern ist Vorsicht geboten, da sie von den verschiedenen Werkzeugen auf den verschiedenen Systemen nicht immer bzw. nicht immer gleich unterstützt werden.

Übungen

Übung 6-1 Suchen Sie mit grep in der Datei */etc/passwd* den Eintrag für sich selbst. Berücksichtigen Sie dabei, dass es vielleicht auch noch andere Benutzer gibt, deren Benutzernamen Ihren eigenen enthalten (z.B. *hugo* und *hugomueller*).

Übung 6-2 Suchen Sie mit grep in der Datei */etc/passwd* nach Zeilen, die Substantive bzw. Namen (also Dateien, die mit einem Großbuchstaben beginnen, auf den dann Kleinbuchstaben folgen) enthalten. Der Einfachheit halber berücksichtigen wir keine nationalen Sonderzeichen.

Weitere wichtige Filter

Neben den bisher in den verschiedenen Beispielen genannten Filtern gibt es noch eine Reihe weiterer Vertreter, die für spezielle Anwendungen sinnvoll einsetzbar sind.

awk

Das wohl mächtigste dieser Werkzeuge ist awk (der Name setzt sich zusammen aus den Anfangsbuchstaben der Erfinder von sed, Alfred

V. Aho, Peter J. Weinberger und Brian W. Kernighan), das eigentlich allein für sich schon ein Buch wert wäre. (Solch ein Buch gibt es sogar, nämlich das ebenfalls bei O'Reilly erschienene »sed & awk«) Die Popularität von awk hat in den letzten Jahren allerdings etwas nachgelassen, was ein wenig dadurch bedingt ist, dass es inzwischen einige sehr populäre Werkzeuge bzw. Programmiersprachen gibt, die viele der typischen awk-Anwendungen sozusagen nebenher erledigen. Beispiele hierzu sind Skriptsprachen wie Perl und TCL.

Ein awk-Programm besteht aus einer Reihe von *Ausdruck-Aktion-Paaren*. Der Eingabestrom (Datei oder Standardeingabe) wird zeilenweise in alle Ausdrücke eingesetzt. »Passt« ein Ausdruck auf die jeweilige Zeile, wird die dahinter formulierte Aktion auf die Zeile ausgeführt. Sowohl Ausdruck als auch Aktion können leer sein; in solchen Fällen wird die ganze Zeile ausgegeben (Aktion leer) bzw. die Aktion unabhängig vom Inhalt der Zeile ausgeführt (Ausdruck leer). Bei alledem wird jede Zeile segmentiert und steht in Form von vordefinierten Variablen zur Verfügung: $0 enthält die ganze Zeile, $1 das erste Wort, $2 das zweite Wort usw.

Ein Beispiel:

```
$ echo "hallo welt" |
> awk '/^k/ { print "k: ", $1 }
> /^h/ { print "h: ", $1 }
> { print "all: ", $0 }'
h: hallo
all: hallo welt
$ _
```

Dieses Ad-hoc-Skript definiert drei Aktionen, wobei die ersten zwei an Bedingungen (Ausdrücke) gekoppelt sind. Die Bedingungen sind reguläre Ausdrücke, eingefasst in je zwei Schrägstriche; nur wenn die Eingabe auf den jeweiligen regulären Ausdruck passt, wird die jeweils dahinter in geschweiften Klammern verfasste Aktion ausgeführt.

Man beachte, dass die Eingabe mehrerer Zeilen in der interaktiven Shell vollkommen problemlos ist, da nach dem ersten einfachen Anführungszeichen die Shell beim Drücken der Enter-Taste neue Zeilen öffnet, bis das schließende Anführungszeichen eingegeben wurde. Will man das awk-Skript nicht über mehrere Zeilen eingeben, kann man die Ausdruck-Aktion-Paare auch in einer Zeile per Semikolon trennen.

Schauen wir uns einige der Zeilen genauer an:

`/^h/ { print "h: ", $1 }`
: Gibt die Zeichenkette »h: « und das erste Wort aller Zeilen aus, die mit »h« beginnen. Dabei ist der Ausdruck `/^h/` ein regulärer Ausdruck, der auf die gesamte Zeile (`$0`) angewandt wird und davon abhängt, ob die mit ihm verbundene Aktion ausgeführt wird. Soll nicht die gesamte Zeile, sondern nur ein bestimmtes Wort bei der Auswertung des Ausdrucks verwendet werden, kann der Ausdruck auch so geschrieben werden: `$1~/^h/` (Auswertung nur des ersten Worts). Man könnte also auch sagen, dass bei einem Ausdruck wie dem obigen die Form `$0~/^h/` implizit ist, sodass die Anwendung der ganzen Zeile nicht explizit angegeben werden muss.

`{ print "all: ", $0 }`
: Das ist eine Anweisung ohne Ausdruck, das heißt, sie wird auf alle Zeilen angewandt. Entsprechen wäre auch ein Ausdruck ohne Anweisung denkbar, z.B. `cmd$1~/^h/` (Ausgabe der gesamten Zeile, falls das erste Wort mit einem »h« beginnt).

Es gibt eine ganze Reihe von Operatoren und Funktionen, die in einem `awk`-Programm zur Verfügung stehen, hier bietet sich auf jeden Fall die Lektüre der Manpage zu `awk` an. Im täglichen Leben hat `awk`, wenn man es nicht zum Entwickeln komplexerer Skripten verwendet, die praktische Funktion, Zeilen in (durch beliebige Leerzeichen getrennte) Wörter zu segmentieren, sodass es sich anbietet, z.B. aus Tabellen oder komplexen Ausgaben anderer Kommandos einzelne Felder zu selektieren.

Im folgenden Beispiel wird die Ausgabe von `ls -l` so gefiltert, dass nur Größe und Name der aufgelisteten Dateien ausgegeben werden, und zwar in umgekehrter Reihenfolge – also zuerst Name und dann erst Größe:

```
$ ls -l | awk '{ print $9, $5 }'
[...]
buch.dvi 385292
buch.idx 13219
[...]
$ _
```

sed

Der `sed` (*stream editor*) ist, wie der Name schon sagt, ein Editor. Er arbeitet auf Zeichenströmen (engl. *streams*) und wird benutzt, um die vorkommenden Texte zu manipulieren. Ähnlich wie auch `awk` ist `sed` ein sehr mächtiges Werkzeug, und man kann einige Zeit damit verbringen, sich mit seinen vielen Optionen und Verwendungsmöglichkeiten zu befassen. An dieser Stelle wollen wir uns auf die Anwendung beschränken, die in der Praxis am häufigsten vorkommt: Suchen und Ersetzen.

Eine solche Operation sieht in sed so aus:

```
$ echo "hallo welt" | sed "s/welt/herbert/"
hallo herbert
$_
```

Hierbei steht das s für *substitute* (engl. für »Ersetzen«), und die Schrägstriche trennen Quell- und Zielzeichenkette. Am Ende des Ausdrucks können noch einer oder mehrere Schalter stehen, die die Operation von sed beeinflussen, z.B.:

g
: Globale Substitution, das heißt, dass die Operation nicht nur auf den ersten sondern sämtliche Treffer ausgeführt wird.

i
: Substitution ohne Beachtung der Groß- und Kleinschreibung der Quelle (*ignore case*).

Das Suchen und Ersetzen in sed erfolgt mit regulären Ausdrücken, es können also zu ersetzende Quellen auf eine flexible Art beschrieben werden. Das ist auch notwendig, denn in der Praxis wird man ja nicht immer nur eine Zeile in sed hineinsenden, und komplexe Datenströme verlangen nach einer flexiblen Behandlung.

Ein praktisches Beispiel für die Verwendung dieser Operation ist die Entfernung von HTML-Tags, die bekanntlich in spitzen Klammern stehen (wie z.B. <p> oder andere):

```
$ sed "s/<[^>]*>//g" unix-faq.html
[...]
is   that they pass it arguments like 'cal 9
94'.  This gives the calendar   for September
of AD 94, NOT
1994.
[...]
$ _
```

Zum vollständigen »html2text« fehlt hier natürlich noch eine Menge, aber immerhin kann man sehen, dass mithilfe des regulären Ausdrucks selektiv nur alles zwischen den spitzen Klammern entfernt wird. Der Ausdruck, den wir sed übergeben, hat die folgende Logik: Links innerhalb des ersten Schrägstrichpaars haben wir `<[^>]*>`, das passt auf alles, was mit einem < beginnt, wonach beliebig viele andere Zeichen als < kommen und das dann mit > aufhört. Die rechte Seite ist denkbar einfach, alles, worauf die linke Seite passt, wird weggeworfen. Das g am Ende sorgt dafür, dass beliebig viele Ersetzungen pro Zeile ausgeführt werden.

Übrigens kann statt der Schrägstriche auf vielen Unix-Systemen auch ein beliebiges Zeichen als Trennzeichen verwendet werden. Das ist praktisch, wenn man nach Zeichenketten sucht, die den Schrägstrich enthalten. Der obige Aufruf von `sed` könnte z.B. auch so aussehen:

```
$ sed "s;<[^>]*>;;" unix-faq.html
[...]
$_
```

Das `sed`-Kommando akzeptiert automatisch das erste Zeichen nach dem `s` als Trenner. Ob dieser Trick funktioniert, hängt vom jeweiligen Unix-Dialekt ab, am besten probiert man das einmal vorher aus. Will oder kann man diesen Trick nicht anwenden (wie gesagt, dies ist nicht auf allen Unix-Systemen möglich), muss man, will man Schrägstriche im Suchausdruck haben, diese mit einem Backslash jeweils davor kennzeichnen.

Eine ganz wesentliche Funktionalität fehlt hier allerdings noch. Für viele Arbeiten ist es sinnvoll, durch einen regulären Ausdruck eine Zeichenkette zu beschreiben, aber nur Teile davon zu ersetzen. Hierzu ist es notwendig, dass wir noch weitere Operatoren für reguläre Ausdrücke kennenlernen:

`\(` und `\)`
: ... im Quellfeld bilden eine Gruppe. Alles, was sich dazwischen befindet, kann gemeinsam ersetzt oder auch eingesetzt werden.

`\1`, `\2` etc.
: ... im Zielfeld referenzieren Gruppen aus dem Quellfeld. `\1` wird im Zielfeld durch die erste erkannte, `\2` durch die zweite usw. ersetzt.

Die Wirkung dieser Operatoren ist enorm. Mit ihrer Hilfe können wir Zeilen des Eingabestroms komplett beschreiben und dann die jeweilige Zielzeile aus ihren Bestandteilen selektiv zusammensetzen. So ist es z.B. einfach, eine URL in ihre Bestandteile zu zerlegen:

```
$ echo "http://www.mysite.de/foo/bar.html" | sed \
  "s|^\([^:]\+\)://\([^/]\+\)/\([^/]\+/\)*\([^/]\+\) *$|\1 \2 \4|"
http www.mysite.de bar.html
$_
```

Hinweis Da wir es hier mit vielen Schrägstrichen zu tun haben, wird statt des Schrägstrichs der senkrechte Strich als Trenner verwendet, wie bereits im vorangegangenen Abschnitt zur Wahl der Trenner bei **sed** näher erläutert.

Dem Wort »einfach« im vorherigen Absatz müssten wir eigentlich ein »im Grunde doch« vorsetzen, denn wir sehen hier eines der bekanntesten Phänomene bei der Arbeit mit regulären Ausdrücken – sie werden leicht unübersichtlich. (Dies ist auch ein Grund dafür, dass Programmierer in Perl geschriebenen Programmcode häufig als »write-only« bezeichnen; die oft im Perl-Code eingebetteten komplexen Operationen mit regulären Ausdrücken versteht der Programmierer, während er sie schreibt, aber danach niemand mehr – meist nicht einmal mehr er selbst!) Daher wollen wir uns jetzt das obige Beispiel detaillierter ansehen:

`^\([^:]\+\)://`
: Die Zeile beginnt mit einer Zeichenkette (mindestens einem Zeichen), die keinen Doppelpunkt enthält, danach folgen der Doppelpunkt und der doppelte Schrägstrich. Der Teil vor dem Doppelpunkt ist der Name des Protokolls bei der URL, den wir später referenzieren wollen, daher ist er geklammert.

`\([^/]\+\)/`
: Es folgt der Name des Servers, der durch den nächsten Schrägstrich abgegrenzt ist. Daher beschreiben wir ihn als eine Zeichenkette (mindestens ein Zeichen), die keine Schrägstriche enthält. Da wir den Server später referenzieren wollen, ist er geklammert.

`\([^/]\+\)*`
: Nun kommen beliebig viele Verzeichnisse. Weil wir nicht wissen, wie viele es bei einer URL sind (möglich sind gar keine bis beliebig viele), wird der reguläre Ausdruck dafür etwas komplizierter. Der Verzeichnisanteil an sich ist eine Zeichenkette, die mit einem Schrägstrich endet. Dieses Muster wiederholt sich null bis beliebig viele Male. Um das in einem regulären Ausdruck zu beschreiben, klammern wir dieses Muster und versehen es mit dem entsprechenden Wiederholungsoperator *. Wir erhalten also eine dritte Gruppe, wodurch der Dateiname am Ende die Gruppennummer 4 erhält, egal wie viele Verzeichnisse noch dazwischenstehen.

`\([^/]\+\) *$`
: Das letzte Element der URL ist der Dateiname. Er besteht aus beliebig vielen Zeichen (mindestens einem Zeichen) ohne Schrägstriche. Da er das letzte Element ist, können danach nur noch beliebig viele oder gar keine Leerzeichen und dann das Zeilenende folgen.

`\1 \2 \4`
: Hier werden die gefundenen Felder bis auf die Verzeichnisanteile einfach ausgegeben. Dabei werden die benutzten Klammern nummeriert (auch die inneren Klammern bei Schachtelungen werden mitgezählt). Demnach ist `\1` das Protokoll, `\2` der Server und `\4` der Dateiname.

Schrittweises Vorgehen

Das letzte Beispiel zu `sed` im letzten Abschnitt ist nicht trivial. Wenn wir an der Konsole derartige Kommandos zusammenbauen, um z.B. in einem Skript größere Mengen an auszuwerten, schaffen es selbst gestandenen Shell-Nutzer meist nicht auf Anhieb, eine derartige Zeile einfach so herunterzuschreiben. Viele Anfänger werden sich vielleicht beim Lesen des Beispiels gefragt haben, wie man denn bitteschön selbst jemals auf so etwas kommen könne, andere haben möglicherweise schon mit dem Beispiel experimentiert und dabei schnell gemerkt, dass nicht jede Änderung gleich zum gewünschten Ergebnis führt und sogar in oft kryptischen Fehlermeldungen resultiert.

Wir wollen daher in diesem Abschnitt anhand des obigen Beispiels ein schrittweises Vorgehen erarbeiten, über das in ähnlichen Fällen komplexe reguläre Ausdrücke schrittweise verfeinert werden, bis am Ende das richtige Resultat herauskommt. Das Vorgehen ist, auch wenn hier mit `sed` gearbeitet wird, durchaus allgemeingültig und kann mit anderen Werkzeugen wie z.B. `grep` analog angewandt werden.

Verfeinern eines groben Ansatzes

In unserem Beispiel sollen drei Felder aus einer längeren Zeile extrahiert werden. Wir wollen am Ende eine Lösung haben, in der alle drei Felder eindeutig identifiziert werden, egal wie lang die Eingabezeile ist (vorausgesetzt natürlich, dass sie das von uns vorgegebene Format hat). Wir werden am Ende also für alle drei Felder und auch den Rest der Eingabezeile reguläre Ausdrücke haben, die dann in das längliche Endresultat eingefügt werden müssen. Um die Komplexität der Aufgabe etwas zu entzerren, beginnen wir daher damit, die einzelnen Felder, die uns interessieren, separat zu beschreiben. Dabei gehen wir hier ganz einfach von links nach rechts vor.

Das am weitesten links stehende Feld, das uns interessiert, ist die Protokollbezeichnung. Sie steht vor dem `://` und dem darauf folgenden Server- bzw. Verzeichnis- und Dateinamen. Ein erster Versuch dürfte hier gleich zum Erfolg führen:

```
$ echo "http://www.mysite.de/foo/bar.html" \
  | sed "s|^\(.*\)://.*|\1|"
http
$ _
```

Ein ähnlicher Ansatz für den Servernamen schlägt allerdings fehl:

```
$ echo "http://www.mysite.de/foo/bar.html" \
  | sed "s|.*://\(.*\)/.*|\1|"
www.mysite.de/foo
$ _
```

Wir erhalten zwar den Servernamen, aber leider auch noch mehr als den. Wir sind also hier noch nicht präzise genug gewesen. Der Servername ist nach rechts und links durch Schrägstriche abgegrenzt. Diese Tatsache war in dem obigen regulären Ausdruck noch nicht enthalten; wir müssen also festlegen, dass der Servername selbst keinen Schrägstrich enthalten darf:

```
$ echo "http://www.mysite.de/foo/bar.html" \
  | sed "s|.*://\([^/]*\)/.*|\1|"
www.mysite.de
$ _
```

Das war es! Aber wir geben uns nicht ganz so schnell zufrieden – da wir nun gerade gelernt haben, dass die Zeichen, durch die ein Feld von den Nebenfeldern abgegrenzt ist, nicht im Feld selbst vorkommen kann, lassen wir diese neue Erkenntnis auch in den ersten Ausdruck einfließen. Warum? Je präziser wir einen regulären Ausdruck schreiben, desto robuster ist er bei unvorhergesehenen Eingaben. Wir präzisieren also den ersten Ausdruck:

```
$ echo "http://www.mysite.de/foo/bar.html" \
  | sed "s|^\([^:]*\)://.*|\1|"
http
$ _
```

Das dritte Feld kann nun mit den soeben gewonnenen Erkenntnissen leicht erstellt werden:

```
$ echo "http://www.mysite.de/foo/bar.html" \
  | sed "s|.*/\([^/]*\) *$|\1|"
bar.html
$ _
```

In der Musterlösung aus dem letzten Abschnitt wurde als Wiederholungsoperator für die einzelnen Zeichen in den Beschreibungen der Felder statt des hier verwendeten * (Zeichen kann, muss aber nicht vorkommen) das \+ (Zeichen muss mindestens einmal vorkommen) verwendet. Dies ist einer der weiter oben beschriebenen erweiterten regulären Ausdrücke, siehe Seite 124.

Zusammensetzen der einzelnen Lösungen

Es reicht leider nicht aus, die Felder einzeln extrahieren zu können, beim Zusammensetzen zu einem großen Ausdruck stehen neue Schwierigkeiten bevor. Um diese in Grenzen zu halten, gehen wir wieder iterativ vor und arbeiten uns dabei von links nach rechts vor (von rechts nach links oder von der Mitte nach außen ist im Normalfall genauso möglich). Beginnen wir mit den ersten beiden Feldern:

```
$ echo "http://www.mysite.de/foo/bar.html" \
  | sed "s|^\([^:]*\)://\([^/]*\)/.*|\1 \2|"
http www.mysite.de
$ _
```

Da wir im ersten Schritt bereits präzise genug gearbeitet haben, muss hier nicht nachgebessert werden; die beiden ersten Felder lassen sich problemlos aneinanderhängen.

Um das dritte Feld erreichen zu können, beginnen wir nun zunächst mit einem simplen Ansatz:

```
$ echo "http://www.mysite.de/foo/bar.html" | sed \
  "s|^\([^:]*\)://\([^/]*\)/.*/\([^/]*\) *$|\1 \2 \3|"
http www.mysite.de bar.html
$ _
```

Geschafft? Nein! Wir erhalten hier das richtige Ergebnis, aber aus langjähriger Erfahrung weiß der Autor, dass ja auch andere URLs möglich sind, z.B. *http://www.mysite.de/urx/foo/bar.html* oder *http://www.mysite.de/bar.html*. Sehen wir uns an, was bei diesen Eingaben herauskommt:

```
$ echo "http://www.mysite.de/urx/foo/bar.html" | sed \
  "s|^\([^:]*\)://\([^/]*\)/.*/\([^/]*\) *$|\1 \2 \3|"
http www.mysite.de bar.html
$ echo "http://www.mysite.de/bar.html" | sed \
  "s|^\([^:]*\)://\([^/]*\)/.*/\([^/]*\) *$|\1 \2 \3|"
http www.mysite.de/bar.html
$ _
```

Wenn es also einen längeren Verzeichnisanteil zwischen Server- und Dateinamen gibt, entstehen zwar keine Probleme, aber bei einem fehlenden Verzeichnisanteil schlägt die Operation fehl. Wir werden daher nicht umhinkommen, auch den Teil zwischen den beiden Feldern, die uns eigentlich interessieren, zu beschreiben.

Dies ist ganz allgemein ein sinnvolles Vorgehen, weil der reguläre Ausdruck dadurch robuster wird.

Jeder Verzeichnisname ist eine Zeichenkette, die mit einem Schrägstrich endet: `[^/]/`. Da wir beliebig viele (oder überhaupt keine) davon haben können, müssen wir diesen Ausdruck irgendwie mit dem Wiederholungsoperator * versehen können. Das wird durch die Klammerung möglich; wir ersetzen also den Teil `.*/` unserer ersten Lösung durch `\([^/]*/\)*` und erhalten:

```
$ echo "http://www.mysite.de/foo/bar.html" | sed \
  "s|^\([^:]*\)://\([^/]*\)/\([^/]*/\)*\([^/]*\) *$|\1 \2 \3|"
http www.mysite.de bar.html
$ echo "http://www.mysite.de/urx/foo/bar.html" | sed \
  "s|^\([^:]*\)://\([^/]*\)/\([^/]*/\)*\([^/]*\) *$|\1 \2 \3|"
http www.mysite.de bar.html
$ echo "http://www.mysite.de/bar.html" | sed \
  "s|^\([^:]*\)://\([^/]*\)/\([^/]*/\)*\([^/]*\) *$|\1 \2 \3|"
http www.mysite.de bar.html
$ _
```

Das Füttern mit allen drei Eingaben zeigt, dass unser Ergebnis nun hinreichend präzise, aber auch schon reichlich kryptisch ist.

Fazit: Teile und herrsche

Zusammenfassend kann das Vorgehen so charakterisiert werden: Versuche, das Problem in Teilprobleme zu zerlegen, verfeinere die Lösungen zu diesen hinreichend und setze sie dann zu einer großen Lösung zusammen. Als zweite Maxime gilt (da niemand gern kryptische Fehlermeldungen liest): Gehe immer von einem funktionierenden Stand aus und ändere pro Anlauf nie mehr als eine Sache; dadurch ist stets klar, in welchem Schritt ein neu aufgetretener Fehler entstanden ist.

Reguläre Ausdrücke sind schwer zu lesen, und es ist in der Praxis eine der unangenehmsten Aufgaben, einmal (z.B. in einem Skript vorkommende) erstellte reguläre Ausdrücke, die nicht tun, was sie sollen, zu »reparieren«. Daher sollte man immer bemüht sein, beim Erstellen der Ausdrücke so präzise (und damit auch so restriktiv) wie möglich vorzugehen.

Übungen

Übung 6-3

Sorgen Sie mithilfe von `PAGER`-Variablen und Filtern dafür, dass bei der Anzeige von Manpages die Buchstaben *r* und *l* vertauscht werden. (Diese Albernheit bezieht ihre Inspiration aus dem Gedicht lechts und rinks von Ernst Jandl – oder besser gesagt: Elnst Jandr! – , der ganz allgemein immer eine sinnvolle Alternative zu Computerliteratur bietet.)

Übung 6-4 ▶ Der Filter `sort` kennt die Option `-n`, die bewirkt, dass bei der Sortierung des Eingabe-Datenstroms Zahlenwerte berücksichtigt werden. Zusammen mit `awk` kann man sich das zunutze machen, um die Ausgabe von `ls -l` nach den Größen der Dateien zu sortieren (die Option `--sort=size` gibt es nicht auf allen Unix-Systemen). Wie würde so ein kombiniertes Kommando aussehen?

Übung 6-5 ▶ Wenn Sie `find` ausgehend vom aktuellen Verzeichnis (.) benutzen, erhalten Sie eine Liste von Dateien, deren Pfad jeweils mit dem Punkt beginnt. Benutzen Sie `sed`, um aus dieser Liste von relativen Pfaden eine von absoluten Pfaden zu machen. Beispielsweise würde aus *./foo/bar* so etwas wie */home/ich/foo/bar* werden.

Übung 6-6 ▶ Um ganz bestimmte Felder aus einer Datenbanktabelle zu extrahieren, benutzt man in SQL ein Konstrukt mit den Schlüsselwörtern `SELECT`, `FROM`, `WHERE`:

```
SELECT Feld FROM Tabelle WHERE Bedingung
```

Angenommen, wir wollen eine Logdatei untersuchen, in der alle Felder durch Tabulatorzeichen getrennt sind. Hier ein Auszug:

```
Oct/7/05:00:58 tpal ftpd[213]: FTPD: command: USER anonymous
Oct/7/05:00:58 tpal ftpd[213]: < 331
Oct/7/05:00:58 tpal ftpd[213]: Guest login ok, send ident as ...
Oct/7/05:00:58 tpal ftpd[213]: FTPD: command: PASS Ugpuser@ho...
Oct/7/05:00:59 tpal ftpd[213]: < 230
Oct/7/05:00:59 tpal ftpd[213]: Guest login ok, access restric...
Oct/7/05:00:59 tpal ftpd[213]: FTPD: command: CWD /pub/
```

1. Erstellen Sie eine Kommandozeile, durch die Sie aus allen Zeilen dieser Logdatei nur das erste, zweite, dritte oder vierte Feld ausgeben lassen. Diese Zeile lässt sich mit wenig Aufwand so erweitern, dass auch mehrere statt nur ein Feld ausgegeben werden. Hierdurch wird eine Art `SELECT` auf die Logdatei möglich.
2. Erstellen Sie eine zweite Kommandozeile, durch die alle Zeilen ausgegeben werden, in denen ein bestimmtes Feld eine bestimmte Zeichenkette enthält. Hierdurch wird die `WHERE`-Klausel abgebildet.
3. Setzen Sie nun die beiden Kommandozeilen zusammen, um folgende (Pseudo-)SQL-Abfrage zu erhalten:

   ```
   SELECT Feld4 FROM Logdatei WHERE Feld1 = "Oct/7/05:00:59"
   ```

Der Aufruf am Ende ist eine sehr lange Kommandozeile von der Art: `where-Kommando | select-Kommando`. Bei korrekter Lösung sieht das Ergebnis so aus:

```
    < 230
Guest login ok, access restric...
FTPD: command: CWD /pub/
```

Hinweis Bei Benutzung von `cut` und `sed` kann das Tabulatorzeichen einfach als Text eingegeben werden (bei Eingabe von der Shell-Eingabeaufforderung setzt man einfach Ctrl-V vorweg, also Ctrl-V-Tab).

Wichtige Hilfsprogramme: Packer und Archivierer

Neben den klassischen Shell-Werkzeugen wie den Kommandos für Dateimanagement und Filter gibt es auf Unix-Systemen noch eine Reihe von weiteren Programmen, die in der Shell aufgerufen werden und sozusagen zum täglichen Leben in der Shell gehören. Dabei handelt es sich um Pack- und Archivierungsprogramme sowie Dienstprogramme für die Arbeit im Netzwerk.

Versierte PC-Benutzer sind möglicherweise bereits mit Archivierungsprogrammen in Berührung gekommen. Diese Werkzeuge lösen die Probleme, die beim Weitergeben einzelner Dateien oder sogar ganzen Verzeichnisbäumen entstehen. Beispielsweise basiert Software meist auf einer ganzen Reihe von Quelltextdateien, die in einer ganz bestimmten Weise in einem Verzeichnisbaum vorliegen müssen. Diese Problematik adressieren Archivierer, indem sie beliebige Sammlungen von Dateien und Verzeichnissen in *Archiven* zusammenfassen. Derartige Archive sind Dateien, die beliebig viele andere Dateien und Verzeichnisse enthalten können. Eine zusätzliche nützliche Eigenschaft von Archiven ist, dass sie meist *komprimiert* auf dem Datenträger gespeichert werden, sodass sie weniger Platz benötigen als die Summe der enthaltenen Dateien.

Bekannte Vertreter dieser Gattung von Programmen sind in der PC-Welt *zip* und *rar*. Gemeinsam haben sie, dass sie mit einem Werkzeug erzeugt werden, das dann auch wiederum nötig ist, um den Inhalt zu extrahieren. Alle diese Formate stehen auch in der Unix-Welt zur Verfügung. Wenn sie auf einem Rechner nicht installiert sind, können sie umsonst aus dem Internet heruntergeladen und installiert werden. Darüber hinaus gibt es einen Unix-eigenen Archivierer: *tar*, der üblicherweise mit einem separaten Komprimierer *gzip* oder *bzip2* kombiniert wird. Wir wollen in diesem Abschnitt kurz auf *tar* sowie die Vertreter der PC-Welt *zip* und *unzip* eingehen.

zip und unzip

Um ein *zip*-Archiv zu erzeugen, benutzt man das zip-Kommando:

```
$ zip archiv *.log
adding: buch.log (deflated 73%)
adding: daemon.log (deflated 77%)
adding: tmp.log (deflated 59%)
$ _
```

Dem Archiv *archiv.zip* werden alle mit *.log* endenden Dateien hinzugefügt. Dem Dateinamen wird, wenn nicht schon in der Kommandozeile angegeben, automatisch die Endung *.zip* angehängt. Bei *zip* wie auch anderen Archivierern gilt die Konvention, dass in der Kommandozeile der Name des Archivs vor der Liste der zu archivierenden Objekte kommt. Um nicht nur einzelne Dateien, sondern auch eine ganze Verzeichnishierarchie zu archivieren, wird die Option -r mit angegeben:

```
$ zip -r archiv unix-shell
adding: unix-shell/ (stored 0%)
adding: unix-shell/#buch.log# (deflated 66%)
[...]
$ _
```

Zum Extrahieren der Dateien oder Verzeichnisse aus dem Archiv wird unzip aufgerufen:

```
$ unzip archiv
    Archive:  archiv.zip
    inflating: unix-shell/#buch.log#
$ _
```

Auch hier gilt wieder, dass die Endung *.zip* automatisch angenommen wird, wenn sie nicht explizit angegeben wurde. Um sich den Inhalt des Archivs nur anzusehen (also nicht zu entpacken), gibt es die Option -l:

```
$ unzip -l archiv
Archive:  archiv.zip
  Length     Date   Time    Name
 --------    ----   ----    ----
        0  04-09-07 19:09   unix-shell/
    11250  03-25-07 16:49   unix-shell/#buch.log#
$ _
```

Will man nicht das gesamte Archiv entpacken, sondern nur eine bestimmte Datei bzw. ein bestimmtes Verzeichnis, kann unzip auch per Kommandozeile mitgeteilt werden:

```
$ unzip archiv buch.log daemon.log
Archive:  archiv.zip
inflating: buch.log
inflating: daemon.log
$ _
```

Abschließend sei erwähnt, dass *zip* automatisch komprimierte Archive erzeugt, die auf dem Datenträger Platz sparen.

tar und seine Helfer

Das Archivierungsprogramm *tar* ist für das Archivieren mehrerer Dateien oder ganzer Verzeichnisbäume zuständig, kann aber nicht selbst komprimieren. Ursprünglich wurde *tar* zum Erstellen und Bearbeiten von Tape-Archiven gemacht (*tape archiver*), es kann aber auch auf einfache Dateien angewandt werden.

Ein `tar`-Aufruf setzt sich ganz allgemein zusammen aus genau einer Operation und dann beliebig vielen Optionen. Solange nicht ein Dateiname angegeben wurde, wird immer angenommen, dass das Tape-Device verwendet werden soll, egal ob wirklich eines installiert ist oder nicht!

Dies sind die wichtigsten `tar`-Operationen im Überblick:

`-t`
: Der Inhalt des Archivs wird angezeigt.

`-x`
: Der Inhalt des Archivs wird extrahiert.

`-c`
: Ein neues Archiv wird erzeugt.

`-u`
: Der Inhalt des Archivs wird aktualisiert (neuere Quelldateien werden aufgenommen).

`-r`
: Dateien werden dem Archiv hinzugefügt (hinten angehängt).

Wichtige Optionen sind:

`-f [Dateiname]`
: Es wird `Dateiname` für das Archiv benutzt (anstatt des Tape-Device). Wenn als Dateiname ein Minuszeichen angegeben wird, archiviert *tar* auf die Standardausgabe bzw. dearchiviert von der Standardeingabe.

`-p`
: Es werden alle Zugriffsrechte/Besitzverhältnisse der archivierten Daten beibehalten, selbst wenn die jeweiligen Besitzer oder Gruppen zum Zeitpunkt des Aufrufs überhaupt nicht bekannt sind (z.B. wenn von einer Rescue-CD aus archiviert wird).

`-v`
: Es wird während der Arbeit der Status ausgegeben (z.B. Dateinamen, die gerade archiviert werden).

`-z`
: Es wird nach dem Archivieren bzw. vor dem Dearchivieren *gzip* aufgerufen, um ein komprimiertes Archiv erzeugen bzw. bearbeiten zu können. Diese Option können nur wenige *tar*-Implementierungen. In solchen Fällen empfiehlt es sich, entweder mit Pipes zu arbeiten (siehe unten) oder die GNU-Version von *tar* zu installieren, die es frei im Internet gibt.

`-j`
: Es wird nach dem Archivieren bzw. vor dem Dearchivieren *bzip2* aufgerufen, um ein komprimiertes Archiv erzeugen bzw. bearbeiten zu können. Hier gelten dieselben Einschränkungen wie bei `-z`.

Dies ist ein Beispiel für das Erzeugen eines Archivs:

```
$ tar -cf archiv.tar unix-shell
$ _
```

Wie man sieht, können die Operationen und Optionen direkt ohne ein »`-`« aneinandergehängt werden, sofern sie nicht ein Argument erfordern (wie z.B. `-f`, das deswegen immer am Ende der Optionen steht). Dieses Konzept findet man übrigens auch bei anderen Unix-Kommandos wieder. Ganz faule Zeitgenossen können sogar, sofern sich alle Optionen wie oben direkt aneinanderhängen lassen, das führende »`-`« weglassen. Im Gegensatz zu *zip* wird hier die Endung *.tar* nicht automatisch angehängt, die erzeugte Datei heißt also genauso, wie man sie nennt. Ansonsten fällt auf, dass *tar* nicht gerade gesprächig ist.

Will man sehen, was eingepackt wird, hilft die Option `-v` (*verbose*), hier wird zur Demonstration auch der führende »`-`« weggelassen:

```
$ tar cvf archiv.tar unix-shell
   unix-shell/
   unix-shell/#buch.log#
   [...]
$ _
```

Das Ganze soll natürlich auch irgendwann wieder ausgepackt werden:

```
$ tar xvf archiv.tar
   unix-shell/#buch.log#
   [...]
$ _
```

Die mit *tar* erzeugten Archive sind im Gegensatz zu den meisten aus der PC-Welt bekannten Archivformaten nicht von vornherein komprimiert. Dem Konzept maximaler Modularität folgend, übernehmen diese Aufgabe spezialisierte Werkzeuge, die beliebige Dateien komprimieren, ohne sich darum zu kümmern, ob es sich dabei um Archive oder beliebige andere Arten von Dateien handelt. Um also mithilfe von *tar* komprimierte Archive zu erzeugen bzw. zu entpacken, bedarf es der Hilfe solcher Komprimierungsprogramme.

Das klassische Komprimierungsprogramm unter Unix ist *compress*, das alle Dateien, die als Argumente angegeben sind, durch deren jeweils komprimierte Version ersetzt. Mit dem Kommando `uncompress` wird dieser Vorgang rückgängig gemacht:

```
$ ls -l archiv.tar
-rw-rw-r--   1 md  md  20480 Apr 17 21:12 archiv.tar
$ compress archiv.tar
$ ls -l archiv*
-rw-rw-r--   1 md  md  6435 Apr 17 21:12 archiv.tar.Z
$ uncompress archiv.tar.Z
$ ls -l archiv.tar
-rw-rw-r--   1 md  md  20480 Apr 17 21:12 archiv.tar
$ _
```

Je nach Inhalt der komprimierten Dateien kann die erzielte Kompressionsrate variieren, allgemein lohnt es sich jedoch eigentlich fast immer, Archive, die auf einem Massenspeichermedium (z.B. Festplatte, USB-Speicher usw.) abgelegt werden, zu komprimieren.

Die Werkzeuge *compress* bzw. *uncompress* sind auf traditionellen Unix-Systemen zu Hause. GNU-basierte Systeme wie z.B. Linux, aber auch manche »echte« Unix-Systeme bieten alternative Kompressionswerkzeuge an: *gzip* bzw. *gunzip* und *bzip2* bzw. *bunzip2*. Sowohl *gzip* als auch *bzip2* komprimieren besser als *compress*:

```
$ ls -l archiv.tar
-rw-rw-r--   1 md  md  20480 Apr 17 21:12 archiv.tar
$ gzip archiv.tar
$ ls -l archiv*
-rw-rw-r--   1 md  md  3928 Apr 17 21:12 archiv.tar.gz
$ gzip -d archiv.tar.gz
$ bzip2 archiv.tar
$ ls -l archiv*
-rw-rw-r--   1 md  md  4077 Apr 17 21:12 archiv.tar.bz2
$ bzip2 -d archiv.tar.bz2
$ ls -l archiv.tar
-rw-rw-r--   1 md  md  20480 Apr 17 21:12 archiv.tar
$ _
```

Wie in dem Beispiel oben zu sehen ist, steht sowohl bei `gzip` als auch `bzip2` eine Option `-d` zur Verfügung, durch die Dateien dekomprimiert werden können, es ist also letztlich Geschmackssache, ob man den jeweiligen Dekomprimierer oder die `-d`-Option benutzt.

Wie schon oben in der Auflistung erwähnt, sind manche Implementierungen von *tar* (bekanntestes Beispiel: GNU *tar*) in der Lage, die Verwendung von Komprimierern bereits beim Aufruf des Befehls `tar` einzuschalten. Steht auf dem gerade benutzten Unix-System kein *tar* zur Verfügung, das einen derartigen Komfort bietet, helfen Pipes: Alle oben genannten Komprimierer bzw. Dekomprimierer unterstützen die Option `-c`, und *tar* unterstützt das Minuszeichen statt eines Dateinamens, um je nach Kontext die Standardein- bzw. Standardausgabe zu verwenden:

```
$ tar cvf - unix-shell | compress -c >archiv.tar.Z
unix-shell/
unix-shell/#buch.log#
[...]
$ uncompress -c archiv.tar.Z | tar xvf -
unix-shell/#buch.log#
[...]
$ _
```

Obwohl die Kommandozeile von *tar* zunächst etwas unnötig komplex erscheint, hat es doch in der Praxis eine Reihe von Vorteilen gegenüber Archivierern aus der PC-Welt:

- *tar* kann als echtes Backup-Werkzeug perfekt mit allen Unix-typischen Dateitypen sowie den Benutzereinstellungen und Zugriffsrechten umgehen.
- Durch die flexible Konzeption eignet sich *tar* nicht nur zum Archivieren, sondern auch zum Kopieren von Verzeichnisbäumen bis hin zum Duplizieren ganzer Betriebssysteminstallationen.

Diese Behauptungen wollen wir natürlich gern durch ein Beispiel belegen. Das Unix-Dateisystem enthält neben den »normalen« Dateien (z.B. Benutzerdaten und installierter Software) auch spezielle Dateien, die hier bereits vorgestellt wurden:

- symbolische Links,
- Dateien, die Geräte repräsentieren, sowie
- benannte Pipes.

Alle diese Dateien werden von *tar* zuverlässig archiviert und auch wiederhergestellt. Um also ein Backup des gerade laufenden Systems durchzuführen, z.B. auf eine zweite Platte, kann das durch die Verkettung zweier Aufrufe von `tar` geschehen. Angenommen, wir wollen unsere gesamte Systeminstallation in ein Verzeichnis */mnt* sichern:

```
$ tar --exclude /mnt -cvpf - / | (cd /mnt; tar xvpf -)
[...]
$ _
```

Wie man sieht, braucht hier kein Archiv auf der Festplatte gespeichert zu werden; es wird erzeugt, in die Standardausgabe geschrieben und vom zweiten `tar`-Prozess aus der Standardeingabe gelesen. Um zu verhindern, dass das Zielverzeichnis mit archiviert wird, wird hier die Option `--exclude` verwendet, die allerdings nicht von allen Implementierungen von *tar* unterstützt wird. Wie so oft sollte man sich auch hier in der jeweiligen Onlinedokumentation darüber informieren, welche Optionen unterstützt werden. Man beachte auch, dass bei der Kombination mehrerer Optionen, die ihre eigenen Argumente erfordern (wie z.B. `--exclude`), das Einleiten von Optionen und Kommandos durch ein Minuszeichen zwingend notwendig wird. Beispielsweise geht das Folgende nicht (`cvpf` hat kein Minuszeichen und wird daher nicht als Option/Kommando erkannt):

```
$ tar --exclude /mnt cvpf /tmp/foo.tar /
tar: You must specify one of the '-Acdtrux' options
Try 'tar --help' or 'tar --usage' for more information.
$ _
```

Andersherum geht es, ist aber verwirrend:

```
$ tar cvpf /tmp/foo.tar --exclude /mnt /
[...]
$ _
```

Zusätzlich gibt es bei einigen *tar*-Varianten noch die Option `-C`, die die Ausführung der jeweiligen Aktion in einem bestimmten Verzeichnis erzwingt; dies erlaubt uns, die lästige Klammer rechts vom Pipe-Symbol unnötig werden zu lassen:

```
$ tar --exclude /mnt -cvpf - / | tar -C /mnt -xvpf -
[...]
$ _
```

Übungen

Übung 6-7 Es kann manchmal sinnvoll sein, Archive zu verschachteln, z.B. um alle Backup-Archive einer Woche zu bündeln. Angenommen, wir wissen, dass ein Archiv *week1.tar* nichts weiter als eine ganze Reihe von *.tar.gz*-Archiven enthält. Wie kann eines der darin enthaltenen Archive (z.B. *montag.tar.gz*) direkt entpackt werden, ohne es auf der Festplatte zwischenspeichern zu müssen? Zur Lösung dieser Aufgabe schauen Sie sich die Option `-O` in der *man*-Dokumentation zu *tar* an.

Übung 6-8 Manch alter Unix-Hase benutzt Komprimierer wie z.B. *bzip2*, um Images ganzer Festplattenpartitionen zu erzeugen. Wie würden Sie ein mit *bzip2* komprimiertes Image der Festplattenpartition */dev/sda1* anlegen? Wozu könnte so etwas gut sein?

KAPITEL 7

Arbeiten im Netzwerk

In diesem Kapitel:

- Sitzung auf fernen Maschinen und mehr: telnet
- IP-Adressen und Ports sowie TCP, UDP, IP
- Verschlüsselte Sitzung auf fernen Maschinen: ssh
- Datenübertragung: ftp
- Verschlüsselte Dateiübertragung: scp
- Pseudo-ftp über scp: sftp

Unix ist immer schon ein Netzwerkbetriebssystem gewesen. Wie bereits im ersten Kapitel erwähnt, ist die Familie der typischen Internetdienste eng mit dem Unix-System verbunden gewesen. Somit ist das Netzwerk ein selbstverständlicher Bestandteil der Arbeit mit Unix. In diesem Abschnitt wird es um einige der »klassischen« Unix-Werkzeuge zum Arbeiten im Netz gehen.

IP-Adressen und Ports sowie TCP, UDP, IP

Wie schon am Anfang von Kapitel 1 erwähnt, sind die Netzwerkprotokolle, auf denen das Internet basiert, genau die hauseigenen Protokolle des Unix-Systems. Diese Protokolle sind dafür zuständig, dass »höhere« Dienste wie z.B. E-Mail überhaupt ihre Daten über das Netz übertragen können. Dabei handelt sich um das *Internet Protocol* (*IP*), das *Transmission Control Protocol* (*TCP*) und das *User Datagram Protoco*l (*UDP*). In diesem kleinen Exkurs wollen wir kurz beleuchten, welche Aufgaben diese Protokolle in der Welt des Internets erfüllen. Man kann die Art und Weise, wie Programme im Internet Daten austauschen, mit dem Telefonnetz vergleichen.

Jedes Programm »wohnt« auf einem Rechner, der für sich im Netzwerk erreichbar sein muss. Daher besitzt jeder Rechner in einem IP-Netzwerk (also einem Netzwerk, das auf der Internetprotokollfamilie beruht) eine Adresse, die man konsequenterweise *IP-Adresse* nennt. Eine IP-Adresse hat aus Benutzersicht zwei Ausprägungen – eine, die auf Nummern, und eine, die auf Namen basiert. Eine solche Adresse ist vergleichbar mit der Vorwahl im Telefonbuch, das heißt, wir wissen schon mal, in welcher Stadt das Programm, mit dem wir reden wollen, wohnt, aber wir wissen noch nicht die Durchwahl.

Die erstgenannte Ausprägung einer IP-Adresse besteht aus genau vier jeweils durch Punkte getrennte Zahlen zwischen 0 und 254, z.B.: »192.168.0.13«. Sie ist technisch nah an dem, was das Betriebssystem sieht, aber nicht besonders einprägsam und daher wenig dazu geeignet, dass ein Mensch sie sich merken kann. Deshalb gibt es noch eine zweite, auf Namen basierende Notation, die allerdings für das Betriebssystem jeweils wieder zurück in die numerische Form transformiert werden muss (dazu gibt es überregionale »Telefonbücher«, die bei dieser Umwandlung helfen). Eine solche Adresse kann z.B. so aussehen: *www.debian.org*. Dieser Name bezeichnet genau eine Adresse im Internet. Die Anzahl der Elemente und Punkte hat dabei nichts zu tun mit deren Anzahl bei der numerischen Form der Adresse.

Das *Internet Protocol* organisiert das überregionale Streckennetz. Es stellt das Adressierungsschema zur Verfügung und bietet ein Transportprotokoll, das auf einzelnen, voneinander unabhängigen Datenpaketen basiert, wobei es nicht garantiert, dass keine Datenpakete verloren gehen. Dies wirft zwei Fragen auf: Wie kommuniziere ich nun mit einem Programm auf dem entfernten Rechner (es können schließlich beliebig viele verschiedene Programme gleichzeitig darauf laufen), und wie organisiere ich die Kommunikation unter der Vorgabe, dass die Datenübertragung mittels IP potenziell Datenverlust erlaubt? Die Antwort hierauf wird auf teilweise verschiedene Weise von den auf dem Internet Protocol aufbauenden Protokollen *TCP* und *UDP* gegeben.

Gemeinsam ist beiden Protokollen, wie sie eine Art »Durchwahl« zu dem Programm auf dem fernen Rechner realisieren: An die IP-Adresse wird eine weitere Nummer, der sogenannte *Port*, angehängt. Um also mit einem entfernten Programm kommunizieren zu können, braucht man sowohl dessen Adresse als auch den Port. Als Beispiel dafür sei das Protokoll des WWW, das *HyperText Transport Protocol*, kurz *HTTP*, mit dem Port 80 genannt. Wenn wir uns im Browser z.B. mit *http://www.debian.org* verbinden, heißt das, unser Browser verbindet sich mit dem Rechner *www.debian.org* und auf ihm mit dem Programm, das als »Durchwahl« den Port 80 hat, was nun gerade der WWW-Server auf dem entfernten Rechner sein wird. Für die allgemein verbreiteten Internetdienste gibt es übrigens ein Verzeichnis auf jedem Unix-System, die Datei */etc/services*.

Nun fehlt nur noch der letzte Baustein, nämlich wie TCP und UDP jeweils die Kommunikation unter Benutzung des IP organisieren. TCP stellt eine Schicht mit Fehlerkorrektur zur Verfügung, die eine *verbindungsorientierte* und *sichere* Kommunikation ermöglicht. Das heißt, wenn wir erst einmal Verbindung zu unserem Partner aufgenommen haben, haben wir einen eigenen Kommunikationskanal und können uns darauf verlassen, dass alle übertragenen Daten sicher ankommen. Dieses Protokoll wird z.B. vom Netzwerkdienst HTTP benutzt. UDP bietet einen Datentelegrammdienst an, der wie beim IP prinzipiell Datenverlust nicht ausschließt, im Grunde fügt es eigentlich nur die Ports zum IP hinzu. Das UDP wird immer dann verwendet, wenn Datenverlust nicht schmerzt, z.B. beim regelmäßigen Übertragen der Uhrzeit oder wenn aus Optimierungsgründen eine eigene Fehlerkorrektur zum Einsatz kommt.

Sitzung auf fernen Maschinen und mehr: telnet

Unix kann nicht nur zwischen mehreren Benutzern unterscheiden, es erlaubt auch das gleichzeitige Arbeiten. Hierzu können natürlich wie in alten Großrechnerzeiten über die serielle Schnittstelle angeschlossene Terminals zum Einsatz kommen, es existiert aber auch schon von Beginn an eine Möglichkeit, über das Netzwerk eine virtuelle Konsole zu erzeugen.

Die einfachste Methode, eine solche Fernsitzung auf einer im Netzwerk erreichbaren Unix-Maschine zu erhalten, ist das `telnet`-Kommando. Genau genommen handelt es sich hier um eine Client/Server-Applikation, auf der fernen Maschine muss ein `telnet`-Server (`telnetd`) auf dem TCP-Port 23 erreichbar sein, mit dem sich der Client (`telnet`) verbindet.

In der einfachsten Form wird `telnet` ganz einfach mit dem Namen bzw. der Adresse des fernen Rechners aufgerufen; danach erscheint eine Eingabeaufforderung, in der man sich zunächst mit Benutzername und Passwort, die man auf dem fernen Rechner hat, anmeldet. Anschließend erhält man eine Shell-Eingabeaufforderung.

Da `telnet` grundsätzlich unverschlüsselt arbeitet, ist es für interaktive Sitzungen auf fernen Rechnern in der Praxis weitgehend vom verschlüsselten `ssh` abgelöst worden (siehe nächsten Abschnitt). Dennoch ist dieses Programm unter Netzwerkadministratoren immer noch beliebt – zum Testen von Netzwerkdiensten. Da die meisten Netzwerkprotokolle auf Klartext basieren, kann man in telnet gut sehen, ob auf der anderen Seite auf einem bestimmten Port ein bestimmter Dienst wartet:

```
$ telnet paola 25
Trying 127.0.1.1...
Connected to Paola.toxine.lan.
Escape character is '^]'.
220 Paola.toxine.lan ESMTP Postfix (Debian/GNU)
quit
221 2.0.0 Bye
Connection closed by foreign host.
$ _
```

Das optionale Argument nach dem Namen des Rechners, mit dem man sich verbinden will, ist die *Portnummer* auf diesem Rechner. Da das Internetprotokoll (IP) Dienste über die Hostadresse und einen sogenannten Port identifiziert (siehe den Abschnitt am Anfang des Kapitels), kann man mit telnet jeden beliebigen Dienst erreichen. In dem Beispiel oben ist statt der 23 die 25 benutzt worden, über die normalerweise der E-Mail-Dienst erreicht wird. Auf unserem Rechner läuft ein solcher Dienst und akzeptiert die Verbindung. Da wir keine Mail versenden wollen, beenden wir die Verbindung durch Eingabe von quit (das Wort »quit« funktioniert für manche, aber längst nicht alle Dienste, allerdings sollte ein Systemadministrator, der telnet zum Testen von Diensten verwendet, auch wissen, wie man mit ihnen kommuniziert).

Verschlüsselte Sitzung auf fernen Maschinen: ssh

In der Praxis ist für interaktive Sitzungen telnet weitgehend von einem anderen Dienst verdrängt worden: ssh. Das liegt vor allem daran, dass das telnet-Protokoll unverschlüsselt ist, also alle eingegebenen Kommandos und sogar das Passwort, mit dem man sich anmeldet, im Klartext durch die Leitung gehen. Mit diesem Manko räumt ssh auf, die gesamte Sitzung ist verschlüsselt. Wie auch telnet ist ssh Teil einer Client/Server-Anwendung, auf dem jeweiligen Server, mit dem man sich verbindet, muss der sshd-Dienst laufen.

Das ssh-Kommando wird so benutzt:

```
$ ssh herbert@paola
The authenticity of host 'paola (127.0.1.1)' can't be
established. RSA key fingerprint is
b5:03:c9:e7:b8:29:64:cf:68:3b:5a:f8:e5:67:ff:30.
```

```
Are you sure you want to continue connecting (yes/no)? yes
Warning: Permanently added 'paola' (RSA) to the list of known
hosts.
md@paola's password:
Paola 2.6.18-4-686 #1 SMP Mon Mar 26 17:17:36 UTC 2007 i686
$ _
```

In diesem Beispiel fragt der `ssh`-Client zunächst nach, weil der entfernte Server noch unbekannt ist. Dieser Vorgang findet immer dann statt, wenn man sich zum ersten Mal mit `ssh` auf einen Rechner verbindet.

Es sei noch erwähnt, dass man `ssh` auch benutzen kann, um einzelne Kommandos auf dem entfernten Rechner auszuführen, ohne eine interaktive Sitzung zu benutzen. Der Aufruf ist dann:

```
$ ssh benutzer@host Kommando [Argumente ...]
```

Die `ssh`-Programmfamilie wurde in den letzen Jahren stetig weiterentwickelt und unterstützt eine ganze Reihe von Konfigurationsoptionen, über die man sich das Arbeiten erleichtern kann, wie z.B. das Generieren eines öffentlichen Schlüssels mit `ssh-keygen`, den man auf dem entfernten Rechner ablegen kann, so dass ein sicheres Anmelden ohne Eingabe des Passworts möglich ist. Es lohnt sich daher sicherlich, einmal in die Manpage zu `ssh` hineinzusehen.

Datenübertragung: ftp

Neben interaktiven Sitzungen und dem Ausführen von Kommandos wird viele von uns sicher interessieren, wie man denn nun Dateien zwischen Rechnern im Netzwerk austauscht. Auch hierfür gibt es in der Unix-Welt Protokolle, wobei `ftp` (*File Transfer Protocol*) zu den Gründungsmitgliedern von Unix gehört.

Benutzung von ftp

Wie auch bei `telnet` bzw. `ssh` haben wir es hier wieder mit einer Client/Server-Anwendung zu tun: Durch das Kommando `ftp` verbindet man sich mit dem `ftp`-Server auf dem entfernten Rechner. Die eigentliche Funktionalität steht in einer Shell-ähnlichen Umgebung zur Verfügung, so dass man auf dem eigenen sowie dem entfernten Rechner navigieren und dann Dateien in beide Richtungen übertragen kann. Eine interaktive `ftp`-Sitzung könnte so aussehen:

```
$ ftp paola
Connected to Paola.toxine.lan.
220 Paola.toxine.lan FTP server (Version wu-2.6.2(1)
```

```
Fri Jul 27 12:19:39 UTC 2007) ready.
Name (paola:md): md
331 Password required for md.
Password:
230 User md logged in.
Remote system type is UNIX.
Using binary mode to transfer files.
ftp> ls
200 PORT command successful.
150 Opening ASCII mode data connection for /bin/ls.
total 10668
-rw-r--r-- 1 md md      166 Nov  8 17:07 l.lst
-rw-r--r-- 1 md md 10899039 Nov  8 15:35 toosmall.lst
drwxr-xr-x 2 md md     4096 Dec  2 14:15 www
226 Transfer complete.
ftp> get l.lst
local: l.lst remote: l.lst
200 PORT command successful.
150 Opening BINARY mode data connection for l.lst (166 bytes).
226 Transfer complete.
166 bytes received in 0.02 secs (9.3 kB/s)
ftp> quit
221-You have transferred 166 bytes in 1 files.
221-Total traffic for this session was 918 bytes in 2 transfers.
221-Thank you for using the FTP service on Paola.toxine.lan.
221 Goodbye.
```

Es ist in der Tat deutlich, dass die Schöpfer von `ftp` das Vorbild der Shell vor Augen hatten. Einige aus der Shell bekannte Kommandos, beispielsweise `cd`, `ls`, funktionieren wie erwartet, andere haben eine leicht modizierte Semantik: `rm` dient nur dem Löschen von Verzeichnissen, während `del` Dateien löscht. Alle diese Kommandos werden auf dem entfernten Rechner ausgeführt, für Navigation und Dateimanagement auf dem lokalen Rechner kommen zwei Konzepte zum Einsatz: Das `lcd`-Kommando wechselt das Verzeichnis auf dem lokalen statt dem entfernten Rechner. Für alle anderen lokalen Operationen kann man beliebige Shell-Kommandos mit vorangestelltem `!` benutzen – `!ls` listet also zum Beispiel das aktuelle Verzeichnis des lokalen Rechners auf.

Hier ist eine Übersicht der wichtigsten Kommandos in `ftp`:

`open hostname`
: Stellt eine Verbindung zum entfernten Rechner *hostname* her.

`user username`
: Meldet den Benutzer *username* auf dem entfernten Rechner an.

`cd, pwd, ls`
: Wie die bekannten Shell-Kommandos.

`rm`
: Anders als beim entsprechenden Shell-Kommando: Löscht ein Verzeichnis.

`del`
: Löscht eine Datei.

`get Dateiname`
: Überträgt eine Datei vom entfernten auf den lokalen Rechner.

`put Dateiname`
: Überträgt eine Datei vom lokalen auf den entfernten Rechner.

`mget Pattern`
: Überträgt Dateien, die auf *Pattern* passen, vom entfernten auf den lokalen Rechner; Semantik wie bei Shell-Wildcards (`foo*` passt auf alle Dateien, die mit *foo* beginnen).

`mput Pattern`
: Überträgt Dateien, die auf *Pattern* passen, vom lokalen auf den entfernten Rechner.

`prompt`
: Schaltet die Nachfrage für jede einzelne Datei bei `mput` bzw. `mget` ein und aus.

`hash`
: Schaltet die Visualisierung der jeweils übertragenen Datenmengen durch Ausgabe von # ein und aus.

`quit`
: Beendet die Sitzung.

`asc`
: Stellt die Übertragung auf *ASCII*-Modus um.

`bin`
: Stellt die Übertragung auf *BIN*-Modus um.

Zu den letzten zwei Kommandos muss noch etwas gesagt werden – was hat es mit dem binärem bzw. dem ASCII-Übertragungsmodus auf sich?

Text- und Binärmodus

Eine wichtige Anforderung an das `ftp`-Protokoll ist die Möglichkeit der Übertragung von Dateien über Plattformgrenzen hinaus. Mit »Plattformen« sind hier vor allem Rechnerarchitekturen gemeint, die es heute immer noch gibt: PCs, Großrechner, Mikrowellenherde etc. Ja, die Mikrowellenherde sind kein Witz, sie stehen stellvertretend für die unzähligen von Mikroprozessoren gesteuerten technischen Gegenstände. Diese haben genau wie normale PCs Betriebssysteme, Dateisysteme, viele sind sogar netzwerkfähig. Nicht alle Rechnerarchitekturen stellen auf dieselbe Art Text (genauer: Buchstaben) intern dar.

Da letztendlich auf einem Rechner jeder Buchstabe nur eine vorher festgelegte Sequenz aus Einsen und Nullen ist, kann das dazu führen, dass Textdateien zwischen verschiedenen Architekturen nicht ohne Weiteres austauschbar sind. Das `ftp`-Kommando `asc` schaltet den ASCII-Modus ein, den man als so etwas wie »Textmodus« verstehen kann. Das bedeutet im Einsatz, dass bei Übertragungen von Dateien bestimmte Umwandlungen stattfinden, die dazu dienen sollen, dass die Textdateien auf beiden Seiten lesbar sind. Umgekehrt sollten Dateien, die in einem binären Format vorliegen (z.B. *.zip*-Dateien oder Office-Dokumente) auf keinen Fall manipuliert werden, hier muss also immer `bin` benutzt werden.

Verschiedene `ftp`-Server haben unterschiedliche Standardeinstellungen, man muss also beim interaktiven Gebrauch von `ftp` darauf achten, dass auch die richtige benutzt wird. Zur Erinnerung: In dem Beispiel oben wurde beim Starten der Datenverbindung angezeigt, welcher Modus aktiv war:

```
150 Opening BINARY mode data connection for l.lst (166 bytes).
```

Der anonyme ftp-Dienst

Ein wichtiger Einsatzbereich von `ftp` sind öffentliche Archive, die Dateien (z.B. Softwarepakete) zum Herunterladen bereithalten. Hierbei gibt es insofern eine Besonderheit, als dass Benutzer solcher Archive selten ein eigenes Benutzerkonto auf dem Server haben. Um dennoch Zugriff auf die öffentlichen Dateien zu erhalten, unterstützen `ftp`-Server optional den *anonymen* Zugriff.

Beim anonymen Zugriff meldet sich der Benutzer mit der Kennung *anonymous* an und gibt seine E-Mail-Adresse als Passwort ein. Der Server stellt dann einen Zugriff auf den begrenzten Bereich im Dateisystem zur Verfügung, der für das öffentliche Archiv auf dem Server eingerichtet wurde. Wer oft im Internet surft, hat sicherlich schon das eine oder andere Mal *anonymous ftp* benutzt, ohne es bemerkt zu haben. Betreiber von Webservern richten oft eigens für Archive, auf die sie verweisen wollen, *anonymous ftp*-Server ein, da so höhere Übertragungsraten als bei der Benutzung von HTTP erreicht werden. Webbrowser haben eingebaute Unterstützung für ftp, so dass beim Navigieren auf eine ftp-URL im Hintergrund automatisch eine Anmeldung per *anonymous ftp* erfolgt; dann wird ein ls auf dem entfernten Server ausgeführt und das Ergebnis im Browser dargestellt.

Verschlüsselte Dateiübertragung: scp

Das scp-Kommando (*secure copy*) gehört zur ssh-Familie und bietet eine verschlüsselte Alternative zum unverschlüsselten ftp. Die Syntax ist ähnlich der des cp-Kommandos, wobei den Ressourcen auf dem entfernten Rechner ein *benutzer@hostname:* vorangestellt wird. Hier ein Beispiel:

```
$ scp list.lst md@paola:/tmp/
md@paola's password:
list.lst                    100%  166  0.2KB/s  00:00
$ _
```

Wie cp unterstützt scp übrigens auch eine -r-Option zum Kopieren ganzer Verzeichnisbäume. Ansonsten erfolgt die Konfiguration gemeinsam mit ssh, so dass hier ebenfalls eine sichere Anmeldung ohne Passworteingabe möglich ist.

Pseudo-ftp über scp: sftp

Auf vielen Systemen gibt es auch ein sftp-Kommando, das die Bedienung von ftp mit der Datenverschlüsselung von scp verbindet. Hier ein Beispiel:

```
$ sftp herbert@paola
Connecting to paola...
herbert@paola's password:
sftp> _
```

Der Rest verhält sich analog zu ftp.

KAPITEL 8

Shell-Skripte – Grundlagen

In diesem Kapitel:

- Das erste Skript
- Kommandozeilenargumente
- Eine bestimmte Shell als Interpreter erzwingen
- Ein Skript beenden und die Bedeutung des Rückgabewerts
- Kommandofolgen
- Arithmetik
- Mehrfachverzweigungen
- Schleifen
- Kommandozeilenschalter mit eigenen Argumenten
- Übungen

Shell-Skripte bieten die Möglichkeit, Aufrufsequenzen von Shell-Kommandos in einfachen Textdateien abzuspeichern, die dann aufgerufen werden können. Hierdurch kann man sich mit geringem Aufwand sozusagen eigene Shell-Kommandos erzeugen und sich häufig wiederholende Arbeitsabläufe automatisieren. Traditionell sind Shell-Skripte ein, wenn nicht das bevorzugte Werkzeug von Unix-Systemadministratoren. »Höhere« Skriptsprachen wie Perl sind hier ebenfalls weit verbreitet und haben für bestimmte Aufgaben eine Reihe von Vorteilen, aber sie werden nach Meinung des Autors die Shell-Skripte nie ganz verdrängen. Diese These wird am Ende von Kapitel 9 noch einmal aufgegriffen und diskutiert. Shell-Skripte sind aber auch für andere Anwendungen jenseits der Systempflege (oder gar Softwareentwicklung) interessant.

Das Konzept der Shell-Skripte beruht im Wesentlichen darauf, dass die benutzte Funktionalität von allen auf dem System vorhandenen Kommandozeilenwerkzeugen kommt. Die Shell stellt nur eine recht sparsame Syntax zur Verfügung, die als »Leim« zwischen den aufgerufenen Unix-Kommandos dient und diese zu einem Ganzen zusammenfügt. Dieses Konzept ähnelt – obwohl weit leistungsfähiger – ein wenig den Batch-Skripten aus der DOS-/Windows-Welt oder auch mit ähnlichem Umfang den Skripten in der Windows PowerShell. Es grenzt sich andererseits von »höheren« Skriptsprachen wie Perl, TCL oder gar Python ab, in denen die Unix-Kommandos zwar aufgerufen werden können, jedoch in der Regel versucht wird, durch den größeren Umfang an Sprache und Standardbibliothek die gewünschte Funktionalität zu implementieren.

Alle syntaktischen Konstrukte, die hier zum Einsatz kommen, lassen sich außer in Skripten auch interaktiv einsetzen. Das hat beim

Erstellen von Skripten den großen Vorteil, dass man alles Stück für Stück direkt in der Shell ausprobieren kann, bevor man es in eine Skriptdatei übernimmt. Auch ist es ein sehr verbreitetes Vorgehen, komplizierte Aufgaben in der Shell durch eine direkt interaktiv eingegebene Sequenz aus Verzweigungen, Schleifen usw. zu lösen.

Zu guter Letzt sei noch erwähnt, dass sich die verschiedenen Shells in der Syntax des »Leims« unterscheiden. Für viele von uns wird es völlig ausreichen, immer nur die Syntax unserer jeweiligen Lieblings-Shell zu betrachten, allerdings ist es für Systemadministratoren und Softwareentwickler meist unbedingt notwendig, die Besonderheiten der Shells (und der benutzten Unix-Werkzeuge) genau zu kennen. Für die interessierten Angehörigen der ersten und Vertreter der zweiten Gruppe sei daher auf den Abschnitt verwiesen, in dem auf die wichtigsten Unterschiede zwischen den Shells eingegangen wird.

Das erste Skript

Unser erstes Shell-Skript ist, wie sollte es anders sein, das berühmte »Hallo Welt«:

```
#!/bin/sh
echo "Hallo Welt"
```

Während die Benutzung des echo-Kommandos ja schon hinlänglich bekannt ist, bedarf die erste Zeile des obigen Beispiels doch einer Erklärung. Das erste Zeichen, #, leitet in Shell-Skripten normalerweise *Kommentare* ein, also Text, der nicht interpretiert wird. Wenn dieses Zeichen allerdings in der ersten Zeile des Skripts steht und von einem Ausrufezeichen begleitet wird, leitet es den Hinweis darauf ein, durch welche Shell dieses Skript zu interpretieren ist. Was sich alles dahinter verbirgt, wird detaillierter im Abschnitt »Eine bestimmte Shell als Interpreter erzwingen« beschrieben. Bis dahin gewöhnen wir uns erst mal daran, jedes Shell-Skript mit der Zeichenkette `#!/bin/sh` zu beginnen, die die Interpretation über die Standard-Bourne-Shell */bin/sh* erzwingt.

Ein solches Skript erzeugt man in einem Texteditor. Dabei ist wichtig, dass reiner Text ohne Formatierungsinformationen (wie Schriftarten usw.) erzeugt wird. Es gibt eine große Anzahl an Texteditoren unter Unix, deren Wahl vor allem eine Frage des Geschmacks ist. In Kapitel 10 finden Sie eine Kurzeinführung zum Unix-Systemeditor *vi*, der für diese Aufgabe geeignet ist.

Wenn das Skript einmal geschrieben und gespeichert worden ist, muss es, um ausgeführt werden zu können, zunächst ausführbar gemacht werden (ich gehe davon aus, dass das Skript unter dem Namen *hello.sh* abgespeichert wurde):

```
$ chmod +x hello.sh
$ ./hello.sh
Hallo Welt
```

Hier wurde beim Aufruf des Skripts sein (relativer) Pfad vor den Namen gesetzt, um sicherzustellen, dass auch wirklich das gerade erzeugte Skript aufgerufen wird. Da das aktuelle Verzeichnis unter Unix nicht zwingend vor anderen nach ausführbaren Dateien durchsucht wird (siehe den Abschnitt »Die PATH-Variable« in Kapitel 5), ist dieses Vorgehen generell eine gute Angewohnheit, um Fehler zu vermeiden.

Der Vollständigkeit halber sei noch erwähnt, dass es auch möglich ist, Shell-Skripte nicht direkt aufzurufen, sondern als Argument an die jeweilige Shell zu übergeben:

```
$ sh hello.sh
Hallo Welt
```

Der Hauptunterschied ist hier, dass in jedem Fall die Shell, die hier explizit aufgerufen wurde (also `sh`), das Skript interpretiert. Das heißt, dass das `#!/bin/sh` am Anfang des Skripts komplett ignoriert wird.

Es gibt eine Reihe von Benutzern, die dieses Vorgehen bevorzugen, weil dadurch die Wahrscheinlichkeit steigt, dass man in das Skript hineinschaut, bevor man es aufruft. Das kann sinnvoll sein in Umgebungen, in denen man es nicht nur mit selbst geschriebenen Skripten zu tun hat, letztlich bleibt es aber Geschmackssache.

Kommandozeilenargumente

Kommandozeilenargumente sind die Parameter, die wir beim Aufruf eines Programms übergeben. Beispielsweise hat das Kommando `ls` beim Aufruf von `ls -l /etc` zwei Argumente: `-l` und `/etc`.

Um aus einem Shell-Skript auf Argumente zugreifen zu können, belegt die Shell eine Reihe von speziellen Variablen mit Werten:

`$#`
: Die Anzahl der Argumente.

`$1 ... $n`
: Das erste bis zum `n`-ten Argument.

`$*`
: Alle Argumente als eine Zeichenkette.

`$@`
: Alle Argumente als separate Zeichenketten.

`$0`
: Das »nullte« Argument, damit ist der Name des aufgerufenen Skripts gemeint.

Benutzer der C-Shell verwenden etwas andere Namen:

`$#argv`
: Die Anzahl der Argumente.

`$argv[1]`
: Das erste Argument.

`$argv[n]`
: Das n-te Argument.

`$argv[*]`
: Alle Argumente.

`$0`
: Das »nullte« Argument, damit ist der Name des aufgerufenen Skripts gemeint.

Als Beispiel erweitern wir unser *hello.sh* aus dem vorherigen Abschnitt:

```
#!/bin/sh
echo "Hallo $1"
```

Die C-Shell-Version sieht dann so aus:

```
#!/bin/csh
echo "Hallo $argv[1]"
```

Hier wird nun nicht die Welt, sondern der erste Name begrüßt, der dem Skript als Parameter übergeben wurde. Schauen wir, was passiert, wenn wir es auf verschiedene Weisen aufrufen:

```
$ ./hello.sh
Hallo
$ ./hello.sh Unix
Hallo Unix
$ ./hello.sh alle zusammen
Hallo alle
```

Aus diesem Beispiel können zwei Rückschlüsse gezogen werden:

1. Referenzieren wir ein Argument, das nicht von der Kommandozeile übergeben wurde (wie im ersten Beispiel), wird es bei der Ausführung des Skripts einfach behandelt, als sei dort

überhaupt nichts. Es ist also nicht unbedingt ein Fehler, solange das Skript sich nicht weiter darauf verlässt, dass da etwas ist.

2. Wenn wir nicht wissen, wie viele Argumente dem Skript übergeben wurden, kommen wir mit `$1`, `$2`, ... nicht weiter. Hier hilft dann `$@`.

Als finale Optimierung folgt nun noch eine Version, die mit beliebig vielen Argumenten umgehen kann:

```
#!/bin/sh
echo "Hallo $@"
```

Die C-Shell-Version sieht so aus:

```
#!/bin/csh
echo "Hallo $argv[*]"
```

Dieses Skript verhält sich dann beinahe so wie die vorherige Version:

```
$ ./hello.sh
Hallo
$ ./hello.sh Unix
Hallo Unix
$ ./hello.sh alle zusammen
Hallo alle zusammen
```

Eine bestimmte Shell als Interpreter erzwingen

Die erste Zeile eines Shell-Skripts hat eine besondere Bedeutung, sofern sie mit dem Zeichen # beginnt. In den bisherigen Beispielen wurde bislang immer folgende erste Zeile verwendet:

```
#!/bin/sh
```

Durch diese Einstellung wird als Interpreter für das Skript das Programm `/bin/sh` erzwungen, was in diesem Fall nichts anderes ist als die Bourne-Shell. Es gibt natürlich auch andere Shells, die man an dieser Stelle eintragen könnte. Linux-Benutzer werden möglicherweise Skripte für die *bash* schreiben, die mehr Funktionalität zur Verfügung stellt als die Bourne-Shell:

```
#!/bin/bash
```

Die C-Shell hat eine deutlich andere Syntax in Skripten als ihre beiden oben genannten Kollegen, so dass ihre Benutzer mit großer Wahrscheinlichkeit Folgendes in ihre Skripte schreiben müssen:

```
#!/bin/csh
```

Generell kann gesagt werden, dass die Auswahl einer Shell für ein Skript sicher zu einem großen Teil eine Frage des eigenen Geschmacks ist. Wer beispielsweise sehr vertraut mit der C-Shell ist, wird wohl auch am liebsten in deren Syntax Skripte verfassen. Bei der Bourne-Shell- Familie sieht das etwas anders aus, da ja die Syntax sehr ähnlich ist. Hier muss beachtet werden, dass die Nachfolger der Bourne-Shell jeweils mächtiger in ihrer Funktionalität sind.

Derartige Erweiterungen können zusätzliche Operatoren sein oder auch Funktionen, z.B. zum Manipulieren von Text in Variablen. Greift man auf solche Funktionen zu, sollte man natürlich nicht eine Shell erzwingen, die das eigentlich nicht kann. So etwas merkt man oft nicht sofort, da auf vielen Systemen keine echte Bourne-Shell installiert ist, sondern */bin/sh* ein symbolischer Link auf */bin/bash* oder */bin/ksh* ist! Wer also Skripte schreibt, die auch auf fremden Systemen laufen werden, sollte penibel darauf achten, dass die eingetragene Shell auch zu den im Skript verwendeten Funktionen passt.

Ein Skript beenden und die Bedeutung des Rückgabewerts

Rückgabewerte von Prozessen wurden schon im gleichnamigen Abschnitt in Kapitel 4 vorgestellt. Jeder endende Prozess hinterlässt eine ganze Zahl als Status, der dann bei Bedarf ausgewertet werden kann. Diese Rückgabewerte haben bei Shell-Skripten eine besondere Bedeutung, weil man in vielen Fällen abhängig vom Ergebnis der einen Operation entscheiden möchte, wie die nächste aussieht. Auch hier gilt die Konvention: Ein Rückgabewert von 0 bedeutet »alles in Ordnung«, alles andere deutet auf einen Fehler irgendeiner Art hin.

Um einen Rückgabewert beim Beenden eines Skripts zu setzen, wird der Befehl `exit` verwendet, mit dem ein Skript wie auch eine Shell-Sitzung jederzeit verlassen werden kann. Wenn `exit` nicht explizit aufgerufen wurde, endet das Skript (und damit der aufrufende Shell-Prozess) automatisch nach dem Bearbeiten der letzten Zeile, und der Status ist automatisch der des letzten im Skript aufgerufenen Befehls. Um nun einen Status explizit zu setzen, muss `exit` mit einer ganzen Zahl als Argument aufgerufen werden:

```
#!/bin/sh
echo "Tschuess"
exit 2
```

Direkt nach Aufruf des Skripts steht der hinterlassene Rückgabewert in der Variablen $?. Da diese Variable nach jedem neuen Kommando überschrieben wird, sollte man, wenn man sie auswerten will, ihren Wert zuvor in eine andere Variable kopieren:

```
$ sh tschuess.sh
$ RC=$?
$ echo $RC
2
```

Kommandofolgen

Skripte für einfache Einzeiler kommen in der Praxis eher selten vor. Man wird vielleicht hin und wieder ein Skript für eine lange und komplizierte Kommandozeile schreiben, die man sich sonst nicht merken kann, aber in der Regel wird es eher darum gehen, eine Abfolge von Operationen zusammenzufassen. Das beginnt mit einer einfachen Stapelverarbeitung und setzt sich fort mit beliebig komplexen Entscheidungsketten.

Als erstes Beispiel zur Stapelverarbeitung soll ein Programm geschrieben werden, das eine verkleinerte Version eines Bildes (*Thumbnail*) erzeugt, wie man sie oft für Webfotoalben benutzt. Um die Ladezeit eines Webfotoalbums zu verkleinern, stellt man meist kleinere und schneller ladende Versionen der eigentlichen Bilder ein, die dann auf die Originale verlinkt sind. Wir gehen davon aus, dass die Bilder von einer Digitalkamera stammen und alle auf die einheitliche Größe 256 x 192 Pixel verkleinert werden sollen. Das erzeugte Bild soll so heißen wie das ursprüngliche, jedoch mit vorangestellter Zeichenkette *thumb_*.

Diese Aufgabe teilen wir in mehrere Schritte ein: Erst wird ein Name für die neue Datei erzeugt, der dann auf der Konsole ausgegeben wird, und schließlich wird das neue Bild erstellt. Für diese Aufgabe benutzen wir aus der *ImageMagick*-Suite für die Bildbearbeitung, die für viele Betriebssysteme gratis zur Verfügung steht, das Programm *convert*, das unter Linux und den BSD-Varianten direkt über den Paket-Manager installierbar ist.

Will man vernünftig vorgehen, sollte man ein Skript nicht »einfach so« herunterschreiben, sondern die Kommandos, die man verwenden wird, zunächst einmal interaktiv ausprobieren. Beginnen wir mit `convert`:

```
$ convert -resize 256x192 bild1.jpg thumb_bild1.jpg
```

Das `convert`-Kommando erwartet einen Eingabe- und einen Ausgabedateinamen plus mindestens eine Operation. Mit der Option `-resize` wird die Zielgröße festgelegt mit einem Argument, das Zeilen und Spalten des neuen Bildes enthält.

Zusätzlich zum eigentlichen Umwandeln des Bildes kommt noch eine Ausgabe auf den Bildschirm hinzu, die dem Benutzer sagt, was gerade konvertiert wird. Das Ergebnis sieht nun so aus:

```
#!/bin/sh

GEOMETRY="256x192"
NAME="thumb_$1"

echo "$1 -> $NAME"

convert -resize $GEOMETRY $1 $NAME
```

Da der Name der Zieldatei an zwei Stellen benutzt wird, ist es sinnvoll, ihn zunächst einmal in einer Variablen zu speichern. So kann man, wenn man später etwas ändern möchte, sicher sein, dass man keine Stelle verpasst. Zusätzlich wird die Zielgröße in einer Variablen gespeichert. Das ist zwar nicht unbedingt nötig, erhöht aber die Übersichtlichkeit, vor allem wenn man später einmal die Zielgröße ändern möchte. Angenommen, unser Skript heißt *mk_thumbnail.sh*, dann würde man es so aufrufen:

```
$ ./mk_thumbnail.sh ../images/party.jpg
../images/party.jpg -> ../images/thumb_party.jpg
$ ls ../images/thumb_party.jpg
../images/thumb_party.jpg
```

Was ist nun, wenn wir den Namen der Zieldatei ändern wollen? Vielleicht soll das »thumb« nicht vor, sondern hinter den Basisnamen der Datei? Auch das ist möglich, nur müssen wir hierzu ein wenig Wissen aus den vorherigen Kapiteln hervorkramen. Zum Manipulieren von Zeichenketten bietet sich `sed` an. Die Schwierigkeit ist nur, wie man aus *party.jpg* eine *party_thumb.jpg* macht. Hier hilft das Referenzieren von Gruppen, wie beschrieben im Abschnitt »Weitere wichtige Filter« in Kapitel 6. Dabei wird man aber nicht mal eben schnell auf eine Lösung kommen, stattdessen ist es hier besser, schrittweise vorgehen:

1. Erst muss genau eingegrenzt werden, was eigentlich erreicht werden soll.
2. Die Zeichenfolge *_thumb* soll vor das *.jpg* gesetzt werden. Alternativ: Die Zeichenfolge *_thumb* soll nach *party* folgen.

3. Potenzielle Schwierigkeiten müssen identifiziert werden.
4. Nicht jedes Bild heißt *party.jpg*, d.h., der Name vor und der nach dem Punkt können anders heißen. Es ist auch nicht ausgeschlossen, dass der Bildname mehr als einen Punkt enthält. Wir legen in diesem Fall einfach fest, dass wir das *_thumb* vor dem letzten Punkt einfügen wollen.
5. Jetzt werden Strategien festgelegt.
6. Um mit einem regulären Ausdruck eine Gruppenersetzung vornehmen zu können, müssen wir entweder die erste (also alles vor dem Punkt) oder die zweite Hälfte (also alles ab dem Punkt) beschreiben. Es muss noch festgestellt werden, welches Vorgehen einfacher ist.

Da wir den letzten Punkt zu fassen kriegen wollen, bietet es sich an, die zweite Hälfte zu beschreiben. Etwas formaler betrachtet, suchen wir nach einer Zeichenkette, die mit einem Punkt beginnt, wonach eine nicht leere Zeichenkette folgt, die aber keine Punkte enthalten darf (sonst wäre es ja nicht der letzte Punkt), auf die direkt das Zeilenende folgt. Als regulärer Ausdruck sieht das so aus: `\.[^\.]\+$`. Wir können ihn gleich einmal ausprobieren, auch wenn wir wissen, dass wir noch nicht fertig sind:

```
$ echo party.jpg | sed "s/\.[^\.]\+$/_thumb./"
party_thumb.
```

Was noch fehlt, ist das Einsetzen der Endung, was wir durch Gruppenklammern erreichen:

```
$ echo party.jpg | sed "s/\.\([^\.]\+\)$/_thumb.\1/"
party_thumb.jpg
```

Das Ergebnis funktioniert, sieht aber nicht gerade elegant aus (»Write-Only Code«). Um das Ganze etwas zu entschärfen, erzeugen wir für das Skript eine Variable, in der der Ausdruck steht:

```
EXT="\\([^\\.]\\+\\)"
```

Leider ist es in dieser Schreibweise notwendig, die Backslashs doppelt zu schreiben, da dieses Zeichen von der Shell sonst interpretiert würde. Der Backslash ist nämlich, wie in Kapitel 3 beschrieben, ein Quote-Zeichen, das dazu dient, die Semantik des jeweils folgenden Zeichens zu verändern. Um nun einfach nur das Zeichen Backslash zu erhalten, wenden wir es doppelt an – der Backslash setzt auch hier die besondere Bedeutung des Backslashs zurück!

Da diese Schreibweise extrem unleserlich ist, bietet es sich an, eine andere Quoting-Strategie zu einzuschlagen. Wie Sie sich vielleicht noch erinnern, unterdrücken einfache Anführungszeichen in stärkerem Maß die Auswertung von Operatoren durch die Shell als doppelte. Der Nachteil ist, dass auch die Auswertung von Variablenreferenzen unterdrückt wird, daher sind die einfachen Anführungszeichen nur dann eine Option, wenn die Zeichenkette keine Variablen enthält. Das ist auch hier nicht der Fall, daher ersetzen wir einfach die doppelten Anführungszeichen durch einfache und brauchen die Backslashs nicht mehr doppelt zu schreiben:

```
EXT='\([^\.]\+\)'
```

Im Endergebnis sieht das nun so aus:

```
#!/bin/sh

GEOMETRY="256x192"
EXT='\([^\.]\+\)'
NAME=`echo $1 | sed "s/\.${EXT}$/_thumb.\1/"`
echo "$1 -> $NAME"

convert -resize $GEOMETRY $1 $NAME
```

Gegenüber der ursprünglichen Form des Skripts hat sich nun geändert, dass die Variable `NAME` mithilfe einer Kommandoersetzung gefüllt wird, in der der vorher entwickelte reguläre Ausdruck mit `sed` zum Einsatz kommt. Rufen wir nun das erweiterte Skript auf, erhalten wir folgendes Ergebnis:

```
$ ./mk_thumbnail.sh ../images/party.jpg
../images/party.jpg -> ../images/party_thumb.jpg
$ ls ../images/party_thumb.jpg
../images/party_thumb.jpg
```

Benutzer der C-Shell können die hier vorgestellten Varianten des Skripts ganz einfach durch `csh mk_thumbnail.sh` aufrufen, das Skript enthält keine Konstrukte, mit der die C-Shell so nicht umgehen kann.

Das Skript aus dem letzten Abschnitt lässt sich noch an einigen Stellen verbessern. Dazu gehört vor allem eine vernünftige Fehlerbehandlung, damit das Skript nach kritischen Fehlern nicht noch weiterläuft und in solchen Fällen möglichst auch aufschlussreiche Diagnosemeldungen anzeigt.

Bislang wurde nicht geprüft, ob die Datei, die als Kommandozeilenargument übergeben wurde, überhaupt existiert und auch ein Bild ist. Diese Prüfung erfordert das bedingte Ausführen von Kommandos immer dann, wenn eine Bedingung erfüllt ist. Das führt dazu, dass das Programm nicht mehr linear ist, sondern je nach Situation verschieden ablaufen kann; der Programmablauf *verzweigt* also.

Bourne-Shell vs. bash

Auf GNU-basierten Unix-Systemen wie z.B. Linux ist als moderne Ausprägung einer Bourne-ähnlichen Shell die *bash* sehr populär. Das geht sogar so weit, dass auf manchen Systemen das Programm */bin/sh* in Wirklichkeit ein symbolischer Link auf */bin/bash* ist. Dies hat zur Folge, dass in solchen Fällen das, was man als angebliche Bourne-Shell benutzt, sehr viel leistungsfähiger ist als das Original. Dummerweise ist das aber nicht überall so, man muss also immer damit rechnen, dass */bin/sh* tatsächlich nur den Funktionsumfang einer Bourne-Shell beherrscht.

Diese Tatsache gewinnt an Bedeutung, wenn man Skripte schreibt. Benutzt man wissentlich oder unwissentlich den erweiterten Funktionsumfang der *bash* in Skripten, die sich als Bourne-Shell-Skripte ausgeben (also `#!/bin/sh` in der ersten Zeile stehen haben), werden diese Skripte nur funktionieren, wenn am Ende tatsächlich die *bash* das Skript interpretiert. Vieles, was auf dem eigenen Rechner problemlos funktioniert, kann dann plötzlich auf einem fremden System Probleme bereiten.

Als Lösung bieten sich zwei Strategien an:

- Im Zweifelsfall schreibt man lieber gleich `#!/bin/bash` in die erste Zeile und schränkt sich nicht weiter ein.
- Man schreibt `#!/bin/sh` in die erste Zeile und beschränkt sich bewusst auf die Bourne-Shell-Syntax; nur wenn es triftige Gründe gibt, wechselt man zu Variante 1.

Der Autor dieser Zeilen bevorzugt persönlich die zweite Variante, weil auf anderen Systemen als Linux auch schon mal die *bash* fehlt oder in einer älteren Version vorliegt, die dann vielleicht wieder irgendwelche netten Funktionen (noch) nicht beherrscht. Allerdings erfordert dieses Vorgehen schon ein wenig Erfahrung, so dass man vielleicht nicht zu streng mit sich selbst sein sollte.

Da wir gerade beim Thema *bash* sind, sollen zwei nützliche Features hier auch nicht unerwähnt bleiben:

- Man kann beim Ausführen eines Skripts eine Art Debug-Modus aktivieren, in dem alles, was die Shell ausführt, auf dem Bildschirm ausgegeben wird. Hierbei handelt es sich um die Option `-x`, z.B.:

  ```
  $ bash -x meinskript.sh
  ```

- Die »sichere« Betriebsart: Die Ausführung des Skripts wird sofort unterbrochen, sobald ein aufgerufener Befehl mit einem Rückgabewert ungleich null beendet wird. Diese Betriebsart ist nützlich in systemkritischen Skripten. Man kann sie erzwingen, wenn man vor der Ausführung in der Shell oder im Skript selbyt die Shell-Option `-e` setzt:

  ```
  $ set -e
  ```

- Tatsächlich verfügt die *bash* noch über eine ganze Reihe weiterer nützlicher Erweiterungen, die eine Lektüre der sehr ausführlichen Manpage oder weiterer Literatur zu dem Thema nahelegen.

Verzweigungen

Das Skript aus dem letzten Abschnitt lässt sich noch an einigen Stellen verbessern. Dazu gehört vor allem eine vernünftige Fehlerbehandlung, damit das Skript nach kritischen Fehlern nicht noch weiterläuft und in solchen Fällen möglichst auch aufschlussreiche Diagnosemeldungen anzeigt.

Bislang wurde nicht geprüft, ob die Datei, die als Kommandozeilenargument übergeben wurde, überhaupt existiert und auch ein Bild ist. Diese Prüfung erfordert das bedingte Ausführen von Kommandos immer dann, wenn eine Bedingung erfüllt ist. Das führt dazu, dass das Programm nicht mehr linear ist, sondern je nach Situation verschieden ablaufen kann; der Programmablauf *verzweigt* also.

In der Bourne-Shell

Die Bourne-Shell unterstützt die bedingte Ausführung von Kommandos sowohl in Skripten als auch im interaktiven Betrieb durch die Schlüsselwörter `if`, `else`, `elif` und `fi`.

Als erste Ergänzung zum Bildumwandlungsprogramm aus dem letzten Abschnitt soll nun überprüft werden, ob das erste Argument des Skripts auf ein existierendes Objekt im Dateisystem verweist:

```
#!/bin/sh
if test -f "$1"
then
  echo "$1 existiert."
else
  echo "$1 existiert nicht."
  exit 1
fi
# ...
```

Um zu überprüfen, ob die Datei existiert, wurde hier das `test`-Kommando benutzt. Dieses Kommando akzeptiert eine ganze Reihe von Argumenten, über die man Bedingungen formulieren kann (eine kurze Auflistung der wichtigsten Optionen folgt weiter unten). Viele Shells stellen aus Gründen der Optimierung `test` als internes Kommando zur Verfügung, so dass das Programm */usr/bin/test* meist überhaupt nicht benutzt wird. Wenn eine Bedingung als wahr erkannt wurde, liefert `test` eine `0` zurück (siehe Kapitel 4 zum Thema Rückgabewerte), ansonsten eine ganze Zahl ungleich 0.

Man beachte, dass anstelle von `test` auch jedes beliebige andere Kommando `if` folgen kann. Wenn dieses Kommando einen Rückgabewert von 0 hat, wird die Anweisung nach then ausgeführt, ansonsten die nach else. Hier ein Beispiel:

```
$ echo hallo
hallo
$ echo $?
0
if echo hallo; then
> echo then
> else
> echo else
> fi
hallo
then
```

Wie man sieht, hinterlässt echo den Rückgabewert 0, daher wird in diesem Beispiel auch die Anweisung nach then ausgeführt. Diese Art, if zu benutzen, ist durchaus verbreitet, z.B. kann man so auf einfache Art daruaf reagieren, ob ein aufgerufenes Kommando erfolgreich abgearbeitet wurde oder nicht.

Wahrheitswerte unter Unix

Wer schon einmal in anderen Programmiersprachen unterwegs war, wird hier vielleicht stutzig werden! Tatsächlich bildet die Shell Wahrheitswerte so ab, dass 0 *wahr* bedeutet und alles andere *falsch* (in Sprachen wie C oder Perl ist das genau umgekehrt). Der Grund hierfür liegt in der gewonnenen Flexibilität. Wenn eine Operation erfolgreich war, interessiert einen meist nicht besonders, warum das so ist. Andererseits möchte man, wenn etwas schiefgelaufen ist, meist gern wissen, an welcher Stelle der Fehler passiert ist. So hat man, dieser Unix-Philosophie folgend, genau einen Status für »OK« und unbegrenzt viele für verschiedene Ausprägungen von »Fehler«.

Mit der Option -f gefolgt von einem Namen überprüft test, ob unter dem Namen ein Objekt im Dateisystem existiert, das eine reguläre Datei ist. Die Logik hinter der Ausführung von if ist also die:

- Rufe das Kommando nach dem if auf und werte dessen Rückgabewert aus.
- Ist der Rückgabewert 0, führe die Kommandos nach dem then und vor else, elif oder fi aus.
- Gibt es ein else, führe alle Kommandos zwischen else und fi aus.

Man kann also als Bedingung für if ein beliebiges Kommando angeben, es muss nicht immer test sein! Da if-Ausdrücke mit dem test-Kommando so unelegant aussehen, existiert noch zum Zweck kosmetischer Optimierung eine zweite Variante von test. Dieses Kommando heißt [(das ist kein Witz!). Das [-Kommando hat dieselbe Semantik wie test mit einem Unterschied: Als letztes Argument wird ein] erwartet.

Probieren wir das Ganze einmal interaktiv aus:

```
$ test -f /etc/profile
$ echo $?
0
$ [ -f /etc/profile
-bash: [: missing ‘]’
$ [ -f /etc/profile]
-bash: [: missing ‘]’
$ [-f /etc/profile ]
-bash: [-f: command not found
$ [ -f /etc/profile ]
$ echo $?
0
```

Zunächst benutzen wir test auf die bekannte Art: Wir prüfen, ob das aktuelle Verzeichnis existiert, hier erwarten wir natürlich eine 0 als Ergebnis. Als Zweites rufen wir [ohne] am Ende auf und erhalten konsequenterweise eine Fehlermeldung. Das] muss durch mindestens ein Leerzeichen vom Rest abgetrennt sein, da es sonst nicht erkannt wird – daher kommt die Fehlermeldung im dritten Beispiel. Andersherum muss das [von einem Leerzeichen gefolgt sein; schließlich ist [ein anderer Befehlsname als [-f, daher rührt die Fehlermeldung im vierten Beispiel. Zum Schluss benutzen wir], wie es sein soll, auch hier ist das Ergebnis 0.

Unsere Erweiterung des Skripts aus dem letzten Abschnitt lässt sich nun etwas lesbarer schreiben:

```
#!/bin/sh
if [ -f "$1" ]
then
  # ...
```

Die Überprüfungen, die in diesem Abschnitt zu dem Skript hinzugekommen sind, könnten noch etwas eleganter werden. Üblicherweise wollen wir dem Benutzer nur sagen, wenn etwas nicht geklappt hat, und ansonsten einfach mit der Arbeit beginnen:

```
#!/bin/sh

if [ ! -f "$1" ]
then
  echo "Autsch, die Datei $1 existiert nicht." 1>&2
  exit 1
fi
```

```
GEOMETRY="256x192"
EXT="\\([^\\.]\\+\\)"
NAME=`echo $1 | sed "s/\.${EXT}$/_thumb.\1/"`
echo "$1 -> $NAME"

convert -resize $GEOMETRY $1 $NAME
```

Hier kommt zum ersten Mal die *Negierung* von Bedingungen beim test-Kommando zum Einsatz. Zu diesem Zweck schreiben wir vor den zu prüfenden Ausdruck einfach ein Ausrufezeichen; ein Ausdruck `test ! -f foo` wird demnach als wahr erkannt, wenn `foo` nicht existiert oder keine reguläre Datei ist. Wichtig sind hier übrigens die Leerzeichen, die zwischen den einzelnen Zeichen stehen müssen.

Man beachte auch, dass die Fehlermeldungen hier auf die Fehlerausgabe umgeleitet werden (siehe Seite 77). Das ist eine Konvention, die von den meisten Shell-Kommandos eingehalten wird – und die wir möglichst auch in Shell-Skripten einhalten sollten, so dass wir z.B. Fehlermeldungen in eigene Dateien umleiten können usw.

Hier ist eine kurze Übersicht der wichtigsten Überprüfungen, die `test` unterstützt:

`-z Zeichenkette`
: Wahr, wenn *Zeichenkette* leer ist.

`-n Zeichenkette`
: Wahr, wenn *Zeichenkette* nicht leer ist.

`-e Pfad`
: Wahr, wenn *Pfad* im Dateisystem existiert.

`-r Pfad`
: Wahr, wenn *Pfad* im Dateisystem existiert und lesbar ist.

`-h Pfad`
: Wahr, wenn *Pfad* im Dateisystem existiert und ein symbolischer Link ist.

`-d Pfad`
: Wahr, wenn *Pfad* im Dateisystem existiert und ein Verzeichnis ist.

`-f Pfad`
: Wahr, wenn *Pfad* im Dateisystem existiert und eine reguläre Datei ist.

`! Ausdruck`
: Wahr, wenn *Ausdruck* nicht wahr ist.

Hinweis Dies ist nur ein Ausschnitt. Für weitere Operatoren wird bei Bedarf die Lektüre der man-Dokumentation zu `test` empfohlen.

Unser kleines Beispiel kann noch in einer Beziehung verbessert werden. Wenn das Eingabebild nicht quadratisch ist, möchte man natürlich, dass das Ergebnis dasselbe Seitenverhältnis hat. Hierfür müssen wir zunächst einmal herausfinden, wie groß eigentlich das zu bearbeitende Bild ist:

```
$ identify party.jpg
party.jpg JPEG 320x240 320x240+0+0 8-bit DirectClass 31.5kb
```

Der `identify`-Befehl ist wie `convert` Teil des *ImageMagick*-Programmpakets. Aus dieser Ausgabe interessiert uns vor allem das `320x240`. Hier ist eine verbesserte Version des Skripts:

```
#!/bin/sh

if [ ! -f "$1" ]; then
  echo "Autsch, die Datei $1 existiert nicht." 1>&2
  exit 1
fi

ZRX="[0-9]\\+"
NRX="\\(${ZRX}\\)"

SIZE="‘identify "$1" | \
  sed "s/.* ${NRX}x${NRX}+${ZRX}+${ZRX} .*/\1 \2/"‘"
ROWS=‘echo $SIZE | cut -d ' ' -f 1‘
COLS=‘echo $SIZE | cut -d ' ' -f 2‘

if [ $ROWS -lt $COLS ]; then
  GEOMETRY="192x256"
fi

GEOMETRY="256x192"
EXT="\\([^\\.]\\+\\)"
NAME="‘echo "$1" | sed "s/\.${EXT}$/_thumb.\1/"‘"
echo "$1 -> $NAME"

convert -resize $GEOMETRY "$1" "$NAME"
```

Man beachte, dass jetzt die `if`-Anweisung etwas anders geschrieben wurde. Wer es unschön findet, das Schlüsselwort `then` in eine eigene Zeile schreiben zu müssen, kann es auch in die Zeile mit dem `if` vorziehen, muss es dann allerdings mit einem Semikolon abtrennen.

In den Aufrufen von sed und danach cut wird zunächst die Zeichenkette `320x240` extrahiert und dann auf die zwei Variablen `ROWS` und

COLS verteilt. Dabei sind wie auch im ersten Beispiel Variablen für reguläre Ausdrücke benutzt worden, z.B. ZRX für Zahlen und NRX für Zahlen mit Klammern, um die Zahlen für sed in Gruppen zu setzen. Auch hier wurde beim Entwickeln des Skripts die Pipe von identify nach sed zunächst auf der Kommandozeile ausprobiert, um den richtigen regulären Ausdruck und das notwendige Quoting zu ermitteln.

Der Vergleich, der dann folgt, benutzt eine weitere Option zum test-Kommando: -lt, die zum Vergleichen von Zahlen benutzt wird. Der Ausdruck ist wahr, wenn die Variablen rechts und links von -lt Zahlen sind und die erste kleiner ist als die zweite (lt – *less than*). Hier wird geschaut, ob das Bild mehr Spalten als Zeilen hat. Abhängig davon wird dann das Zielformat (Quer- oder Hochformat) bestimmt. Dieses Beispiel ist sinnvoll anwendbar beispielsweise auf Fotos aus einer Digitalkamera, die üblicherweise alle dieselbe Größe haben, aber natürlich im Hoch- oder Querformat vorliegen können.

Analog zu dem lt-Test oben gibt es noch eine ganze Reihe weiterer Vergleiche auf zwei Argumente:

Zahl1 -lt *Zahl2*	wahr, wenn *Zahl1* kleiner ist als *Zahl2*
Zahl1 -le *Zahl2*	wahr, wenn *Zahl1* kleiner als *Zahl2* oder gleich ist
Zahl1 -gt *Zahl2*	wahr, wenn *Zahl1* größer ist als *Zahl2*
Zahl1 -ge *Zahl2*	wahr, wenn *Zahl1* größer als *Zahl2* oder gleich ist
Zahl1 -eq *Zahl2*	wahr, wenn *Zahl1* gleich *Zahl2* ist
Zahl1 -ne *Zahl2*	wahr, wenn *Zahl1* ungleich *Zahl2* ist
Z-K-1 = *Z-K-2*	wahr, wenn die Zeichenkette *Z-K-1* gleich *Z-K-2* ist
Z-K-1 != *Z-K-2*	wahr, wenn die Zeichenkette *Z-K-1* ungleich *Z-K-2* ist

Die Zahlenvergleiche funktionieren natürlich nur, wenn die Argumente auch wirklich Zahlen sind, darauf muss der Programmierer selbst achten.

In der C-Shell

Benutzer der C-Shell werden zwar eine leicht andere Syntax verwenden, müssen aber nicht vollkommen umlernen. Hier ist das Eingangsbeispiel leicht abgewandelt für die C-Shell:

```
#!/bin/csh
if ( -f "$1" ) then
  echo "$1 existiert und ist eine Datei."
```

```
else if ( -d "$1" ) then
  echo "$1 existiert und ist ein Verzeichnis"
else
  echo "$1 existiert nicht."
endif
```

Ein offensichtlicher Unterschied ist hier die Benutzung der runden Klammern und das `endif`. Die runden Klammern sind anders als bei der Bourne-Shell zwingend nötig, das heißt, die C-Shell erwartet im Normalfall einen Ausdruck, den sie selbst auswerten kann, und nicht wie bei der Bourne-Shell ein Kommando, von dem einfach nur der Rückgabewert ausgewertet wird.

Die Ausdrücke werden in der C-Shell selbst interpretiert und ähneln den entsprechenden Ausdrücken in der C-Programmiersprache. Hier sind (soweit vorhanden) die Entsprechungen der oben für das `test`-Kommando aufgelisteten Operatoren:

-e *Pfad*	wahr, *Pfad* im Dateisystem existiert
-r *Pfad*	wahr, *Pfad* im Dateisystem existiert und ist lesbar
-d *Pfad*	wahr, *Pfad* im Dateisystem existiert und ist ein Verzeichnis
-f *Pfad*	wahr, *Pfad* im Dateisystem existiert und ist eine reguläre Datei
Zahl1 < *Zahl2*	wahr, wenn *Zahl1* kleiner ist als *Zahl2*
Zahl1 <= *Zahl2*	wahr, wenn *Zahl1* kleiner als *Zahl* oder gleich ist
Zahl1 > *Zahl2*	wahr, wenn *Zahl1* größer ist als *Zahl2*
Zahl1 >= *Zahl2*	wahr, wenn *Zahl1* größer als *Zahl2* oder gleich ist
Zahl1 == *Zahl2*	wahr, wenn *Zahl1* gleich *Zahl2* ist (funktioniert in derselben Form auch für Zeichenketten)
Zahl1 != *Zahl2*	wahr, wenn *Zahl1* ungleich *Zahl2* ist (funktioniert in derselben Form auch für Zeichenketten)

Hinweis Dies ist nur ein Ausschnitt. Für weitere Operatoren wird bei Bedarf die Lektüre der man-Dokumentation zu `csh` empfohlen.

Zusätzlich erlaubt auch die C-Shell die Benutzung beliebiger Kommandos, deren Rückgabewerte als Ausdrücke ausgewertet werden. In diesen Fällen werden innerhalb der runden Klammern geschweifte Klammern gesetzt:

```
if ({ cd verzeichnis }) then
  echo "neues Verzeichnis: `pwd`"
endif
```

Das Beispiel aus dem letzten Abschnitt, *mk_thumbnail.sh* muss zur Benutzung mit der C-Shell kaum geändert werden, es ändern sich nur die erste Zeile (`#!/bin/csh`) und die Verzweigung, über die die Geometrie abgefragt wird:

```
if ( $ROWS < $COLS ) then
  GEOMETRY="192x256"
endif
```

Arithmetik

In der Bourne-Shell

In der Bourne-Shell ist einfache Arithmetik möglich durch das `expr`-Kommando. Hierbei ist allerdings der Wertebereich eingeschränkt auf ganze Zahlen. Benötigt man Fließkommazahlen, muss man auf andere Programme ausweichen (ein geeignetes Programm für Arithmetik mit Fließkommazahlen in der Shell ist `bc`, den wir hier allerdings nicht näher behandeln werden). Tatsächlich sollte man Arithmetik in Shell-Skripten eher sparsam einsetzen; für rechenintensive Probleme sind andere Skriptsprachen (z.B. Perl, TCL oder Python) besser geeignet.

Mit `expr` lassen sich ähnlich wie mit `test` Ausdrücke auswerten, allerdings gibt `expr` das Ergebnis auf der Konsole aus, statt nur durch einen Rückgabewert zu signalisieren, ob ein Ausdruck wahr oder falsch war. Außerdem kann `expr` einfache Arithmetik:

```
#!/bin/sh
SUM=‘expr 1 + 2‘
echo "SUM: $SUM"
HALF=‘expr $SUM / 2‘
echo "HALF: $HALF"
```

Das `expr`-Kommando beherrscht eine Reihe von Operatoren, die nicht nur auf Arithmetik beschränkt sind, die man am besten der *man*-Dokumentation entnimmt.

Hinweis Möchte man mit expr multiplizieren, wird man vielleicht feststellen, dass die Benutzung von * als Operator Probleme bereitet (warum nur?). Abhilfe schafft hier natürlich `Quoting`: `expr 2 \* 3`.

In der C-Shell

Die C-Shell hat eine ganze Reihe von arithmetischen Operationen bereits eingebaut. Das macht sie in diesem Kontext etwas eleganter und einfacher zu benutzen. Um in der C-Shell einer Variablen das

Ergebnis einer arithmetischen Operation zuzuweisen, wird statt set der Operator @ der zu belegenden Variablen vorangestellt:

```
#!/bin/csh
@ SUM = 1 + 2
echo "SUM: $SUM"
@ HALF = $SUM / 2
echo "HALF: $HALF"
```

Auch hier gibt es noch eine ganze Menge zu entdecken, was man am besten direkt der *man*-Dokumentation entnehmen sollte.

Erweiterte bash-Arithmetik

Benutzer der *bash* können sich über einige Erweiterungen freuen, die arithmetische Ausdrücke lesbarer machen, die aber natürlich von anderen Shells nicht unterstützt werden. Man sollte sich gut überlegen, ob der Bequemlichkeitsgewinn, den man dadurch erhält, den Preis der Inkompatibilität wert ist.

Als Beispiel sei hier die Doppelklammer genannt, die anstatt `expr` benutzt werden kann:

```
$ ((SUM=1+2))
$ echo $SUM
$ 3
```

Die Arithmetik-Erweiterungen der *bash* haben in der Manpage ein eigenes Kapitel: »ARITHMETIC EVALUATION«.

Mehrfachverzweigungen

Um viele mögliche Zweige in einem Skript unterzubringen, kann man natürlich lange Folgen von `if` und `elif` schreiben. Das ist allerdings nicht besonders elegant und übersichtlich. Stellen wir uns vor, wir wollten ein Programm mit ähnlich vielen Optionen wie `grep` schreiben – das Auswerten der Kommandozeilenargumente allein würde unglaublich viele `test`-Aufrufe zur Folge haben. Speziell für den reinen Zeichenkettenvergleich gibt es in der Shell die *Mehrfachverzweigung*. Sie erlaubt das schnelle und übersichtliche Verteilen von Aktionen auf verschiedene Zustände einer Variablen.

In der Bourne-Shell

In der Bourne-Shell heißt das Kommando für Mehrfachverzweigungen case. Es wird abgeschlossen mit dem Schlüsselwort esac (ganz analog zu `if` und `fi`). Hier ist ein Beispiel:

```
#!/bin/sh
case $1 in
  -a)
    echo "Option a"
    ;;
  -b|-c)
    echo "Option b oder c"
    ;;
  *)
    echo "Irgendetwas anderes: $1"
    ;;
esac
```

Das Kommandozeilenargument `$1` wird mit den vier Möglichkeiten in ihrer notierten Reihenfolge verglichen (der senkrechte Strich zwischen `-b` und `-c` bedeutet, dass an dieser Stelle sowohl die eine als auch die andere der beiden Optionen erkannt würde), wobei das Zeichen * eine besondere Bedeutung hat – es steht einfach für eine beliebige Zeichenkette. Die Liste der Aktionen für die einzelnen Möglichkeiten (es können beliebig viele Kommandos angegeben werden) wird jeweils mit einem doppelten Semikolon abgeschlossen.

Diese Konstruktion werden wir im nächsten Abschnitt wieder aufgreifen, in dem wir dann sämtliche Kommandozeilenargumente statt bislang nur das erste betrachten werden.

In der C-Shell

In der C-Shell ist die Syntax wieder etwas anders:

```
#!/bin/csh
switch ( $1 )
  case -a:
  case -b:
    echo "Option a oder b"
    breaksw
  case -c*:
    echo "Irgendwas mit Option c"
    breaksw
  default:
    echo "Irgendetwas anderes: $1"
endsw
```

Der Befehl heißt `switch` statt `case`; die Möglichkeiten werden mit `case` eingeleitet und mit `breaksw` abgeschlossen. Der Fall, der auf alles passt, heißt hier `default`, und das ganze Konstrukt endet mit `endsw`. Interessant ist, dass man auch mehrere `case` direkt untereinanderschreiben kann, auf die dann dieselbe Operation ausgeführt wird.

Schleifen

Eine ganze Reihe von Aufgaben erfordert das wiederholte Abarbeiten von Operationen. Beispielsweise erlauben Programme wie z.B. `grep`, fast schon beliebig viele Kommandozeilenargumente zu übergeben, die ja alle jeweils für sich ausgewertet werden wollen. Natürlich handelt es sich bei `grep` nicht um ein Shell-Skript, aber das Problem können wir bei Skripten auch sehr schnell bekommen.

Höhere Programmiersprachen kennen daher oft das Konzept von Schleifen, also Konstrukten, die das wiederholte Abarbeiten von Operationen regeln.

Die for-Schleife

Die `for`-Schleife geht davon aus, dass man vor dem ersten Durchlauf der Schleife bereits weiß, wie viele Durchläufe es geben wird. Ein typisches Beispiel dafür ist eine Liste von Daten, die man alle jeweils für sich bearbeiten will.

In der Bourne-Shell

In der Bourne-Shell heißt die `for`-Schleife ganz einfach `for`. Als Beispiel greifen wir hier die Analyse von Kommandozeilenargumenten auf, die einen klassischen Anwendungsfall für `for`-Schleifen darstellen, da ja die Argumente beim Start des Programms von der Shell gesetzt sind und somit beim Ausführen der Schleife schon feststeht, wie viele Durchläufe es geben wird:

```
#!/bin/sh
for i in "$@"
do
  echo "$i"
done
```

In der Schleife kann auf das jeweils aktuelle Element über eine Variable zugegriffen werden, deren Name oben zwischen `for` und `in` festgelegt wird. Die Listenelemente der Eingabe sind durch Leerzeichen voneinander abgegrenzt, dabei ist es egal, ob es sich um einfache Leerzeichen, Tabulatorzeichen oder sogar Zeilenumbrüche handelt.

Man mag sich wundern, warum die spezielle Variable `$@` in Anführungszeichen gesetzt ist. Dies ist ein bewährtes Vorgehen, das Sie sich am besten gleich von Anfang an angewöhnen sollten, weil man sich damit Probleme mit Argumenten erspart, die Leerzeichen enthalten.

Um den Effekt zu sehen, rufen wir den obigen Programmtext als Skript *arguments.sh* auf mit folgenden Argumenten:

```
$ ./arguments.sh heute morgen "hallo welt"
heute
morgen
hallo welt
```

Die Anführungszeichen werden von der Shell ausgewertet, und die Anführungszeichen um `$@` sorgen dafür, dass auch in der Schleife noch die Information dazu vorhanden ist, was wie zusammengehört.

Ändern wir nun unser Skript, indem wir die Anführungszeichen um `$@` entfernen, bekommen wir Folgendes:

```
$ ./arguments.sh heute morgen "hallo welt"
heute
morgen
hallo
welt
```

In den meisten Fällen erhoffen wir uns das Verhalten aus dem ersten Beispiel, daher gilt die Faustregel: immer Anführungszeichen setzen, es sei denn, es gibt einen besonderen Grund dafür, es nicht zu tun.

Ein anderer interessanter Aspekt ist die Benutzung von Anführungszeichen bei der Ausgabe mit `echo`. Die Wirkung ist technisch gesehen ja bereits bekannt: Durch die Anführungszeichen wird alles darin zu einem Argument gebündelt. Den Effekt in diesem Beispiel sehen wir, wenn wir in den Argumenten zu `echo` mehr als ein Leerzeichen haben:

```
$ echo "hallo    welt"
hallo    welt
$ echo hallo    welt
hallo welt
```

Im zweiten Aufruf werden die Argumente `hallo` und `welt` als getrennte Argumente behandelt. Dabei ist es unerheblich, durch wie viele Leerzeichen sie voneinander getrennt sind.

Wir können also unsere Faustregel von oben erweitern: Was als ein Argument »gebündelt« in den Schleifenrumpf hineinkommt, sollte meist weiterhin durch Anführungszeichen gebündelt behandelt werden.

In der C-Shell

Eine `for`-Schleife gibt es auch in der C-Shell, in der sie `foreach` heißt. Hier gibt es allerdings nur das Verhalten des zweiten Beispiels oben, das heißt, man bekommt die übergebenen Wörter in den Argumenten nur einzeln zu fassen. Dies ist der Programmtext:

```
#!/bin/csh
foreach i ($argv[*])
  echo "$i"
end
```

Und das Ergebnis ist:

```
$ ./arguments.csh heute morgen "hallo welt"
heute
morgen
hallo
welt
```

Die while-Schleife

Es gibt auch Fälle, in denen die Bedingung, wie oft etwas wiederholt werden soll, von äußeren Faktoren abhängt. Beispielsweise weiß man vor dem Einlesen einer Textdatei üblicherweise nicht vorher, wie viele Zeilen sie enthält. Diese Schleife heißt sowohl in der Bourne-Shell als auch der C-Shell `while`.

In der Bourne-Shell

Ein gutes Beispiel, an dem sich der Einsatz der `while`-Schleife demonstrieren lässt, ist das Problem bei der Benutzung von `xargs` zum Löschen langer Listen von Dateien auf Seite 96. Das Löschen war dort immer dann gescheitert, wenn Dateinamen Leerzeichen enthielten.

Für eine Lösung dieses Problems benötigen wir zwei Werkzeuge: eine `while`-Schleife und das `read`-Kommando zum Lesen von Variablen aus der Standardeingabe. Das Ganze funktioniert so: `read a` liest eine Zeile von der Standardeingabe und weist deren Inhalt der Variablen mit dem Namen a zu. Auf den Wert kann dann mit `$a` zugegriffen werden. Mit diesem Mittel können wir nun eine »leerzeichensichere« Variante unseres Löschkommandos bauen:

```
$ >"0 a b"
$ >"0 c d"
$ find . -name "0*" | while read a
> do
> rm -v "$a"
> done
```

Wir sehen hier, dass die `while`-Schleife interaktiv verwendet wird (wie ja weiter oben versprochen, funktionieren alle Konstrukte sowohl in Skripten als auch interaktiv). Wenn man also ein derartig strukturiertes Kommando direkt an der Eingabeaufforderung ausführt, bekommt man, bis das Kommando vollständig eingegeben ist, das >-Zeichen angezeigt, hinter dem man die jeweils nächsten Schritte eingeben kann.

In dem Beispiel oben werden alle Dateien gesucht, die mit einer 0 beginnen. Diese werden dann eine nach der anderen gelöscht. Da die Dateinamen Zeile für Zeile hereinkommen und dann in Anführungszeichen dem Löschkommando übergeben werden, können die Dateinamen trotz Leerzeichen korrekt erkannt werden.

Die Schleife bricht ab, sobald nichts mehr von der Standardeingabe hereinkommt, dann nämlich liefert `read` einen Rückgabewert ungleich null. Somit gilt also für `while` genauso wie für `if`, dass als Bedingung ein Kommando erwartet wird, das entweder null (es geht weiter) oder etwas anderes (Abbruch der Schleife) zurückliefert. Genauso wie bei `if` wird daher in der `while`-Schleife häufig das `test`-Kommando bzw. sein Alias [gefolgt von] benutzt.

Auch dafür soll es hier ein Beispiel geben. Man kann nämlich nicht nur mit `for`, sondern auch mit `while` alle Kommandozeilenargumente abarbeiten:

```
#!/bin/sh
while [ $# -gt 0 ]
do
  echo "Argument: $1"
  shift
done
```

In diesem Skript werden einfach alle Argumente ausgegeben. Die Schleife hat als Bedingung die Überprüfung, ob die Anzahl der Kommandozeilenargumente (noch) größer als null ist. Im Rumpf wird dann immer das erste Argument ausgegeben und danach `shift` aufgerufen. `shift` ist ein internes Shell-Kommando, das die gesamte Kommandozeilenargumentliste um eine Position nach links rückt. Das heißt, dass danach das zweite Argument das erste ist, das dritte das zweite usw., wobei natürlich das erste Argument links herunterfällt. So bekommen wir über diesen kleinen Trick sämtliche Argumente zu sehen, verändern dabei aber auch die Argumentliste, denn nach der Schleife ist sie leer.

Dieses Vorgehen ist weniger deutlich und unkompliziert als die Benutzung der `for`-Schleife, hat aber in manchen Fällen einfach Vorteile, z.B. bei der Auswertung komplexer Kommandozeilenkonstruktionen (siehe den Abschnitt »Kommandozeilenschalter mit eigenen Argumenten« in diesem Kapitel).

In der C-Shell

Auch Benutzer der C-Shell müssen nicht auf die `while`-Schleife verzichten. Die Abbruchbedingung wird analog zu `if` mit den weiter oben vorgestellten Ausdrücken ausgewertet:

```
#!/bin/csh
while ( { cd .. } )
  echo "ein Verzeichnis weiter oben: `pwd`"
end
```

Die C-Shell besitzt auch einen Mechanismus, um eine Eingabe von der Konsole einer Variablen zuzuweisen:

```
$ set a = $<
```

Hier wird die Variable a dem zugewiesen, was von der Standardeingabe hereinkommt. Leider lässt sich damit keine ähnlich elegante Lösung wie das Beispiel mit `while read a` weiter oben bauen – tatsächlich gilt der eingeschränkte Funktionsumfang in Sachen Ein- und Ausgabe als eine der großen Schwächen der C-Shell.

Die until-Schleife

In manchen Fällen möchte man eine Schleifenbedingung nicht vor, sondern nach dem Durchlauf jedes Schleifenrumpfs überprüfen. Die direkte Folge davon ist, dass die Schleife auf jeden Fall mindestens einmal durchlaufen wird, während die weiter oben vorgestellte `while`-Schleife unter Umständen überhaupt nie ausgeführt wird.

In Bourne-Shell-Syntax kann man derartige Schleifen mit `until` formulieren, die C-Shell kennt das nicht:

```
#!/bin/sh
N=0
until [ $N -gt 10 ]
do
  N=`expr $N + 1`
done
echo "N: $N"
```

Dieses einfache Skript zählt eine Variable `N` in jedem Schleifendurchlauf hoch und bricht ab, sobald `N` größer als 10 ist.

Kommandozeilenschalter mit eigenen Argumenten

Die Analyse von Kommandozeilenargumenten ist eine immer wieder notwendige Arbeit. Es gibt in der Unix-Welt sogar einige Werkzeuge, die genau dabei helfen sollen, z.B. getopt, allerdings soll hier noch einmal das Zusammenspiel von while und case demonstriert werden, das für den täglichen Einsatz mit überschaubar vielen Optionen meist völlig ausreicht.

Ausgangssituation ist, dass ein Shell-Skript eine Reihe von Schaltern von der Kommandozeile verarbeiten soll, wobei einige Schalter noch eigene Argumente benötigen. Die Schalter können in beliebiger Reihenfolge angegeben werden mit der einzigen Einschränkung, dass zu Schaltern gehörende Argumente den Schaltern direkt folgen müssen. Schalter erkennt man daran, dass sie mit einem Minuszeichen beginnen.

Stellen wir uns ein Programm vor, das irgendein Ergebnis produziert, entweder auf die Standardausgabe oder optional in eine Datei schreibt und – falls gewünscht – während der Arbeit Statusinformationen ausgibt. Es hat auch eine minimale Hilfefunktion, über die der Benutzer Informationen zu den erlaubten Optionen erhält.

Die Optionen können, wie es in der GNU-Welt üblich ist, sowohl in Kurz- als auch in Langform angegeben werden.

Hinweis Die Langform von Optionen kann sinnvoll sein, um z.B. in Skripten die Lesbarkeit zu erhöhen.

Folgende Optionen sollen erlaubt sein:

`-h, --help`
: Anzeige der Hilfe und Ende.

`-v, --verbose`
: Anzeige von Statusinformationen während der Arbeit.

`-o, --outfile Dateiname`
: Ausgabe in *Dateiname* statt der Standardausgabe.

Hier werden die Optionen abgefragt:

```
#!/bin/sh

VERBOSE="0"
OUTFILE=""

while [ $# -gt 0 ]
do
  case $1 in
    -h|--help)
      echo "Benutzung: $0 [<Optionen>]"
      echo "Optionen sind:"
      echo "-h|--help            : diese Hilfe"
```

```
      echo "-v|--verbose        : Statusinformationen"
      echo "-o|--outfile <file> : Ausgabe in <file>"
      exit 0
      ;;
    -v|--verbose)
      VERBOSE="1"
      ;;
    -o|--outfile)
      shift
      if [ -z "$1" ]
      then
        echo "Fehler: kein Ausgabedateiname" 1>&2
        exit 1
      fi
      OUTFILE="$1"
      ;;
    *)
      echo "Unbekannte Option: \"$1\"" 1>&2
      exit 1
      ;;
  esac
  shift
done
```

Der interessante Punkt bei dieser Sequenz ist die Art, wie das `shift`-Kommando eingesetzt wird. Zunächst wird es am Ende jedes Schleifendurchlaufs aufgerufen, um das nächste Argument an die erste Stelle zu schieben. Wenn aber die Option erkannt wurde, die ein Argument benötigt, wird einmal zusätzlich `shift` aufgerufen, um an das nächste Argument von der Kommandozeile zu kommen.

Es ist abhängig von der Logik des jeweiligen Programms, ob es erlaubt sein soll, dass eine Option mehr als einmal benutzt werden darf. In diesem Beispiel wird das nicht weiter beachtet, man wird aber in der Praxis sicher etwas Fehlerbehandlung brauchen, um Fehlbedienung zu erkennen.

Im weiteren (hier nicht gezeigten) Programmtext kann nun auf die beiden Variablen `VERBOSE` und `OUTFILE` zugegriffen und abhängig von ihrem Wert verfahren werden.

Übungen

Übung 8-1 ▶ Schreiben Sie ein Skript, das aus beliebig vielen HTML-Dateien alle in HREF-Verweisen enthaltenen URLs ohne Duplikate ausgibt, z.B.:

```
$ ./extract_urls.sh foo.html bar.html
http://www.foo.org/foo.jpg
http://www.bar.com/bar.png
[...]
```

Erweitern Sie das Skript derart, dass das Skript eine Option -t mit einem Argument akzeptiert. Es reicht aus, wenn davon ausgegangen wird, dass die Option, wenn sie gesetzt wurde, das erste Argument ist. Auf diese Weise wird festgelegt, dass nur URLs ausgegeben werden, die auf Dateien mit einer bestimmten Endung verweisen, z.B.:

Übung 8-2

```
$ ./extract_urls.sh -t jpg foo.html bar.html
http://www.foo.org/foo.jpg
[...]
```

Implementieren Sie dabei eine geeignete Behandlung von ungültigen Aufrufen des Skripts.

Übung 8-3

Erweitern Sie das Skript zur Ausgabe von HTML-Tabellenzellen für Bilder aus dem Abschnitt »Das erste Skript« so, dass nicht nur die Tabellenzellen, sondern eine komplette HTML-Tabelle ausgegeben wird. Dabei sollen drei Bilder pro Zeile ausgegeben werden; wenn die Gesamtzahl der Bilder nicht ein Vielfaches von drei ist, sollen nach Bedarf leere Zellen erzeugt werden. Hier ein Beispiel für die Ausgabe:

```
<table>
  <tr>
    <td valign="top" width="260">
      <p>
        <div align="center">"
          <a href="a.jpg"><IMG
             SRC="./thumbs/a.jpg"
             alt="Click to enlarge"></A>
        </div>
      </p>
    </td>
    <td valign="top" width="260">
      <p>
        <div align="center">"
          <a href="b.jpg"><IMG
             SRC="./thumbs/b.jpg"
             alt="Click to enlarge"></A>
        </div>
      </p>
    </td>
    <td valign="top" width="260">
      <p>
        <div align="center">" </div>
      </p>
    </td>
  </tr>
</table>
```

KAPITEL 9

Shell-Skripte für Fortgeschrittene

In diesem Kapitel:

- Inline-Dokumente
- Hinter sich aufräumen
- Dynamisch Programmtext erzeugen
- Kommandozeilenschalter mit getopts
- Funktionen
- Shell-Skripte in cron-Jobs, im System-V Init, für Log-Rotation
- Beispiel: Verzeichnishierarchie klonen
- Übungen
- Shell-Skript oder lieber etwas anders?

Mit den bisher kennengelernten Sprachmitteln und Werkzeugen hat man ein solides Rüstzeug, um sich kleine Helferlein für verschiedene Aufgaben zu schreiben. In diesem zweiten Abschnitt zum Thema geht es jetzt um einige weitere Hilfsmittel, die oft für speziellere Einsatzgebiete (wie die Systemadministration) nützlich oder gar wichtig sind. Derartige spezielle Einsatzgebiete erfordern zum einen natürlich, dass man die Materie selbst kennt, zum anderen haben sich aber auch Vorgehensweisen und Konventionen etabliert. Hierzu erhalten Sie zusätzlich einige umfangreichere Beispiele, die gleich nebenher auch dazu dienen werden, das Verständnis der bislang vorgestellten Konzepte zu vertiefen.

Inline-Dokumente

Häufig benutzt man Shell-Skripte, um Text irgendwelcher Art zu filtern und auszugeben. Dabei kommt es durchaus oft vor, dass statischer Text, also Text, der von vornherein feststeht, mit irgendwelchen Daten vermischt wird, die bei der Abarbeitung des Skripts ermittelt werden. Natürlich kann man den statischen Text in einer Datei ablegen, die man dann vom Skript aus öffnen müsste, aber dadurch ist so ein Skript natürlich weniger autark, man muss immer dafür sorgen, dass sich die Textdatei auch an der Stelle befindet, an der sie vom Skript erwartet wird. Abhilfe schaffen hier *Inline-Dokumente*. Dieser Mechanismus erlaubt es, Daten im Skript abzulegen und dann zu benutzen, als kämen sie aus einer Datei.

Um zu verstehen, warum das nützlich sein kann, denken wir einmal an unser Beispiel aus dem Abschnitt »Mehrfachverzweigungen« in Kapitel 8 zurück, in dem Bilder verkleinert wurden, um sie in einer

HTML-Seite als *Thumbnail* anzuzeigen. Was bei diesem Beispiel noch fehlt, ist die HTML-Seite. Daher wollen wir jetzt für Bilder, die wir in einem Verzeichnis finden, automatisch HTML-Text erzeugen, in dem diese Bilder dargestellt werden. Jedes Bild wird nur in der verkleinerten Version angezeigt, die große kann betrachtet werden, wenn man auf das verkleinerte Bild klickt.

Hierzu überlegen wir uns zunächst eine Schablone aus HTML-Text mit Platzhaltern für alle Stellen, an denen wir die Bildnamen einsetzen wollen:

```
<td valign="top" width="260">
  <p>
    <div align="center">"
      <a href="@IMAGE@"><IMG
         SRC="@THUMBNAIL@"
         alt="Click to enlarge"></A>
    </div>
  </p>
</td>
```

Hinweis Erfahrene Webdesigner werden jetzt vielleicht den Kopf darüber schütteln, dass hier Tabellen eingesetzt werden; daher sei kurz darauf verwiesen, dass dieser Mechanismus natürlich auch in CSS-basierten Lösungen funktioniert, dieses Beispiel aber mit minimalen Mitteln ein sichtbares und ansprechendes Ergebnis produzieren soll.

Für die Bilderplatzhalter habe ich hier eine Konvention gewählt, die häufig verwendet wird, aber letztlich Geschmackssache ist. Das, was später ersetzt werden soll, wird als Zeichenkette in Großbuchstaben, eingefasst in Klammeraffenzeichen, notiert. Diese Platzhalter werden später mithilfe von `sed` ersetzt.

Nun muss diese Schablone nur noch in einem Skript platziert werden, in dem sie für jedes gefundene Bild mit den entsprechenden Namen gefüllt wird. Sowohl in der Bourne-Shell als auch der C-Shell (man ersetze ganz einfach `!/bin/sh` durch `!bin/csh`) würde die HTML-Sequenz oben so als Inline-Dokument in ein Skript eingebettet:

```
#!/bin/sh
cat <<EOF
<td valign="top" width="260">
  <p>
    <div align="center">"
      <a href="@IMAGE@"><IMG
         SRC="@THUMBNAIL@"
         alt="Click to enlarge"></A>
```

```
    </div>
  </p>
</td>
EOF
```

Das Ende des auszugebenden Textblocks ist hier die Zeichenkette EOF, die natürlich nicht im Text selbst vorkommen darf. Im Prinzip kann jede beliebige Zeichenkette als Endmarker benutzt werden. Wenn das Skript aufgerufen wird, gibt es den Textblock ganz einfach auf die Standardausgabe aus.

Um nun vollständige HTML-Tabellenzellen ausgeben zu können, müssen wir nur noch an die Bilder und ihre verkleinerten Versionen herankommen. Hierzu benutzen wir die Methoden, die wir in den vorherigen Abschnitten kennengelernt haben. Die Bilddateien werden von der Kommandozeile übergeben. Die verkleinerten Versionen haben die gleichen Namen, nur dass vor der Endung noch die Zeichenkette *_thumb* eingefügt wurde. Außerdem befinden sie sich in einem Unterverzeichnis *thumbs*, wodurch verhindert wird, dass wir umständlich »normale« und verkleinerte Bilder auseinanderhalten müssen.

Unser Skript bearbeitet nun alle Dateinamen, die von der Kommandozeile übergeben wurden, berechnet den Namen der verkleinerten Version und erzeugt diese HTML-Ausgabe:

```
#!/bin/sh
for file in "$@"
do
  TN="`basename "$file" | sed "s/\.\([^\.]\)$/_thumb.\1/"`"
  TD="`dirname "$file"`/thumbs/"
  THUMB="${TD}${TN}"
  sed -e "s|@IMAGE@|$file|" -e "s|@THUMBNAIL@|$THUMB|" <<EOF
<td valign="top" width="260">
  <p>
    <div align="center">"
      <a href="@IMAGE@"><IMG
         SRC="@THUMBNAIL@"
         alt="Click to enlarge"></A>
    </div>
  </p>
</td>
EOF
done
```

Man beachte, dass als Trennsymbol in den Ersetzungskommandos für sed hier der senkrechte Strich benutzt wird. Da wir in den Ausdrücken, die zu bearbeiten sind, Schrägstriche haben, wäre es keine gute Idee gewesen, hier ebenfalls Schrägstriche als Trennsymbole zu verwenden. Die Ausgabe sieht wie folgt aus:

```
$ ./image_html.sh a.jpg
<td valign="top" width="260">
  <p>
    <div align="center">"
      <a href="a.jpg"><IMG
         SRC="./thumbs/a.jpg"
         alt="Click to enlarge"></A>
    </div>
  </p>
</td>
```

Die C-Shell-Version dieses Skripts unterscheidet sich nur in der Syntax der Schleife und in der Art, wie die Variablen zugewiesen werden.

Hinter sich aufräumen

Häufig ist es nützlich, Daten in temporären Dateien abzulegen. Dies bringt jedoch ein neues unangenehmes Problem mit sich. Um das Volllaufen von Dateisystemen zu vermeiden (man stelle sich nur vor, ein Shell-Skript läuft ständig auf einem Server, der monatelang nicht abgeschaltet wird), sollte man diese Dateien möglichst, schon der besseren Übersicht halber, nach Bedarf wieder wegräumen.

Dieses Problem lässt sich lösen, indem man beim Beenden des Skripts grundsätzlich an einer bestimmten Stelle vorbeikommt, an der angelegte Ressourcen wieder freigegeben werden. So etwas kann man durchaus per Hand schreiben, aber die Shell bietet einen nützlichen Mechanismus, der einem diese Arbeit etwas erleichtern kann.

In der Bourne-Shell und ihren Nachfolgern (Korn-Shell, *bash*) gibt es hierfür das interne Kommando `trap`, mit dem man Routinen setzen kann, die automatisch bei bestimmten Ereignissen ausgeführt werden kann. Benutzer der C-Shell müssen darauf leider verzichten, es gibt hier keinen entsprechenden Ersatz.

Das folgende Programmsegment erzeugt eine temporäre Datei und sorgt dafür, dass sie beim Beenden des Skripts wieder gelöscht wird:

```
#!/bin/sh
TMPFILE="`tempfile`"

trap "echo raeume auf; rm -f $TMPFILE" EXIT

# Anlegen und benutzen der temporaeren Datei
#
# [...]
```

Hier sehen wir, wie trap verwendet wird. Das erste Argument ist der Befehl oder die Sequenz von Befehlen (dann in Anführungszeichen und durch Semikolon getrennt), die bei dem Ereignis ausgeführt werden, alle folgenden sind die Ereignisse selbst, hier EXIT, das das reguläre Beenden des Programms symbolisiert.

Es gibt noch weitere Ereignisse, für die man trap benutzen kann, genau genommen handelt es sich bei den weiteren Ereignissen neben EXIT um die Signale, die auf Seite 103 einführend behandelt wurden. Weitere Ereignisse können sinnvoll sein, um z.B. auf das Unterbrechen eines Skripts durch Strg-C reagieren zu können:

```
#!/bin/sh
TMPFILE="/tmp/foo-$$.tmp"

trap "echo raeume auf; rm -f $TMPFILE" EXIT
trap "echo Ctrl-C gedrueckt; exit" INT

read a
echo "$a" >$TMPFILE
echo fertig
```

Wenn man dieses Skript aufruft und es dann mit Ctrl-C unterbricht, erhält man folgende Ausgabe:

```
$ sh j.sh
^CCtrl-C gedrueckt
raeume auf
```

Wie man sieht, wird die für das Ereignis EXIT registrierte Routine in jedem Fall aufgerufen, auch wenn nach Ctrl-C explizit ein Verlassen des Programms veranlasst wurde.

Um mit trap auf ein beliebiges Signal reagieren zu können, kann man das Signal entweder durch seinen Namen (ohne das SIG vorweg) oder durch seine Nummer angeben. Hier sind einige Beispiele, die häufig benutzt werden:

HUP	1	Das Terminal, in dem der Prozess läuft, wurde geschlossen.
INT	2	Unterbrechung, z.B. durch Ctrl-C.
QUIT	3	Unterbrechung, z.B. durch einen Programmabsturz.
KILL	9	Harte Unterbrechung, z.B. durch kill -9.
TERM	15	Weiche Unterbrechung, z.B. durch kill.

Das Ereignis EXIT ist streng genommen kein Signal, kann aber auch alternativ durch die Nummer 0 angegeben werden.

Als vernünftige Fehlerbehandlung hat sich erwiesen, das reguläre Beenden des Skripts und die Unterbrechung durch unvorhergesehene Ereignisse getrennt zu behandeln:

```
#!/bin/sh

# [...]

trap "echo regulaeres Aufraeumen" EXIT
trap "echo unvorhergesehenes Ereignis" HUP INT QUIT

# [...]
```

`trap` zu benutzen, ist nicht immer notwendig. Wenn man allerdings ansonsten Dateien liegen lassen würde oder wenn man Signale von außen bekommt, auf die man reagieren muss, ist `trap` ein überaus nützliches Hilfsmittel. Gerade auf Servern, auf denen Prozesse durch Skripte gesteuert für sehr lange Zeit laufen, wird man `trap` häufig antreffen.

Dynamisch Programmtext erzeugen

Die Shell *interpretiert* Skripte. Das hat zur Folge, dass es prinzipiell möglich ist, die Semantik des Programms zur Laufzeit zu verändern. Diese Eigenschaft ist in der Praxis ein zweischneidiges Schwert: Sie kann helfen, Probleme überhaupt oder viel einfacher zu lösen, als das sonst möglich gewesen wäre, andererseits kann sie Programmtext schlechter verständlich machen oder sogar Sicherheitslöcher öffnen (z.B. wenn ein Skript indirekt durch Dritte aufgerufen wird, etwa als CGI-Skript auf einem Webserver).

Als Daumenregel für das Folgende sollte gelten, dass man davon sparsamen Gebrauch machen und es nur in Skripten einsetzen sollte, die nicht mit besonderen Privilegien ablaufen (das wäre z.B. der Fall, wenn ein Skript von einem Serverprozess aufgerufen wird, denn dann liefe es mit den Zugriffsrechten des Serverprozesses).

Um Programmtext dynamisch zu erzeugen, steht auf der Familie der Bourne-Shells sowie der C-Shell das interne Kommando `eval` zur Verfügung. `eval` erhält eine Zeichenkette als Argument, die von der Shell dann als Programmtext interpretiert wird.

Im folgenden Beispiel wird `eval` verwendet, um eine Variable zu erzeugen. Das folgende Skript kopiert ein Verzeichnis mit `scp -r` auf einen fernen Rechner. Dabei sollen beliebige Argumente an `scp` weitergegeben werden können, aber per Konvention wollen wir als vorletztes Argument das Verzeichnis angeben, das kopiert werden soll. Leider hat `scp` eine unangenehme Eigenart beim Kopieren von Verzeichnissen: Wenn das Verzeichnis mit einem Schrägstrich endet, wird nur sein Inhalt, nicht aber das Verzeichnis selbst kopiert. Auf diese Situation wollen wir reagieren, indem wir, sollte ein Schrägstrich am Ende des vorletzten Arguments gefunden werden, eine Nachfrage einbauen, die sich vergewissert, ob das wirklich so beabsichtigt ist.

Hier stellt sich nun das Problem, dass wir das vorletzte Argument finden müssen. Das ginge auch ohne eval, dann aber nur recht umständlich, z.B. mit einer Schleife. Die folgende Lösung ist einfacher:

```
#!/bin/sh

if [ $# -lt 2 ]; then
  echo "Benutzung: $0 [Optionen] <Quelle> <Ziel>" 1>&2
  exit 1
fi

SOURCE_NUM=‘expr $# - 1‘
eval "SOURCE=\${$SOURCE_NUM}"

if [ -z $SOURCE -o ! -d $SOURCE ]; then
  echo "Quelle \"$SOURCE\" ist leer oder kein Verzeichnis." 1>&2
  exit 1
fi

case $SOURCE in
  */)
    echo "Quelle endet mit \"Schraegstrich\": $SOURCE"
    echo -n "Weiter [y/n]? "
    read a
    case $a in
      j|J|y|Y)
        ;;
      *)
        echo "Abbruch."
        exit 0;
        ;;
    esac
esac

scp -r "$@"
```

Die für diesen Abschnitt interessanten Zeilen sind die, in denen die Nummer des vorletzten Arguments festgelegt und dann eval aufgerufen wird. Schauen wir uns die beiden Zeilen isoliert an:

```
SOURCE_NUM=‘expr $# - 1‘
eval "SOURCE=\${$SOURCE_NUM}"
```

Angenommen, $SOURCE_NUM hat den Wert 1. Dann erhält die Zeichenkette hinter eval den Wert SOURCE=${1}, der dann von der Shell interpretiert wird, so dass am Ende die Variable SOURCE den Wert des vorletzten Arguments hat. Es ist also auf diese Weise gelungen, einen Variablennamen dynamisch durch Variablenwerte zu erzeugen und dann im Skript zu benutzen!

Für Benutzer der C-Shell sei hier angemerkt, dass `eval` in ihrer Shell genau so funktioniert wie in der Bourne-Shell-Familie. Speziell auf dieses Beispiel bezogen, könnte mit der C-Shell jedoch dasselbe Ergebnis sehr einfach ohne `eval` erreicht werden:

```
@ SOURCE_NUM = $#argv - 1
set SOURCE = $argv[$SOURCE_NUM]
```

Dennoch gibt es natürlich auch in der C-Shell mehr als genug Anwendungsfälle für `eval`.

Kommandozeilenschalter mit getopts

Die Auswertung von Kommandozeilenschaltern ist eine so übliche Aufgabe, dass es hierfür auch schon fertige Werkzeuge gibt. Das `getopts`-Kommando der Bourne-Shell-Familie kann das oben genannte Beispiel etwas vereinfachen, wenn auch auf Kosten der langen Optionen, mit denen dieses Kommando nicht umgehen kann. Hier ist das obige Beispiel aus Kapitel 8 noch mal (nur eben ohne lange Optionen):

```
#!/bin/sh

VERBOSE="0"
OUTFILE=""

while getopts hvo: OPTION
do
  case $OPTION in
    h)
      echo "Benutzung: $0 [<Optionen>]"
      echo "Optionen sind:"
      echo "-h        : diese Hilfe"
      echo "-v        : Statusinformationen"
      echo "-o <file> : Ausgabe in <file>"
      exit 0
      ;;
    v)
      VERBOSE="1"
      ;;
    o)
      OUTFILE="$OPTARG"
      ;;
  esac
done
```

Beim Aufruf von getopts werden zwei Argumente übergeben: die Optionen, die erkannt werden sollen, und der Name der Variablen, in der die jeweilige Option gespeichert werden soll. Die legalen Optionen befinden sich in der Zeichenkette hvo:, die wie folgt entschlüsselt wird: Die Argumente -h und -v nehmen keine weiteren Argumente, und -o nimmt ein Argument. Das Ergebnis steht jeweils in der Variablen OPTION. Falls ein Schalter ein Argument erfordert (in diesem Fall -o), steht das Ergebnis in der automatisch gefüllten Variablen OPTARG. Übergibt der Benutzer unbekannte Argumente, wird getopts sogar selbst eine Fehlermeldung ausgeben. Ob in einem solchen Fall das Programm abgebrochen wird oder nicht, kann der Entwickler selbst implementieren, indem er im case eine Sprungmarke *) anlegt und dort die notwendigen Aktionen einleitet.

Was ist nun, wenn wir auch Argumente haben wollen, denen kein Schalter vorangestellt ist? Beispielsweise wollen wir einen Filter schreiben, der einen optionalen Dateinamen für die Eingabedatei erlaubt (analog zu grep, sed, ...). Wenn man die Untersuchung der Kommandozeilenargumente per Hand vornimmt, ist das relativ einfach zu implementieren, aber wie geht das mit getopts? Hilfe schafft hier eine weitere Variable, die analog zu OPTARG von getopts implizit gesetzt wird: OPTIND.

In dem obigen Beispiel wird getopts die Auswertung abbrechen, sobald ein Argument auftaucht, das nicht mit einem Minuszeichen beginnt. Wenn wir also unser Programm mit den Argumenten -v foo -o bar aufrufen, wird die Bearbeitung abgebrochen, und OPTIND wird auf den Index der jeweiligen Variablen gesetzt, in diesem Fall also auf 2, da foo das zweite Argument ist. Das heißt, dass bei Benutzung von getopts die Schalter immer vor allen »Nichtschaltern« kommen müssen. Dies ist eine weitere Einschränkung gegenüber Programmen wie grep oder sed bzw. der selbst geschriebenen Auswertung der Kommandozeile.

Um nun unter diesen Einschränkungen einen optionalen Dateinamen zu ermöglichen, erweitern wir das Skript wie folgt:

```
#!/bin/sh

VERBOSE="0"
OUTFILE=""

while getopts hvo: OPTION; do
  case $OPTION in
    h)
```

```
        echo "Benutzung: $0 [<Optionen>] [Dateiname]"
        echo "Optionen sind:"
        echo "-h        : diese Hilfe"
        echo "-v        : Statusinformationen"
        echo "-o <file> : Ausgabe in <file>"
        exit 0
        ;;
      v)
        VERBOSE="1"
        ;;
      o)
        OUTFILE="$OPTARG"
        ;;
    esac
done
if [ $OPTIND -lt $# ]; then
  eval "INFILE=\${$OPTIND}"
fi
```

Wenn es also getopts gibt und seine Benutzung uns einige Zeilen Programmtext spart, warum sollte man dann noch Kommandozeilen per Hand untersuchen? Tatsächlich wird man in der »freien Wildbahn« reichlich Beispiele für beide Strategien finden. Die automatische Lösung mit getopts ist kürzer, aber auch weniger flexibel (fehlende lange Optionen, etwas umständlicher Umgang mit Argumenten, die keine Schalter sind). Man wird es idealerweise für Aufgaben benutzen, bei denen man das Problem »einfach gelöst« haben möchte und keine Sonderwünsche hat. Entsprechend ist das manuelle Abarbeiten dann interessanter, wenn man mehr als nur eine Option erlauben oder wenn man etwas ausgefeiltere Logik bei der Analyse implementieren möchte.

Funktionen

Wie in anderen Programmiersprachen kann man auch in der Bourne-Shell und ihren Verwandten Funktionen schreiben, um die implementierte Funktionalität besser zu organisieren. Benutzer der C-Shell müssen darauf leider verzichten. Eine Funktion ist im Wesentlichen eine kleine Shell-Skript-Sequenz, die über ihren Namen aufgerufen wird. Wie ein »richtiges« Skript hat eine Funktion ihre eigenen Argumente, sie kann wie ein ganz normales Kommando in Kommandoersetzungen, Pipes usw. verwendet werden. Im Grunde haben Shell-Funktionen eine gewisse Überschneidung mit Aliasen (siehe Seite 89), allerdings sind sie mächtiger, weil es sich hier nicht um eine reine Namensersetzung handelt, sondern komplexe Logik abgebildet werden kann.

Die Syntax einer Funktion ist sehr einfach und kann leicht anhand eines Beispiels demonstriert werden:

```
#!/bin/sh

errorExit() {
  echo "$@" 1>&2
  exit 1
}

if [ ! -f $1 ]; then
  errorExit "Fehler, \"$1\" ist keine regulaere Datei."
fi

test -d $2 || errorExit "Fehler, \"$2\" ist kein Verzeichnis."
```

Die `errorExit()`-Funktion gibt alle Argumente auf der Fehlerausgabe aus und beendet dann das Programm. Bei der Verwendung wurde zunächst die lange Form der `if`-Abfrage benutzt. Bei der zweiten Verwendung wird eine ganz ähnliche Überprüfung durchgeführt, allerdings wird hier auf `if` verzichtet; wenn das `test`-Kommando einen Fehler findet, wird das Programm direkt mit `errorExit()`beendet.

Diese zweite Kurzform ist für derartige Überprüfungen mitunter nützlich, da sie den Programmtext kürzer macht. Allerdings sollte man sich darüber im Klaren sein, dass bei exzessivem Gebrauch der Kurzform die Lesbarkeit eher abnehmen wird (auch hier besteht wieder die Gefahr des »Write-Only Code«).

In dem Beispiel oben wird aus der Funktion heraus das Programm mit exit beendet. Es gibt aber auch Fälle, in denen man nur einen Status zurückgeben will, der von dem aufrufenden Programmtext aus ausgewertet werden soll. Hier ist ein Beispiel, in dem in einer Funktion überprüft wird, ob ein Verzeichnis existiert und die richtigen Rechte hat:

```
#!/bin/sh

checkDirPermissions() {
  test -d "$1" || return 1
  test -r "$1" || return 2
  test -w "$1" || return 3
  test -x "$1" || return 4
  return 0
}

for d in "$@"; do
  if ! checkDirPermissions "$d"; then
    echo "Falsche Zugriffsrechte in \"$d\""
```

```
  fi

  checkDirPermissions "$d"
  RC=$?
  if [ $RC != 0 ]; then
    echo "Falsche Zugriffsrechte in \"$d\", RC: $RC"
  fi
done
```

Dieses Skript demonstriert zwei Möglichkeiten, den Rückgabewert der Funktion `checkDirPermissions()` auszuwerten. Wertet man die Funktion direkt in `if` aus, wird das Ergebnis als Wahrheitswert (`0` = wahr, `1` = falsch) interpretiert. Das ist kurz, hat aber den Nachteil, dass erweiterte Informationen (in diesem Fall die Fehlercodes 1 bis 4) verloren gehen.

Schließlich kann man über Shell-Funktionen auch beliebige andere Werte zurückgeben; das funktioniert genau so wie bei externen Kommandos:

```
#!/bin/sh

checkDirPermissions() {
  if [ ! -d "$1" ]; then
    echo "Kein Verzeichnis"
    return 1
  fi
  if [ ! -r "$1" ]; then
    echo "Kein Lesezugriff"
    return 2
  fi
  if [ ! -w "$1" ]; then
    echo "Kein Schreibzugriff"
    return 3
  fi
  if [ ! -x "$1" ]; then
    echo "Nicht ausfuehrbar"
    return 4
  fi
  return 0
}

for d in "$@"; do
  MSG="`checkDirPermissions "$d"`"
  RC=$?
  if [ $RC != 0 ]; then
    echo "Fehler in \"$d\", RC: $RC, Diagnose: $MSG"
  fi
done
```

Hier wird nicht nur ein Fehler als numerischer Code geliefert, sondern auch die Fehlermeldung selbst. Man kann natürlich diskutieren, ob man wirklich beides braucht, schließlich könnte man in der `if`-Abfrage auch einfach überprüfen, ob `MSG` leer ist oder nicht. Wie man aber sieht, kann man in Shell-Funktionen genauso wie in externen Kommandos die Ausgaben einfangen und weiterverarbeiten.

Eigene Shell-Funktionen in der persönlichen Arbeitsumgebung einrichten

Aliase (siehe den entsprechenden Abschnitt in Kapitel 4) können eine praktische Erweiterung des »Befehlssatzes« für die tägliche Arbeit sein. Jedoch haben Aliase die Einschränkung, dass man durch sie im Wesentlichen nur Namen ersetzen kann, so dass z.B. die Behandlung von Argumenten nicht möglich ist.

Hier können in der Bourne-Shell-Familie die Shell-Funktionen Abhilfe schaffen. Nehmen wir ein einfaches Beispiel für eine Funktion, die das tägliche Leben erweitern kann:

```
xd() {
  mkdir -p $1 && cd $1
}
```

Diese Funktion legt ein Verzeichnis an und wechselt dann hinein. Zunächst einmal stellt sich natürlich hier die Frage, warum das eine Funktion sein muss und kein Skript (man verdecke den folgenden Absatz mit der Hand und überlege kurz ...).

Das Wechseln des Verzeichnisses findet im Prozessraum einer Shell-Sitzung statt. Wenn man das `cd`-Kommando in einem Skript aufruft, hat es innerhalb des Prozesses, in dem das Skript ausgeführt wird, die gewünschte Wirkung, aber nach Beendigung des Prozesses ist man wieder im alten Verzeichnis! Will man also in der aktuellen Shell-Sitzung das Verzeichnis wechseln, muss man das tun, ohne einen neuen Prozess dafür zu erzeugen. Insofern kommt hier eine Shell-Funktion (und natürlich auch ein Alias) infrage.

Das Beispiel oben ist als Alias nicht implementierbar, da ja zwischen den beiden Kommandos **`mkdir`** und **`cd`** auf das erste Argument zugegriffen werden muss. Es gibt eine ganze Menge ähnlicher Problemstellungen, die man auf diese Art lösen kann, z.B.:

```
GetPid() {
  ps aux | grep "$@" | grep -v grep | awk '{ print $2 }'
}
```

Diese Funktion sucht nach allen Prozessen mit einem von **`grep`** ausgewerteten Suchmuster und gibt dann deren Prozess-IDs aus.

Derartige Helferlein können sich über Jahre hinweg zu einer stattlichen Bibliothek ansammeln, die man mit Freunden und Kollegen diskutiert und austauscht. Um derartige Funktionen für die tägliche Arbeit zur Verfügung zu haben, bindet man sie sich analog zu Aliasen (**`$HOME/.alias`**, siehe Kapitel 5) über die Shell-spezifische Konfiguration ein, z.B. in **`$HOME/.functions`**:

```
. $HOME/.functions
```

Tipp Linux-Benutzer mögen sich in diesem Zusammenhang vielleicht einmal das **`pgrep`**-Kommando ansehen.

Shell-Skripte in cron-Jobs

Der Systemdienst `cron` erlaubt das automatische, zeitgesteuerte Aufrufen von Kommandos. Dieser Dienst steht sowohl dem Betriebssystem als auch einzelnen Benutzern zur Verfügung. Um ihn zu konfigurieren, muss eine Datei in einem bestimmten Format angelegt werden. Als Administrator editiert man dazu die Datei */etc/crontab*; einfache Benutzer können sich ihre eigene `cron`-Konfiguration durch das Kommando `crontab` mit dem Argument `-e` in einen Texteditor laden und konfigurieren, so dass die Konfiguration nach dem Speichern und Verlassen sofort wirksam wird.

Auf das genaue Format einer *crontab*-Datei soll hier nur in Form eines Beispiels eingegangen werden. Da sich die Syntax der Dateien bei den verschiedenen Unix-Varianten unterscheiden kann, ist es unerlässlich, in die *man*-Dokumentation *crontab(5)* zu schauen.

Dies ist ein Beispiel für eine systemweite Konfiguration:

```
# Shell fuer die Ausfuehrung setzen:
SHELL=/bin/sh
# Pfad fuer Programme setzen
PATH=/sbin:/bin:/usr/sbin:/usr/bin

# m h dom mon dow user command
 17 *  *  *   *   root cd / && run-parts /etc/cron.hourly
```

Hier ist `cron` dazu konfiguriert, 17 Minuten nach jeder vollen Stunde jedes Tages, jeden Monats, jeden Wochentages als Benutzer *root* das Kommando `cd / && run-parts /etc/cron.hourly` auszuführen. Was das Kommando genau macht, ist hier nicht so wichtig, es sei nur so viel gesagt, dass, wie auf manchen anderen Unix-Systemen auch, die stündlich auszuführenden Aktionen nicht direkt in der */etc/crontab* liegen, sondern per `run-parts` aus dem Verzeichnis */etc/cron.hourly* heraus ausgesucht und aufgerufen werden. Wie man ansonsten sieht, ist der Stern eine Wildcard und steht für jeden beliebigen Wert in dem jeweiligen Feld. Man kann also ziemlich detailliert einstellen, zu welchen Zeiten an welchen Tagen usw. ein Kommando aufgerufen werden soll. Zudem wird gesteuert, über welchen Benutzer das System das Kommando aufruft.

Einfache Benutzer haben auch die Möglichkeit, für sich selbst Befehle zur automatischen, zeitgesteuerten Ausführung zu konfigurieren. Mit dem Kommando `crontab -e` wird die benutzereigene *crontab* in einen Texteditor geladen, so dass der Benutzer sie ändern kann. Das Dateiformat ist dabei fast identisch mit dem der systemweiten *crontab*-Datei. Um es sich anzeigen zu lassen, ohne es ändern zu wollen, kann man `crontab` auch mit der Option `-l` aufrufen:

```
$ crontab -l
  # m h  dom mon dow command
   10 12  *   *   *  $HOME/bin/backup_mailboxes.sh
```

Der erste offensichtliche Unterschied zum Format oben ist das Fehlen des *user*-Felds, das ja auch nicht notwendig ist, da der Benutzer bereits vorgegeben ist; der Rest ist identisch mit der systemweiten Konfigurationsdatei.

In diesem Beispiel für eine benutzerspezifische Konfigurationsdatei ist das aufgerufene Programm offenbar ein Shell-Skript, womit wir wieder beim Thema dieses Abschnitts sind. Tatsächlich gibt es nämlich beim Schreiben von Shell-Skripten, die per `cron` ausgeführt werden sollen, einige Dinge zu beachten:

- Das Skript wird immer wieder automatisch aufgerufen, man sollte also darauf achten, hinter sich aufzuräumen (siehe den entsprechenden Abschnitt weiter oben in diesem Kapitel).
- Das Skript läuft unter Umständen mit anderen Umgebungsvariablen, als wenn es von der Kommandozeile gestartet wird (z.B. kann die `PATH`-Variable anders gesetzt sein), man sollte also sowohl beim Testen als auch in der *crontab* selbst die notwendigen Variablen gegebenenfalls per Hand setzen.
- Fehlersuche kann etwas mühsam werden, da man an viele Informationen (z.B. von der Shell gemeldete Syntaxfehler im Skript) nicht herankommt, hier kann das Erzeugen von Logdateien (also Dateien, in denen das Geschehen in irgendeiner Form protokolliert wird) helfen.
- Ausgaben des aufgerufenen Programms werden üblicherweise dem Besitzer der *crontab* automatisch per Mail zugestellt; das kann bei immer wieder auftretenden Fehlern eine ziemliche Mailflut bedeuten.

Für den Rest dieses Abschnitts wollen wir uns dem Erzeugen von Logdateien und der Kontrolle der vom Skript gemachten Ausgaben widmen.

Es ist allgemein sinnvoll, sich an den kritischen Stellen eines für den Einsatz mit `cron` gedachten Skripts Ausgaben in eine Logdatei hinein einzubauen, die man dann, wenn man sie nicht mehr braucht, einfach auskommentiert.

Hinweis Natürlich könnte man sie auch einfach löschen, aber die Erfahrung zeigt, dass man sie irgendwann doch wieder brauchen wird, daher sollte man sie nicht ganz entfernen. Als alternatives Vorgehen kann man natürlich mit `trap` die erzeugte Logdatei löschen, wenn man sie nicht mehr braucht.

Hier ist ein einfaches Beispiel für das Erzeugen von Logdateien:

```
#!/bin/sh

LOGDIR="/var/tmp/log/$0"
test -d $LOGDIR || mkdir -p $LOGDIR

LOG="$LOGDIR/`date +%Y%m%d%H%M`.log"

# Wenn die Logdateien nicht mehr gebraucht werden,
# aktivieren wir diese Zeile:
# trap "rm -f $LOG" EXIT

# Logdatei anlegen, ggf. ueberschreiben
# Danach bis zum Ende wird immer mit >> angehaengt
echo "Job gestartet." >$LOG

# [...]

# Letzter Eintrag, beweist, dass wir ohne Probleme
# bis hierher gekommen sind, wird mit >> angehaengt
echo "Job beendet." >>$LOG
```

Wie schon erwähnt, werden sämtliche Ausgaben des von cron aufgerufenen Programms per Mail an den Besitzer der *crontab* geschickt. Das ist sehr nützlich, man sollte sich aber auch darauf einstellen. Zunächst ist wichtig, dass lokale Mails auch zugestellt werden; das ist bei lokal benutzten Rechnern oft nicht konfiguriert, weil die jeweiligen Benutzer ihre Mails möglicherweise über eine Weboberfläche lesen oder sich von einem entfernten Server holen. Daher gilt die Faustregel: Wer für sich selbst cron nutzt, sollte auch die Mails erhalten können.

Als zweite Faustregel gilt: Ein Skript im Einsatz mit cron sollte nur dann irgendwelche Ausgaben machen, wenn ein Fehler aufgetreten ist, alle anderen Ausgaben sollten lieber in einer Logdatei landen. Somit erhält der Besitzer der *crontab*-Datei immer dann eine Mail, wenn ein Fehler aufgetreten ist, und weiß also, dass er sich um etwas kümmern muss. Das ist in der Regel recht einfach zu erreichen, da die meisten Standardkommandos ohnehin nur in Fehlerfällen Ausgaben erzeugen, solange man ihnen nichts anderes sagt. Zusätzlich sollte man, wie man es auch in normalen Shell-Skripten täte, alle notwendigen Randbedingungen prüfen, bei gefundenen

Problemen eine Fehlermeldung ausgeben und die Bearbeitung abbrechen.

Die Benutzung von `cron`-Skripten ist ein nützlicher und durchaus typischer Einsatzbereich, der hier beispielhaft stehen soll für automatisch (im Gegensatz zu interaktiv) aufgerufene Skripte und die dabei veränderten Randbedingungen.

Shell-Skripte im System-V Init

Eine weitere Stelle, an der man auf Shell-Skripte stößt, ist die Startsequenz eines Unix-Systems. Die meisten Unix-Systeme organisieren das Starten der verschiedenen Systemdienste beim Hochfahren des Systems analog zu der Art, oder zumindest so ähnlich, die man als *System-V Init* bezeichnet. Der Begriff *System-V* steht für eine Unix-Variante, die von AT&T in den frühen 80er-Jahren entwickelt wurde. Dieses im Vergleich zu heute schon sehr alte Unix enthielt ein äußerst durchdachtes System zur Organisation der Systeminitialisierung, das sich dann in den allermeisten Unix-Varianten in identischer oder zumindest ähnlicher Form durchsetzte.

In heutigen Unix-Varianten, allen voran Linux, gibt es zurzeit einige Entwicklungsarbeit mit dem Ziel, die Startzeit der Systeme zu verkürzen. Das führt dazu, dass man zunehmend auf abgewandelte Formen des System-V Init stößt oder gar auf komplette Neuentwicklungen. Auf die gesamte Breite aller Unix-Systeme gesehen, ist das System-V Init jedoch immer noch die am weitesten verbreitete Art, den Systemstart zu organisieren.

Das grundlegende Konzept ist, dass bestimmte Zustände des Systems als sogenannte *Runlevels*, bezeichnet durch ganze Zahlen, zusammengefasst werden. Einige derartige Zustände müssen auf allen Systemen vorhanden sein: Ein-Benutzermodus (1), Neustart des Systems (6), Herunterfahren des Systems (0). Andere Zustände können mehr oder weniger frei konfiguriert werden. Auf den meisten Systemen wird etwa ein Runlevel 2 oder 3 für das normale Arbeiten am Rechner konfiguriert, so dass der Benutzer eine grafische Oberfläche, Zugriff aufs Netzwerk usw. hat. Im Grunde wird bei den Runlevels somit konfiguriert, welche Systemdienste gestartet bzw. gestoppt sein müssen.

Um das alles zu erreichen, kommt ein bemerkenswert einfacher Mechanismus zum Einsatz. Für jeden Runlevel existiert ein Verzeichnis, in dem sich Shell-Skripte befinden. Diese Shell-Skripte werden in der Reihenfolge, die sich durch ihre Benennung ergibt, abgearbeitet. Sie enthalten die Aufrufe der jeweiligen Systemdienste wie z.B. den Server für den SSH-Dienst `sshd`.

Beim Hochfahren des Systems findet der Urprozess des Systems `init` zunächst heraus, in welchen Runlevel gestartet werden soll, und arbeitet dann alle Skripte in dem dafür vorbereiteten Verzeichnis ab. Die Konfiguration der Runlevels und der darin gestarteten Dienste kann von dem Administrator des Systems verwaltet werden. Es ist z.B. vollkommen legal, sich individualisierte Konfigurationen für verschiedene Arbeitsumgebungen in entsprechenden Runlevels anzulegen: Arbeiten mit oder ohne Netz, lokal oder mobil (z.B. mit WLAN oder 3G-Netzwerk), Weglassen ressourcenhungriger Systemdienste, die nicht immer gebraucht werden, usw. Der aktuelle Runlevel kann übrigens von der Kommandozeile mit dem Kommando `runlevel` herausgefunden werden:

```
$ /sbin/runlevel
N 2
```

Wo die jeweiligen Skripte auf den verschiedenen Unix-Systemen installiert sind, kann sich durchaus unterscheiden. Eine sehr populäre Konstellation ist diese hier:

- Alle Skripte liegen in */etc/init.d*.
- Für einen etwaigen Runlevel 0 gibt es das Verzeichnis */etc/rc0.d*, entsprechend noch */etc/rc1.d* usw. für alle weiteren.
- In den Verzeichnissen */etc/rc*.d* werden je nach Bedarf symbolische Links auf die Skripte in */etc/init.d* angelegt.
- Um die Reihenfolge festzulegen, gilt folgende Namenskonvention in den */etc/rc*.d*-Verzeichnissen:

  S<num> * für alle Links, über die ein Dienst gestartet wird, wobei *<num>* eine ganze Zahl ist; entsprechend werden die Skripte mit einer niedrigen Zahl eher gestartet als die mit einer höheren Zahl

  K<num> * für alle Links, über die ein Dienst beendet wird, Numerierung wie beim Starten
- Skripte, die mit *S* beginnen, werden mit dem Argument `start`, und solche, die mit *K* beginnen, mit `stop` aufgerufen.

Mehr Theorie soll hier nicht ausgebreitet werden, ohnehin dürfte sich das Ganze auf jedem System ein wenig anders darstellen, daher empfehle ich Ihnen einfach, sich diese Dinge auf dem eigenen Rechner einmal selbst anzusehen!

Die Skripte in */etc/init.d* sind durchaus lesbar. Da sie meist sowohl zum Starten als auch zum Stoppen von Diensten benötigt werden, werden sie fast immer eine Struktur wie diese hier haben:

```
#!/bin/sh

case $1 in
  start)
    # Aktionen zum Starten des Diensts
    ;;
  stop)
    # Aktionen zum Stoppen des Diensts
    ;;
  restart)
    # Aktionen zum Neustarten des Diensts
    # Oder: $0 stop; $0 start
    ;;
esac
```

Je nach Dienst, je nachdem, wie konfigurierbar er ist, und auch abhängig davon, welche Architektur von Hilfsfunktionen eine Distribution benutzt, wird so ein Skript noch ein ganzes Stück länger sein, aber die grundlegende Struktur ist doch meist dieselbe.

Die Systeminitialisierung wird auf modernen Linux- oder BSD-Systemen meist über die Distribution verwaltet, die Startskripte werden von den installierten Softwarepaketen mitgeliefert und installiert. Allerdings erlauben viele Distributionen, das Aktivieren und Deaktivieren von Diensten für die einzelnen Runlevels zu konfigurieren.

Shell-Skript für Log-Rotation

Als letzter Anwendungsfall aus der Praxis soll hier das Konzept der *Log-Rotation* vorgestellt werden. Auch hierzu gibt es bereits eine ganze Reihe fertiger Lösungen, so dass es eigentlich nicht wirklich nötig ist, eine eigene zu erstellen. Jedoch können Sie anhand dieser Problemstellung erneut einige typische Elemente der Shell-Skript-Programmierung sehen und das Erlernte noch einmal üben.

Wenn ein Rechner Tag und Nacht läuft und z.B. über das Netz Dienste zur Verfügung stellt, werden in diesem Prozess üblicherweise *Logdateien*, erstellt, die zumindest Informationen über aufgetretene Probleme, oft aber auch Statistiken über die Benutzung usw. enthalten. Diese Logdateien können mitunter recht lang werden, so dass es bei der Administration der Dienste leicht unübersichtlich wird. Zudem mag man nicht alle Logdateien unbegrenzt lange aufbewahren, weil ihre Relevanz nach einer gewissen Zeit einfach nachlässt.

In diesem Zusammenhang kommt die Log-Rotation ins Spiel. Logdateien werden am Ende eines Zeitintervalls, meist irgendwann in der Nacht, umbenannt, wobei dann konfigurierbar ist, wie viele Generationen alter Logdateien aufbewahrt werden sollen. Ein verbreitetes Muster ist es, die Generationen einfach durchzunummerieren, so dass die letzte Generation die Nummer 1, die vorletzte die 2 usw. hat.

In diesem Abschnitt wollen wir ein einfaches Skript zur Log-Rotation erstellen, das z.B. in einem `cron`-Job ausgeführt werden kann. Wie es bei in `cron` aufgerufenen Programmen üblich ist, macht dieses Skript nur dann irgendwelche Ausgaben, wenn ein Fehler aufgetreten ist, so dass ein Administrator mitbekommt, wenn bei der Log-Rotation etwas schiefläuft (z.B. die Festplatte voll ist).

Das hier erstellte Skript arbeitet mit einer einstellbaren Anzahl von Generationen und erlaubt zudem, alte, archivierte Logdateien mit `gzip` zu komprimieren, um Platz zu sparen. Der Aufruf des Skripts wäre dann wie folgt:

```
$ sh logrotate.sh -h
Aufruf: logrotate.sh [-h|-z|-v|-g <Generationen>] <Logdateien>
```

Mit der Option `-h` wird diese Hilfe ausgegeben. Die Anzahl der Generationen kann mit `-g` festgelegt werden. Über `-z` werden die rotierten Dateien mit `gzip` komprimiert, und mit `-v` werden während der Arbeit Statusinformationen ausgegeben. Außerdem können beliebig viele Logdateien zum Rotieren angegeben werden. Überflüssige Logdateien (auch die, die aus früheren Rotationen mit einer höheren Anzahl an Generationen stammen), werden gelöscht.

Wenn man so ein längeres Skript schreiben möchte, geht man am besten schrittweise vor. Beginnen wir mit dem Rahmen, also quasi allem außer der eigentlichen Log-Rotation:

```
#!/bin/sh

MAXIDX=6
GZIP=""
VERBOSE=""

errorExit() {
  echo "$@" 1>&2
  exit 1
```

```
}

logRotate() {
  echo "logRotate $1"
}

while getopts vzhg: OPTION; do
  case $OPTION in
    h)
      echo "Aufruf: $0 [-h|-z|-v|-g <Generationen>|<Logdateien>"
      exit 0
      ;;
    z)
      GZIP="\.gz"
      ;;
    v)
      VERBOSE="-v"
      ;;
    g)
      echo "$OPTARG" | egrep -q '^[0-9]+$' || \
        errorExit "$OPTARG ist keine Zahl"
      MAXIDX="`expr $OPTARG - 1`"
      ;;
    *)
      exit 1
  esac
done

for i in `seq 2 $OPTIND`; do
  shift
done

for i in "$@"; do
  logRotate "$file"
done
```

In diesem minimalen Skript werden mit getopts (siehe Seite 194) die Kommandozeilenargumente analysisert und Optionen gesetzt. Die Option für die Hilfe -h ist am schnellsten geschrieben, hiermit kann man am besten anfangen. Die Anzahl der Generationen erfordert eine Prüfung darauf, ob das Argument auch eine Zahl ist. Ist das nicht der Fall, wird mit einer Fehlermeldung abgebrochen. Man beachte, dass die Anzahl der Generationen dekrementiert wird, bevor sie gespeichert wird, da ja die aktuelle Logdatei mitgezählt wird.

Etwas trickreicher sind die anderen beiden Optionen. Irgendwie muss die Information, ob komprimiert oder eine Statusinformation ausgegeben werden soll, gespeichert werden. Dazu kann man im ersten Anlauf durchaus einfach entsprechende Variablen auf 1 oder

0 setzen. Allerdings wird man später diese Information auch auswerten müssen, und darauf sind in diesen beiden Beispielen die Variablen schon optimiert.

Die Ausgabe der Statusinformation kann man bei den meisten Shell-Kommandos damit einschalten, dass man die Option -v hinzufügt. Daher speichern wir genau diese Option, wenn sie gesetzt ist, und lassen sie ansonsten leer. Dadurch lassen sich später die Statusinformationen praktisch »magisch« kontrollieren:

```
$ VERBOSE=""
$ mv ${VERBOSE} foo bar
$ VERBOSE="-v"
$ mv ${VERBOSE} foo bar
foo -> bar
```

Wenn also die VERBOSE-Variable leer ist, hat sie in diesem Aufruf von mv den gleichen Effekt, als würden wir überhaupt keine Variable übergeben. Dieser Trick funktioniert immer dann, wenn wir die Variable nicht in eigenen Anführungszeichen übergeben.

Ähnlich verhält es sich mit dem Komprimieren. Wenn wir komprimieren, haben die rotierten Dateien die Endung *.gz*, die noch an der Nummer der Generation hängt. Das wird später beim Erzeugen der richtigen Dateinamen benötigt. Mit etwas hellseherischer Gabe benutzen wir hier die Endung als regulären Ausdruck (daher der Backslash vor dem Punkt!). Zusätzlich wenden wir wieder denselben alten Trick an: Wenn Komprimierung nicht gewünscht ist, bleibt die Variable einfach leer und hat beim Filtern mit grep oder sed keine Wirkung.

Außerdem verdient die Schleife vor der Hauptschleife Beachtung. Bei der Benutzung von getopts werden die Kommandozeilenargumente analysiert, und Optionen müssen immer vorn kommen. So wird alles, was nach der letzten Option folgt (das Argument mit dem Index aus der Variablen OPTIND), als Logdatei zum Rotieren betrachtet. Das heißt, die ersten Argumente vor dem Index OPTIND müssen ignoriert werden. Das wird hier dadurch erzwungen, dass für alle Argumente vor OPTIND je einmal shift (siehe Seite 180) aufgerufen wird. Als kleines Helferlein wird dabei das Kommando seq verwendet, das mit zwei Zahlen als Argumenten ausgegeben wird und dann von der ersten bis zur zweiten Zahl zählt:

```
$ seq 1 4
1
2
3
4
```

Man beachte, dass seq nicht auf allen Systemen verfügbar ist. Wer kein seq auf seinem Rechner hat, kann sich durch etwas eigenhändig Geschriebenes helfen, dies wird Thema einer Übung weiter unten sein.

Jetzt fehlt nur noch das, was das Skript eigentlich leisten soll. In der Funktion wird in das Verzeichnis der Logdatei gewechselt. Dann werden die vorhandenen bereits rotierten Dateien gesucht, überzählige werden gelöscht, und bei den anderen wird die jeweils laufende Nummer um eins erhöht. Zuletzt wird die aktuelle Logdatei umbenannt und, wenn gewünscht, komprimiert.

```
MAXIDX=6
PATTERN="\.[0-9]+"
GZIP=""
VERBOSE=""

logRotate() {

  DIR="`dirname $1`"
  FILE="`basename $1`"

  cd "$DIR" || \
    errorExit "Fehler, kann nicht ins Verzeichnis wechseln: $DIR"

  for log in `ls -1 "${FILE}"* | \
      egrep "${FILE}${PATTERN}${GZIP}$" | \
      sort -r`; do

    NUM="`echo "$log" | sed -e "s/\.gz$//" -e "s/.*\.\([0-9]\+$\)/\1/"`"

    if [ $NUM -ge $MAXIDX ]; then
      rm ${VERBOSE} -f "$log"
    elif [ $NUM -lt `expr $MAXIDX - 1` ]; then
      SUCC="`expr $NUM + 1`"
      NEW="`echo "$log" | \
        sed -e "s/\.${NUM}$/.${SUCC}/" -e "s/\.${NUM}\.gz$/.${SUCC}.gz/"`"
      mv ${VERBOSE} -f "$log" "$NEW" || \
        errorExit "Konnte nicht umbenennen: ${DIR}/$log -> ${DIR}/$NEW"
    fi

  done

  cp ${VERBOSE} -f "${FILE}" "${FILE}.1" || \
    errorExit "Konnte nicht umbenennen: ${DIR}/$FILE -> ${DIR}/${FILE}.1"
  if [ -n "$GZIP" ]; then
    gzip "${FILE}.1" || \
      errorExit "konnte nicht komprimieren: ${DIR}/${FILE}.1"
  fi
  >"${FILE}"
}
```

Um die überzähligen bereits rotierten Dateien löschen zu können und auch um zu verhindern, dass beim Hochzählen der umzubenennenden Dateien andere überschrieben werden, gehen wir in der Hauptschleife die Dateien rückwärts durch. Zunächst wird auf passende Dateinamen gefiltert, wobei auch die Endung *.gz* beachtet wird, wenn Komprimierung aktiviert ist (hier kommt die Wahl des Variablenwerts als regulärer Ausdruck zupass), dann wird rückwärts sortiert.

Nun wird die jeweilige Nummer der Generation ermittelt und untersucht. Dateien mit einer zu hohen Generation werden gelöscht. Die anderen Dateien werden zur nächsthöheren Generation umbenannt, sofern das Ergebnis noch im Rahmen der erlaubten Anzahl der Generationen passen würde.

Am Ende der Schleife sind alle bereits rotierten Dateien umbenannt bzw. gelöscht. Nun fehlt nur noch die aktuelle Logdatei. Sie bekommt (selbstverständlich) die Nummer 1 und wird, wenn aktiviert, komprimiert. Man beachte, dass die Datei in diesem Fall nicht umbenannt, sondern umkopiert wird. Anschließend wird die Originaldatei abgeschnitten, so dass sie wieder leer ist. Dieses Vorgehen hat den Vorteil, dass die Originaldatei immer die ursprünglichen Zugriffsrechte bzw. Besitzer und die Gruppe behält, was wichtig sein kann, damit der Prozess, der sie erzeugt, überhaupt weiter in sie hineinschreiben kann.

Beispiel: Verzeichnishierarchie klonen

Zum Abschluss dieser Einführung in die Shell-Programmmierung sollen noch einige weitere Konzepte anhand eines etwas komplexeren Fallbeispiels illustriert werden.

Die Aufgabe besteht darin, eine Hierarchie von Verzeichnissen zu klonen, ohne aber eventuell enthaltene Dateien mit zu duplizieren. Um die Kompatibilität (und den Lerneffekt) zu maximieren, ignorieren wir hier nützliche Erweiterungen der üblichen Shell-Kommandos und machen alles »per Hand«.

Zunächst teilen wir unser Aufgabe in Teilprobleme auf:

- Eine duplikatfreie Liste aller Blätter des Verzeichnisbaums soll erstellt werden, so dass z.B. bei einem Verzeichnis *foo/bar/baz* das enthaltende Verzeichnis *foo/bar* nicht in der Liste enthalten ist.

- Hierzu wird notwendig sein, herauszufinden, ob ein Verzeichnis in einem anderen aus der Liste enthalten ist.
- Ein Verzeichnis *foo/bar/baz* soll erstellt werden, wobei gegebenenfalls auch die es enthaltenen Verzeichnisse *foo/bar* bzw. *foo* gleich mit erstellt werden.

Warnung Während das `mkdir`-Kommando unter Linux und manchen BSD-Derivaten über eine Option `-p` verfügt, über die man das mit einem Aufruf tun könnte, ist dies jedoch nicht auf jedem Unix möglich.

Natürlich sollen Verzeichnisnamen, die Leerzeichen enthalten, fehlerfrei behandelt werden.

Vorüberlegungen

Nachdem wir die Anforderungen identifiziert haben, folgt jetzt eine grundsätzliche Überlegung dazu, wie wir an die Sache herangehen wollen. Beginnen wir zunächst mit der duplikatfreien Liste von Verzeichnissen:

- Weil dieses Teilproblem vielleicht auch für andere Aufgaben relevant sein könnte, implementieren wir dafür ein eigenes Shell-Skript, das das Resultat einfach auf die Standardausgabe ausgibt.
- Das Skript erhält mindestens ein Argument, über das das zu durchsuchende Wurzelverzeichnis übergeben wird; mehr als ein Verzeichnis können wir aber ruhig erlauben, auch wenn wir für diesen konkreten Fall nur eines benötigen.
- Die Prüfung, ob ein Verzeichnis in einem anderen aus der Liste enthalten ist, wird in dem Skript als Shell-Funktion implementiert.

Zusätzlich klopfen wir unsere mittlerweile erworbenen Kenntnisse ab, um Konstrukte und Werkzeuge zu identifizieren, die wir möglicherweise zur Lösung verwenden wollen:

- Um an Verzeichnisse heranzukommen, bietet sich das `find`-Kommando an.
- Um Verzeichnisnamen mit Leerzeichen bearbeiten zu können, sollten sie zeilenweise organisiert werden (wir gehen davon aus, dass Zeilenumbrüche in den Verzeichnisnamen nicht vorkommen).

- Die einzelnen Zeilen könnte man mit `find` erzeugen und über eine Pipe mit einer `while`-Schleife verbinden.

Zum Erzeugen von Verzeichnishierarchien kommen folgende Überlegungen hinzu:

- Es wird ein eigenes Shell-Skript geschrieben, das das andere Shell-Skript zur Ausgabe der Verzeichnisse aufruft.
- Das Shell-Skript bekommt zwei Argumente: das Quellverzeichnis und ein Zielverzeichnis, in dem die Kopie erzeugt wird.
- Für das Anlegen einer Teilhierarchie wird eine eigene Shell-Funktion geschrieben.
- Die Verzeichnisse müssen zerlegt werden, um von oben angefangen die Verzeichnishierarchien aufbauen zu können.
- Die Teilverzeichnisse werden dann eines nach dem anderen angelegt.

Zur technischen Umsetzung müssen wir noch etwas mehr ins Detail gehen:

- Um die Verzeichnisnamen in ihre Bestandteile zu zerlegen, sollten sie an den Trennzeichen (/) aufgeteilt werden.
- Die Teilergebnisse sind Verzeichnisnamen, die unter Umständen Leerzeichen enthalten, darauf muss beim Zerlegen geachtet werden.
- Auch hier bietet sich daher ein zeilenweises Vorgehen an.

Die Verzeichnisliste erstellen

Nachdem wir jetzt eine Strategie haben, können wir uns der ersten Teilaufgabe zuwenden. Getreu dem bewährten Motto »Top-down entwerfen, Bottom-up implementieren« beginnen wir mit der Shell-Funktion, die überprüft, ob ein Verzeichnis einen der Einträge aus einer Liste von Verzeichnissen bereits enthält.

Die Funktion bekommt als Argumente eine Liste zeilenweise organisierter Verzeichnisnamen und einen einzelnen Verzeichnisnamen. Wenn dieser einzelne Verzeichnisname mit einem der in der Liste enthaltenen Verzeichnisnamen beginnt, wollen wir diesen gefundenen Namen zurückgeben. Wir setzen voraus, dass alle Verzeichnisnamen, die wir vorher in die Liste eingefügt haben oder neu überprüfen, mit dem Trennzeichen / enden.

Um das gleich einmal zu testen, schreiben wir in unser Skript die neue Funktion und einen Aufruf mit Testdaten, an denen wir direkt sehen können, ob die Funktion das tut, was sie soll. Der Programmtext dafür sieht so aus:

```
#!/bin/sh

findContained() {
  DIRS="$1"
  dir="$2"
  echo "$DIRS" | while read a
  do
    if `echo "$dir" | grep -q "^$a"`
    then
      echo $a
      return
    fi
  done
}

DIRS="foo/bar/
foo/baz/"

echo -n "erwarte foo/bar/: "
findContained "$DIRS" foo/bar/xxx/
echo -n "erwarte nichts: "
findContained "$DIRS" foo/xxx/
echo
```

Da alle Verzeichnisnamen mit einem Trennzeichen aufhören, ist der hier benutzte reguläre Ausdruck völlig ausreichend, in dem einfach überprüft wird, ob der Testname mit dem aktuellen Namen in der Schleife beginnt.

Das Ganze führt dann zu folgender Ausgabe:

```
$ sh find_leaves.sh
erwarte foo/bar/: foo/bar/
erwarte nichts:
```

Das Ergebnis ist das erwartete. Natürlich sollte man hier mit dem Testen noch nicht aufhören, aber wir überspringen diesen Schritt an dieser Stelle, um zum nächsten Teil überzugehen.

Die Hauptschleife wird nicht ganz einfach, da wir die Ergebnisliste zusammensetzen und dabei die enthaltenen Teilpfade herausfiltern müssen. Wie so oft empfiehlt sich auch hier wieder ein schrittweises Vorgehen: Zunächst entfernen wir aus dem Skript die Testaufrufe und fügen stattdessen die Hauptschleife ein, in der wir zunächst ohne Ausschluss der enthaltenden Verzeichnisse einfach alles aneinanderhängen:

```
# ...
STARTPATH="$@"
find "$STARTPATH" -type d | while read d
```

```
do
  dir="‘echo "$d" | sed "s/\/$//"‘"
  if [ -n "$DIRS" ]
  then
    DIRS="$DIRS
"
  fi
  DIRS="$DIRS${dir}/"
  echo "Zwischenresultat: " $DIRS
done
```

Nun fehlt noch das eigentlich Interessante, das Entfernen von Verzeichnissen, die bereits in anderen enthalten sind. Der richtige Ort dafür ist vor dem Anhängen des neuen Verzeichnisnamens, also direkt nachdem die Variable dir initialisiert wurde. Hier ist die erweiterte Version des Skripts:

```
# ...
STARTPATH="$@"
DIRS=""
find "$STARTPATH" -type d | while read d
do
  dir="‘echo "$d" | sed "s/\/$//"‘"
  if [ -n "$DIRS" ]
  then
    CONTAINED="‘findContained "$DIRS" "$dir"‘"
    if [ -n "$CONTAINED" ]
    then
      DIRS="‘echo "$DIRS" | grep -v "^${CONTAINED}$"‘"
    fi
  fi
  if [ -n "$DIRS" ]
  then
    DIRS="$DIRS
"
  fi
  DIRS="$DIRS${dir}/"
  echo "Zwischenresultat: " $DIRS
done
```

Wenn wir dieses Skript nun aufrufen, bekommen wir ein Ergebnis, das in etwa so aussehen könnte:

```
$ ./find_leaves.sh src/
Zwischenresultat:  src/
Zwischenresultat:  src/examples/
Zwischenresultat:  src/examples/CVS/
Zwischenresultat:  src/examples/CVS/ src/auto/
Zwischenresultat:  src/examples/CVS/ src/auto/CVS/
Zwischenresultat:  src/examples/CVS/ src/auto/CVS/ src/CVS/
```

Das sieht ja schon einmal nicht schlecht aus, aber eigentlich wollen wir ja nur das Endresultat ausgegeben haben. An dieser Stelle wird es nun unangenehm, denn Folgendes hier wird nicht funktionieren:

```
  # ...
  echo "Zwischenresultat: " $DIRS
done
echo "$DIRS"
```

Wenn wir das so veränderte Skript aufrufen, werden wir merken, dass die DIRS-Variable außerhalb der Schleife leer ist. Bevor Sie nun weiterlesen, halten Sie doch einen Moment inne und überlegen, warum das obige Beispiel nicht funktionieren kann.

Der Grund für das Problem liegt darin, dass wir durch die Pipe vor dem while einen Kindprozess erzeugt haben, der Kopien aller außen definierten Variablen übergeben bekommt. Das heißt, dass die Variablen im Kindprozess zwar existieren, aber jede Änderung mit dem Ende des Kindprozesses verloren gehen.

Der Trick in solchen Situationen besteht darin, dafür zu sorgen, dass die Ausgabe des Ergebnisses im selben Prozess wie die Erzeugung stattfindet. Das ist in diesem Fall ganz einfach (man muss nur darauf kommen!): Man setzt Klammern um die Sequenz aus Einlesen der Verzeichnisliste und Ausgabe des Resultats. Wir bekommen somit dieses vollständige Skript:

```
#!/bin/sh

findContained() {
  DIRS="$1"
  dir="$2"
  echo "$DIRS" | while read a
  do
    if `echo "$dir" | grep -q "^$a"`
    then
      echo $a
      return
    fi
  done
}

STARTPATH="$@"
DIRS=""
find "$STARTPATH" -type d | ( while read d
do
  dir="`echo "$d" | sed "s/\/$//"`"
  if [ -n "$DIRS" ]
  then
    CONTAINED="`findContained "$DIRS" "$dir"`"
    if [ -n "$CONTAINED" ]
    then
      DIRS="`echo "$DIRS" | grep -v "^${CONTAINED}$"`"
    fi
  fi
```

```
  if [ -n "$DIRS" ]
  then
    DIRS="$DIRS
"
  fi
  DIRS="$DIRS${dir}/"
done
echo "$DIRS" )
```

Bei Aufruf erhalten wir ein Ergebnis wie dieses hier:

```
$ ./find_leaves.sh src/
src/examples/CVS/
src/auto/CVS/
src/CVS/
```

Die Verzeichnisse anlegen

Das Skript zum Anlegen der Verzeichnisse wird nach bewährtem Muster mit der Funktion zum Anlegen einer Teilhierarchie begonnen. Da diese Funktion durchaus nicht trivial ist, beginnen wir zunächst mit einem groben Skelett:

```
#!/bin/sh

makeDirs() {
  echo "$1" | tr '/' '\n' | while read a
  do
    echo "Teilverzeichnis: $a"
  done
}

makeDirs "foo bar/bar baz"
```

Durch diesen kleinen Test stellen wir sicher, dass auch Verzeichnisse mit Leerzeichen in den Namen korrekt zerlegt werden. Das Skript gibt in dieser Form Folgendes aus:

```
$ ./make_dirs.sh
Teilverzeichnis: foo bar
Teilverzeichnis: bar baz
```

Was jetzt noch fehlt, ist das schrittweise Zusammensetzen von Teilverzeichnissen und ihre Erzeugung, die wir, solange wir nur testen, einfach durch eine Ausgabe auf der Konsole simulieren. Das Zusammensetzen besteht im Wesentlichen daraus, einen von links nach rechts wachsenden Verzeichnisnamen zu erstellen, der alle jeweils bereits vorhandenen oder vorher erzeugten schon enthält. Dazu setzen wir den Namen in einer Variable in der Funktion zusammen:

```
#!/bin/sh

makeDirs() {
  DIR=""
  echo "$1" | tr '/' '\n' | while read a
  do
    DIR="$DIR$a/"
    if [ ! -d "$DIR" ]
    then
      echo "mkdir $DIR"
    fi
  done
}

makeDirs "foo bar/bar baz"
```

Unter der Annahme, dass weder *foo bar/* noch *foo bar/bar baz/* bereits existiert, gibt dieses Skript Folgendes aus:

```
$ ./make_dirs.sh
mkdir foo bar/
mkdir foo bar/bar baz/
```

Die Ausgabe statt des tatsächlichen Erzeugens von etwaigen Verzeichnissen behalten wir der Einfachheit halber bei, bis wir das Skript beendet haben.

Was jetzt noch fehlt, ist die Hauptschleife, die über die Ergebnisse des ersten Skripts iteriert, allerdings ist das nun recht einfach:

```
#!/bin/sh

makeDirs() {
  DIR=""
  echo "$1" | tr '/' '\n' | while read a
  do
    DIR="$DIR$a/"
    if [ ! -d "$DIR" ]
    then
      CMD="mkdir $DIR"
      echo "$CMD"
      $CMD
    fi
  done
}

appendSlash() {
  case "$1" in
    */)
      echo "$1"
      ;;
    *)
      echo "$1/"
      ;;
```

```
  esac
}

SRCDIR="`appendSlash $1`"
DESTDIR="`appendSlash $2`"

find_leaves.sh "$SRCDIR" | while read d
do
  makeDirs "$DESTDIR$d"
done
```

Als kleine Hilfe ist noch eine Funktion hinzugekommen, die dafür sorgt, dass sowohl Quell- als auch Zielverzeichnis mit einem Trennzeichen aufhören, so dass das Verketten hinterher einfacher wird.

Ausgehend von den Verzeichnissen, mit denen das erste Skript getestet wurde, erhalten wir beim Aufruf unseres finalen Skripts folgende Ausgabe:

```
$ ./make_dirs.sh src/ /tmp/clone
mkdir /tmp/clone/
mkdir /tmp/clone/src/
mkdir /tmp/clone/src/examples/
mkdir /tmp/clone/src/examples/CVS/
mkdir /tmp/clone/src/auto/
mkdir /tmp/clone/src/auto/CVS/
mkdir /tmp/clone/src/CVS/
```

Fehlerbehandlung

Bis jetzt enthalten beide Skripte keine weitere Überprüfung der Kommandozeilenargumente. Für einen ernsthaften Einsatz sollte das aber unbedingt hinzugefügt werden.

Beginnen wir mit `find_leaves.sh`. Hier empfiehlt sich zu Beginn des Skripts folgende Sequenz:

```
#!/bin/sh
for i in "$@"
do
  if [ ! -d "$i" ]
  then
    echo "Fehler, kein Verzeichnis: \"$i\"" 1>&2
    exit 1
  fi
done
```

Bei `make_dirs.sh` beginnen wir mit einer ähnlichen Überlegung, nur dass wir hier lediglich das erste Argument überprüfen müssen:

```
#!/bin/sh
if [ ! -d "$1" ]
then
```

```
  echo "Fehler, kein Verzeichnis: \"$i\"" 1>&2
  exit 1
fi
```

Des Weiteren sollten wir noch einen zusätzlichen Fall ausschließen, der für Probleme sorgen könnte. Wenn nämlich der Quellpfad, den wir klonen wollen, ein ../ enthält, kann das zu unangenehmen Folgen führen. Nehmen wir an, wir rufen das Skript mit folgenden Argumenten auf:

```
$ ./make_dirs.sh ../../foo /tmp/clone
mkdir /tmp/clone/
mkdir /tmp/clone/../../foo/
...
```

Wie man sieht, würde das Verzeichnis *foo* überhaupt nicht unter */tmp/clone* angelegt werden! Ein sinnvolles und einfaches Vorgehen ist hier, einfach das ../ zu verbieten. Wir erweitern also unsere Fehlerbehandlung:

```
#!/bin/sh
if [ ! -d "$1" ]
then
  echo "Fehler, kein Verzeichnis: \"$i\"" 1>&2
  exit 1
fi

case "$1" in
  *../*)
    echo "Fehler, nicht erlaubt: ../" 1>&2
    exit 2
    ;;
esac
```

Ganz nebenbei kann man hier schön sehen, wie sinnvoll das case-Kommando einsetzbar ist, selbst wenn nur eine Möglichkeit abgefragt wird. Die Alternative wäre, eine Konstruktion aus `if`, echo und grep zu verwenden, aber das ist nicht nur umständlicher, sondern erzeugt auch weit mehr unnötige Kindprozesse.

Übungen

Schreiben Sie eine Shell-Funktion Seq, die zwei Argumente nimmt und sich genauso verhält wie das seq-Kommando. ◄ Übung 9-1

Schreiben Sie das Skript aus der Übung 8-2 so um, dass `getopts` bei der Verarbeitung der Option `-t` verwendet wird (nicht möglich mit der C-Shell).

Übung 9-2

Experimentieren Sie mit den hier vorgestellten längeren Beispielen. Schreiben Sie sich kleine Helferlein, die Ihnen ansonsten umständliche Arbeiten erleichtern. Klauen Sie dabei nach Herzenslust aus allen Beispielen, die Sie hier gelesen haben, und verbessern Sie alles, was man noch besser machen kann.

Shell-Skript oder lieber etwas anders?

Zum Abschluss dieses Kapitels über Shell-Skripte soll einmal auf die Frage eingegangen werden, für welche Art von Problemen derartige Skripte eigentlich geeignet sind. Schließlich gibt es ja eine große Anzahl mächtiger Skriptsprachen, wie Perl, TCL, Python oder gar Ruby!

Die folgenden Punkte versuchen, die verschiedenen Eigenschaften der Shell-Skripte gegenüber »höheren« Skriptsprachen abzugrenzen und Empfehlungen zu geben, für welche Problemstellungen eines der beiden Konzepte besser geeignet ist:

- Shell-Skripte bieten eine einfache Schnittstelle zum System. Durch die Benutzung der Systemkommandos lassen sich systemnahe Aufgaben wie z.B. Dateimanagement leicht erledigen. »Höhere« Skriptsprachen bieten für derartige Aufgaben eigene Programmierschnittstellen an, die je nach Design mal besser und mal schlechter zu benutzen sind.
- Shell-Skripte kennen nur einen Datentyp, die Zeichenkette. »Höhere« Skriptsprachen sind meist dynamisch getypt, das heißt, dass eine Typzuordnung je nach Inhalt einer Variablen bestimmt wird. Dadurch erhält man etwas mehr Sicherheit und kann leichter Dinge wie Arithmetik betreiben.
- Shell-Skripte können mit minimalen Voraussetzungen betrieben werden, da eigentlich alles, was man braucht, auf einem System vorhanden ist. Für »höhere« Skriptsprachen braucht man immer den jeweiligen Interpreter und unter Umständen noch weitere Bibliotheken.
- Shell-Skripte haben eine niedrige Lernschwelle. Wer sich täglich in der Shell bewegt, beherrscht in der Regel bereits alle Sprachkonstrukte und kennt die Systemkommandos. In »höheren« Skriptsprachen muss man sowohl die Syntax als auch die Programmierschnittstellen der Bibliotheken erlernen.
- Shell-Skripte sind in der Ausführung eher langsam. Da für die aufgerufenen Systemkommandos immer wieder eigene Pro-

zesse erzeugt werden müssen, werden komplexe Skripte leicht langsam. »Höhere« Skriptsprachen umgehen das Problem, da statt externer Kommandos die Bibliothek benutzt wird.

- Durch die zahlreichen Filter (`grep`, `sed`, ...) lassen sich in Shell-Skripten Probleme mit Zeichenströmen einfach und elegant lösen. In »höheren« Skriptsprachen erfordern derartige Aufgaben einigen initialen Aufwand. Allerdings ist man in Shell-Skripten meist nur zeilenweise unterwegs; wer beispielsweise reguläre Ausdrücke, die sich über mehrere Zeilen hinweg erstrecken, anwenden will, hat es mit höheren Skriptsprachen leichter.

Sicher könnte man diese Auflistung noch eine Weile fortsetzen, und vieles ist auch hier wieder eine Frage des Geschmacks. Aus der persönlichen Erfahrung des Autors lassen sich zumindest einige grobe Richtwerte ableiten:

- Für Aufgaben, die mit Dateien oder Zeichenströmen zu tun haben, lässt sich mit Shell-Skripten meist eine einfache und schnelle Lösung finden.
- Bei kurzen Skripten ist der Aufwand, ein Problem in einem Shell-Skript zu lösen, meist niedriger als in einer höheren Skriptsprache.
- Ab einer bestimmten Länge und Komplexität (Erfahrungswert) erweisen sich Shell-Skripte als schwer wartbar, hier sollte man auf »höhere« Skriptsprachen ausweichen.
- Für nicht systemnahe (z.B. arithmetiklastige) Aufgaben sind Shell-Skripte in der Regel nicht die optimale Wahl.

Abschließend kann gesagt werden, dass hinter dem Design eigentlich jeder Programmiersprache eine Annahme über die Probleme steckt, die man mit ihr lösen möchte. Es geht daher nie um die Frage, welche Programmiersprache ganz generell »besser« ist als die andere, sondern eher darum, ob sich eine bestimmte Aufgabenstellung in ihr gut lösen lässt. Als Anfänger wird man natürlich kaum eine Alternative haben und das, was man bereits kann, anwenden; das Ziel sollte dennoch sein, sich qualifiziert zwischen mehreren Möglichkeiten entscheiden zu können.

KAPITEL 10

Der Unix-Systemeditor vi

In diesem Kapitel:

Der Unix-Systemeditor `vi` ist ein Programm, an dem sich die Geister scheiden. Es gibt Zeitgenossen, die jeden Kontakt mit ihm ablehnen, weil sie ihn schlichtweg für unbedienbar halten, andere jedoch schwören auf ihn und benutzen nichts anderes. Da aber der `vi` zur Grundausstattung jedes Unix-Systems gehört, kann es nicht schaden, zumindest die Grundzüge seiner Bedienung zu kennen, was nicht zuletzt auch zu einer qualifizierten Entscheidung beitragen kann, ob man ihn denn nun mag oder nicht.

Hinweis Derartige ideologische Diskussionen um den besten Editor, das beste Betriebssystem usw. werden oft auch als »heilige Kriege« bezeichnet und gehören zu den klassischen wie gleichermaßen beliebtesten Auseinandersetzungen in der Netzkultur.

Auch moderne Unix-Systeme haben immer irgendeine Variante des `vi` installiert, allerdings wird es sich dabei mit großer Wahrscheinlichkeit um eine der neueren Inkarnationen handeln, die zwar vollständig abwärtskompatibel sind, aber nebenher noch erweiterte Funktionen anbieten. Die heute am weitesten verbreitete `vi`-Variante ist der `vim` (*VI Improved*, siehe auch *http://www.vim.org*), weniger häufig anzutreffen, aber ähnlich im Funktionsumfang, ist `elvis` (*http://elvis.vi-editor.org*).

Historisches

Der `vi` entstand 1976 als Nachfolger des zur damaligen Zeit recht verbreiteten Editors `ex`, der wiederum die erweiterte (*extended*) Variante des damaligen BSD-Standardeditors `ed` war. Sowohl `ed` als auch `ex` waren *zeilenorientiert*, was damals vollkommen normal war, man bekam also immer nur die Zeile angezeigt, die man gerade bearbeitete.

Der `vi` erweiterte den ex in der Weise, dass er eine visuelle Oberfläche hinzufügte, sodass man den gesamten Bildschirm nutzen konnte, um die gerade bearbeitete Datei zu betrachten, und mithilfe von Tastaturkommandos durch die Datei navigieren konnte. Die Abkürzung `vi` ist dabei die Abkürzung des `:visual`-Kommandos, mit dem man in den *Visual Mode* wechseln konnte, hat also entgegen der verbreiteten Annahme überhaupt nichts mit der römischen Sechs zu tun.

Das Auftauchen von bildschirmorientierten Editoren kann man durchaus als eine Revolution betrachten, wir sprechen hier immerhin von der Mitte der 70er-Jahre.

Um die Benutzung der alten, zeilenorientierten Editoren gibt es eine ganze Reihe von Legenden und Anekdoten, man denke nur an den Abschnitt zum `teco`-Editor in »Real Programmers don't use Pascal«.

Der teco-Editor

Der echte Programmierer will einen »Du hast es so gewollt, da hast du's«-Editor, einen, der kompliziert ist, kryptisch, leistungsfähig, gnadenlos und gefährlich – `teco`, um genau zu sein.

So wurde beobachtet, dass `teco`-Kommandofolgen dem Leitungsrauschen ähnlicher sind als lesbarer Text. Eins der unterhaltsameren Spiele, die mit `teco` möglich sind, besteht darin, den eigenen Namen als Kommando einzugeben und zu raten, was dann passiert. So ungefähr jeder mögliche Tippfehler kann dank `teco` das gerade editierte Programm zerstören oder, schlimmer noch, kleine, mysteriöse Fehler in erstmals funktionierende Unterprogramme einbringen.

Ein anderes schönes Beispiel ist der Artikel »The True Path«, der im Jahr 1991 in die Usenet-Newsgruppen *alt.religion.emacs* und *alt.slack* eingestellt wurde und der einen derartigen Kultcharakter entwickelte, dass eine Kopie davon seit vielen Jahren dem *Emacs*-Texteditor beiliegt. Man kann das Original auch heute noch im Google-Newsgruppenarchiv finden, wenn man auf *http://groups.google.com* den Suchbegriff `group:alt.religion.emacs the true path long eat flaming death` eingibt.

Hinweis Der Quelltextdistribution des *Emacs* liegt eine ganze Reihe derartiger Dinge bei, man möge nur einmal im Quelltextverzeichnis unter *etc/* nachsehen. Leider fügen viele Linux-Distributionen diese Dateien nicht mehr dem binären *Emacs*-Paket hinzu, sodass man sich die Quelltexte selbst besorgen muss, um sich das im Original anzusehen.

Aber bevor wir wieder ernsthaft werden und lernen, den vi zu bedienen, wollen wir uns zunächst noch an dieser Perle des Netzhumors erfreuen:

```
From: patl@athena.mit.edu (Patrick J. LoPresti?)
Message-ID: <1991Jul11.031731.9260@athena.mit.edu>
Sender: news@athena.mit.edu (News system)
Subject: The True Path (long)
Date: 11 Jul 91 03:17:31 GMT
Path: ai-lab!mintaka!olivea!samsung!zaphod.mps.ohio-state.edu!think.com!snorkelwacker.mit.
edu!bloom-picayune.mit.edu!athena.mit.edu!patl
Newsgroups: alt.religion.emacs,alt.slack
Organization: Massachusetts Institute of Technology
Lines: 95
Xref: ai-lab alt.religion.emacs:244 alt.slack:1935

When I log into my Xenix system with my 110 baud teletype, both vi
*and* Emacs are just too damn slow.  They print useless messages like,
'C-h for help' and '"foo" File is read only'.  So I use the editor
that doesn't waste my VALUABLE time.

Ed, man!  !man ed

ED(1) UNIX Programmer's Manual ED(1)

NAME
ed - text editor

SYNOPSIS
ed [ - ] [ -x ] [ name ]
DESCRIPTION
Ed is the standard text editor.
---

Computer Scientists love ed, not just because it comes first
alphabetically, but because it's the standard.  Everyone else loves ed
because it's ED!

"Ed is the standard text editor."

And ed doesn't waste space on my Timex Sinclair.  Just look:

-rwxr-xr-x  1 root       24 Oct 29  1929 /bin/ed
-rwxr-xr-t  4 root  1310720 Jan  1  1970 /usr/ucb/vi
-rwxr-xr-x  1 root  5.89824e37 Oct 22  1990 /usr/bin/emacs

Of course, on the system *I* administrate, vi is symlinked to ed.
Emacs has been replaced by a shell script which 1) Generates a syslog
message at level LOG_EMERG; 2) reduces the user's disk quota by 100K;
and 3) RUNS ED!!!!!!

"Ed is the standard text editor."

Let's look at a typical novice's session with the mighty ed:
```

```
golem> ed

?
help
?
?
?
quit
?
exit
?
bye
?
hello?
?
eat flaming death
?
^C
?
^C
?
^D
?

---
Note the consistent user interface and error reportage.  Ed is
generous enough to flag errors, yet prudent enough not to overwhelm
the novice with verbosity.

"Ed is the standard text editor."

Ed, the greatest WYGIWYG editor of all.

ED IS THE TRUE PATH TO NIRVANA!  ED HAS BEEN THE CHOICE OF EDUCATED
AND IGNORANT ALIKE FOR CENTURIES!  ED WILL NOT CORRUPT YOUR PRECIOUS
BODILY FLUIDS!!  ED IS THE STANDARD TEXT EDITOR!  ED MAKES THE SUN
SHINE AND THE BIRDS SING AND THE GRASS GREEN!!

When I use an editor, I don't want eight extra KILOBYTES of worthless
help screens and cursor positioning code!  I just want an EDitor!!
Not a "viitor".  Not a "emacsitor".  Those aren't even WORDS!!!! ED!
ED! ED IS THE STANDARD!!!

TEXT EDITOR.

When IBM, in its ever-present omnipotence, needed to base their
"edlin" on a UNIX standard, did they mimic vi?  No.  Emacs?  Surely
you jest.  They chose the most karmic editor of all.  The standard.

Ed is for those who can *remember* what they are working on.  If you
are an idiot, you should use Emacs.  If you are an Emacs, you should
not be vi.  If you use ED, you are on THE PATH TO REDEMPTION.  THE
SO-CALLED "VISUAL" EDITORS HAVE BEEN PLACED HERE BY ED TO TEMPT THE
FAITHLESS.  DO NOT GIVE IN!!!  THE MIGHTY ED HAS SPOKEN!!!
?
```

Tatsächlich gibt es den ed noch heute auf jedem Unix-System, und kleine Kunststückchen mit ihm haben sich als durchaus wirkungsvolle Strategie bewährt, andere Leute zu beeindrucken oder bei ihnen den Eindruck zu erwecken, man sei bekloppt – oder beides.

Die Bedienphilosophie

Die Bedienphilosophie des vi unterscheidet sich stark von der heute gebräuchlicher Editoren und dürfte wesentlich dazu beitragen, dass er bei einigen Menschen nicht gerade populär ist. Andererseits hat gerade diese Bedienphilosophie einige bemerkenswerte Vorteile, die im Folgenden noch deutlich werden sollten.

Der vi kennt drei Betriebsarten bzw. Modi:

1. Den *Visual Mode*, in dem jeder Tastendruck als Kommando interpretiert wird. Das ist die Standardbetriebsart des vi!
2. Den *Ex Mode*, in dem über die Kommandozeile komplexe Befehle wie z.B. Suchen und Ersetzen eingegeben werden können.
3. Den *Input Mode*, in dem Text eingegeben werden kann.

Der Visual Mode

Der Visual Mode ist wie gesagt die Standardbetriebsart des vi, d.h., Sie befinden sich direkt nach dem Start des vi in diesem Modus. Aus allen anderen Betriebsarten kommt man jederzeit durch Drücken der Esc-Taste dorthin zurück.

Die Idee dahinter ist, dass man, solange kein Text eingegeben wird, ohne Hilfe von Maus oder erweiterter Tastatur (Pfeiltasten usw.) in der editierten Datei durch Bewegen des Cursors springen und mithilfe von Lesezeichen navigieren kann. Das ermöglicht ein Arbeiten in sehr hohem Tempo und auch auf Terminals ohne erweiterte Tastatur.

Das hohe Arbeitstempo wird auch dadurch möglich, dass im Visual Mode besonders häufig benutzte Funktionen so günstig auf der Tastatur erreichbar sind, dass man sie besonders leicht aufrufen kann. Im übertragenden Sinne kann man daher von einer Art *Entropy Coding* in der Tastenbelegung sprechen.

Hinweis Mit *Entropy Coding* bezeichnet man bei der Kompression von Daten das Vorgehen, besonders häufig vorkommende Symbole sehr kurz darzustellen, um so eine außerordentlich gute Kompressionsrate zu erhalten.

Der Ex Mode

Der Ex Mode dient dazu, auch komplexere Kommandos oder Makros eingeben zu können, die durch jeweils einfache Tastendrücke im Visual Mode so nicht möglich wären.

Man erreicht den Ex Mode aus dem Visual Mode heraus, und zwar durch Drücken von :. Ein Kommando im Ex Mode wird mit der Taste Esc abgebrochen oder durch Enter abgesetzt.

Der Input Mode

Der Input Mode dient dem Eingeben von Text. Hier werden die normalen Tasten als einzugebende Buchstaben interpretiert. Andere Befehle aus dem Visual Mode, die auf Tasten liegen, die so nicht druckbar sind, wie z.B. Str-F und Str-B (Bild- und Bild-), stehen weiterhin zur Verfügung. Der Input Mode kann durch verschiedene Visual-Kommandos eingeleitet werden (siehe weiter unten). Wenn man ihn mit Esc verlässt, kehrt man zurück in den Visual Mode.

Wichtige vi-Kommandos

Nachfolgend sehen Sie einige Kommandos, die beim Arbeiten mit `vi` nützlich sind und die auch ein wenig vermitteln sollen, was Freunde des `vi` an »ihrem« Editor lieben.

Die meisten dieser Kommandos sind Visual-Kommandos. Ex-Kommandos sind durch den Doppelpunkt : am Anfang gekennzeichnet. Manchen Kommandos (meist Visual) wurde ein `[Anzahl]` vorangestellt. Das bedeutet, dass das Kommando normalerweise einmal, bei einer vorher gedrückten Zahl n aber n-mal ausgeführt wird.

Den vi starten

Der `vi` kann mit oder ohne Angabe eines Dateinamens gestartet werden. Wird ein Dateiname angegeben, wird die Datei geladen oder, falls sie noch nicht existiert, neu erzeugt. Aufrufe können sein:

`vi`	Aufruf von `vi` mit leerem Textpuffer.
`vi` *`Dateiname`*	Die Datei wird geladen, und der Cursor wird in der ersten Zeile platziert.
`vi +` *`Dateiname`*	Die Datei wird geladen, und der Cursor wird in der letzten Zeile platziert.

`vi +n Dateiname`	Die Datei wird geladen, und der Cursor wird in der *n*-ten Zeile platziert.
`vi +/Zeichenkette Dateiname`	Die Datei wird geladen, und der Cursor wird in der Zeile mit *Zeichenkette* platziert.

Hinweis: Die meisten `vi`-Versionen beherrschen auch das Bearbeiten mehrerer Dateien, allerdings unterscheiden sich die Implementierungen größtenteils. Moderne Implementierungen wie z.B. `elvis` oder `vim` können auch den Bildschirm in Fenster unterteilen. Zu weiteren Informationen möchte ich Sie auf die Dokumentation des jeweiligen `vi`-Derivats verweisen.

Den vi beenden

Um den `vi` zu beenden, müssen Sie sich im Visual Mode befinden, sodass die Tastendrücke als Kommandos und nicht als Texteingaben interpretiert werden.

Ratgeber für Verzweifelte – oder »Ich will hier raus!«

Wer gerade damit beginnt, die Bedienung des `vi` zu erlernen, oder einfach nur sehr selten den `vi` benutzt, kommt früher oder später einmal in die Situation, in der das Verlassen des Editors oder einer seiner Betriebsarten scheinbar unmöglich ist. Die folgende kleine Liste enthält die üblichen Verdächtigen, die dafür verantwortlich sind, dass das möglicherweise gerade nicht geht, und was man dann tun sollte.

Man kommt durch `:q!` *oder* `:wq!` *nicht aus dem Editor heraus.*

Diese Kommandos helfen nur im Visual Mode. Die Lösung ist daher, die Esc-Taste zu drücken und es noch einmal zu probieren.

Man hat versehentlich im Visual Mode die Taste `Q` *gedrückt, befindet sich also im Ex Mode.*

Der Cursor ist in der Befehlszeile ganz unten, und man kann nicht mehr in der Datei navigieren.

Man muss den Ex Mode beenden, um wieder »normal« arbeiten zu können. Die Lösung ist, in der Befehlszeile `visual` nur `vi` einzugeben. Danach ist man wieder im Visual Mode und kann normal weiterarbeiten.

Man hat versehentlich im Visual Mode die Taste q gedrückt, und es passieren merkwürdige Dinge.

Die Taste `q` startet im Visual Mode den Makrorekorder. Ist man aus Versehen darin gelandet, kann man ihn mit derselben Taste wieder beenden, wenn man sich im Visual Mode befindet. Die Lösung ist also erneut, zunächst einmal Esc zu drücken, um wieder in den Visual Mode zu gelangen, und dann mit `q` den Makrorekorder zu beenden.

`:wq`	Speichern und `vi` verlassen.
`:q`	`vi` verlassen, falls Datei unverändert.
`:q!`	`vi` verlassen, egal ob Datei verändert oder nicht.
`:w`	Datei speichern.

Dateien laden

Die folgenden Kommandos laden Dateien in den Editor bzw. wechseln zwischen bereits geladenen Dateien.

e *Datei*	*Datei* wird geladen, wenn sie existiert, ansonsten erzeugt.
:next	Die nächste Datei wird geladen, falls vi mit mehreren Dateien aufgerufen wurde.
:prev	Die vorherige Datei wird geladen, falls vi mit mehreren Dateien aufgerufen wurde.

Cursorbewegungen

Um den Cursor zu bewegen, benötigt man im vi nicht die Pfeiltasten. Stattdessen kann man die Tasten benutzen, die sich bereits unter den Fingern befinden. Mit etwas Übung kann man auf diese Art sehr schnell im Dokument navigieren.

*[Anzahl]*j	Den Cursor um eine (bzw. *Anzahl*) Zeile runter setzen.
*[Anzahl]*k	Den Cursor um eine (bzw. *Anzahl*) Zeile rauf verschieben.
*[Anzahl]*l	Den Cursor um ein (bzw. *Anzahl*) Zeichen nach rechts setzen
*[Anzahl]*h	Den Cursor um ein (bzw. *Anzahl*) Zeichen nach links versetzen.
*[Anzahl]*w	Den Cursor um ein (bzw. *Anzahl*) Wort nach rechts bewegen.
*[Anzahl]*b	Den Cursor um ein (bzw. *Anzahl*) Wort nach links bewegen.
*[Anzahl]*G	Springe zum Ende der Datei oder, falls *Anzahl* gegeben, zu Zeile *Anzahl*.
Str-	Bild-nach-unten
Str-b	Bild-nach-oben
^	Springe zum Anfang der aktuellen Zeile.
$	Springe zum Ende der aktuellen Zeile.

Text eingeben

Das Eingeben von Text erfordert im vi, dass man zuvor aus dem Visual Mode in die Eingabebetriebsart gewechselt hat. Dieser Wechsel lässt sich auf verschiedene Arten optimieren, so dass der Cursor gleich an der wunschgemäßen Stelle für die Eingabe positioniert wird.

i	Eingabe vor dem aktuellen Zeichen (insert).
a	Eingabe nach dem aktuellen Zeichen (append).
I	Eingabe am Anfang der aktuellen Zeile (Insert).
A	Eingabe am Ende der aktuellen Zeile (Append).

o	Neue Zeile und Eingabe nach der aktuellen Zeile.
O	Neue Zeile und Eingabe vor der aktuellen Zeile.
Ctrl-v	Eingabe eines Steuerzeichens.

Text ändern

Für kleinere Textmanipulationen braucht man nicht in den Eingabemodus zu wechseln. Stattdessen bieten sich eine Reihe von Abkürzungen an, die sich aus dem Visual Mode heraus benutzen lassen.

*[Anzahl]*r*Zeichen*	Änderung des aktuellen Buchstabens in Zeichen (replace).
R	Überschreibmodus vom aktuellen Buchstaben aus (Replace).
cw*Wort*	Ersetzt das Wort vor dem Cursor durch *Wort*.
cc*Zeichenkette*	Ersetzt die aktuelle oder nächste Zeile durch *Zeichenkette*
J	Hängt die der aktuellen folgende Zeile an die aktuelle an und positioniert den Cursor dazwischen.

Text löschen

Auch das Löschen von Text kann aus dem Visual Mode heraus geschehen. Die Löschtaste funktioniert zwar auf den meisten Terminals ebenfalls, aber da man sich beim Navigieren im Dokument ohnehin meist im Visual Mode befindet, sind die Löschkommandos ungemein praktisch.

*[Anzahl]*x	Ein (bzw. *Anzahl*) Zeichen unter dem Cursor (nach rechts) wird gelöscht.
*[Anzahl]*X	Ein (bzw. *Anzahl*) Zeichen links vom Cursor wird gelöscht.
D	Löscht von der Cursorposition bis zum Zeilenende.
*[Anzahl]*dd	Ein (bzw. *Anzahl*) Zeilen werden gelöscht.
*[Anzahl]*d*[Richtung]*	Ein (bzw. *Anzahl*) Mal wird in *Richtung* (rechts, links, oben, unten, wortweise, was es eben so gibt!) gelöscht.

Die Zwischenablagen im vi

Der vi hat ziemlich viele Zwischenablagen. Einige davon werden beim Löschen automatisch gefüllt (man kann auch ohne zu löschen Text in diese Ablagen schieben), außerdem gibt es noch 26 weitere, die man selbst belegen kann.

Die sogenannten *Delete Buffer*, also die Zwischenablagen, die durch das Löschen (z.B. durch dd) gefüllt werden, sind wie ein Stack organisiert, d.h., nach jedem Löschen verschiebt sich der Inhalt der Ablagen um eine Position nach hinten. Diese Ablagen werden adressiert über die Zifferntasten 1 bis 0, es gibt also zehn Stück. Ansonsten kann man beliebig viel Text in den anderen 26 Ablagen ablegen, die durch die Tasten a-z adressiert sind.

Die Vorgehensweise ist bei beiden Arten von Zwischenablagen identisch: Zwischenablage auswählen und dann kopieren, einfügen oder löschen:

"1..0, a..z	Die Ablage 1 bis 0 bzw. a bis z für die nächste Aktion auswählen.
*[Anzahl]*y*[Richtung]*	Ein (bzw. *Anzahl*) Mal wird in *Richtung* (rechts, links, oben, unten, wortweise, was es eben so gibt!) in die aktuelle Zwischenablage kopiert.
*[Anzahl]*yy	Ein (bzw. *Anzahl*) Zeilen werden in die aktuelle Zwischenablage kopiert.
Beliebige Löschaktion	Gelöschter Text wird in die aktuelle Zwischenablage kopiert.
p	Der Inhalt der aktuellen Zwischenablage wird hinter dem Cursor eingefügt.
P	Der Inhalt der aktuellen Zwischenablage wird vor dem Cursor eingefügt.

Suchen und ersetzen

Sie suchen und ersetzen im Visual Mode mit regulären Ausdrücken auf eine ganz ähnliche Art wie mithilfe des sed-Kommandos.

/*Regex*	Sucht vorwärts nach dem regulären Ausdruck *Regex*.
?*Regex*	Sucht rückwärts nach dem regulären Ausdruck *Regex*.
n	Wiederholt das letzte Suchkommando.
N	Wiederholt das letzte Suchkommando in die jeweils andere Richtung.
f*Zeichen*	Sucht nach *Zeichen* in der aktuellen Zeile vorwärts.
F*Zeichen*	Sucht nach *Zeichen* in der aktuellen Zeile rückwärts.
:%s/*Quelle*/*Ziel*/	Ersetzt *Quelle* im Text einmal durch *Ziel* mit regulären Ausdrücken.
:%s/*Quelle*/*Ziel*/g	Ersetzt *Quelle* im Text überall durch *Ziel* mit regulären Ausdrücken.

Lesezeichen im vi

Die Lesezeichen im Visual Mode sind ein sehr mächtiges Werkzeug, das ein effizientes und sehr schnelles Navigieren im Dokument erlaubt (und vi-unkundige Zeitgenossen zuverlässig zum Staunen bringt). Jeder Buchstabe auf der Tastatur kann als Lesezeichen verwendet werden, sodass man eine große Menge an Lesezeichen jeweils mit zwei Tastendrücken belegen und abrufen kann.

`mKey`	Setzt eine Marke an der aktuellen Stelle unter dem Namen der Taste `Key`.
'Key	Springt zu der Zeile mit der Marke *Key*.
'Key	Springt zu der Stelle mit der Marke *Key*.

Sonstige Goodies

Es gibt noch eine große Anzahl weiterer nützlicher Funktionen im `vi`, von denen wir hier nur zwei vorstellen werden, die dem Autor besonders gut gefallen. Besonderes Augenmerk sollte dem »Punkt-Kommando« zum Wiederholen der letzten Editieraktion gelten. Dieses Kommando lässt sich hervorragend mit den Kommandos für kleine Textänderungen und dem Suchkommando kombinieren. Eine häufig benutzte Befehlsfolge ist `n.`, durch die zum nächsten Suchtreffer gesprungen und dort die letzte Editieraktion wiederholt wird. Wer sich einmal daran gewöhnt hat, kann irgendwann nicht mehr darauf verzichten.

.	Vorschlag: Wiederholt die letzte Editieraktion, z.B. die Texteingabe, Suchen und Ersetzen o.Ä., seit das letzte Mal der Visual Mode verlassen wurde
% über einer Klammer	Springt mit dem Cursor auf die korrespondierende öffnende bzw. schließende Klammer.

vi-Konfiguration

Den `vi` konfiguriert man durch einfache Ex-Kommandos, mit denen man Optionen setzt bzw. zurücksetzt. Um diese Optionen immer gesetzt zu haben, kann man sie auch in eine Konfigurationsdatei schreiben, die der `vi` beim Starten einliest.

vi-Optionen

Auch Optionen können im `vi` als Ex-Kommandos eingegeben werden. Das Kommando hierfür ist `set`. Mit dem `set`-Kommando können sowohl Flags (Wahrheitswerte) gesetzt und gelöscht als auch Attribut-Werte-Paare konfiguriert werden. Die Syntax für Flags ist:

```
set foo
set nofoo
```

Wie man sieht, schaltet das `no` vor dem Flag-Namen das Flag ab, sonst wird es eingeschaltet. Attribut-Werte-Paare werden so konfiguriert:

```
set foo=bar
```

Die konkreten Optionen variieren von einem `vi`-Derivat zum anderen. Oft können Optionen auch in Kurzform angegeben werden, beispielsweise können Sie `ai` statt `autoindent` angeben. Hier ist eine subjektive Auswahl der Optionen:

[no]`autoindent`	Schaltet das automatische Einrücken von Text bei Newlines ein/aus (oder `[no]ai`).
[no]`ignorecase`	Schaltet das Ignorieren von Groß-/Kleinschreibungsunterschieden bei Suchen und Ersetzen ein/aus (oder `[no]ic`).
`textwidth=`*(Integer)*	Setzt die Zeilenlänge, bei der der `vi` einen automatischen Zeilenumbruch macht (oder `tw`).
`shiftwidth=`*(Integer)* (oder `sw`)	Setzt die Anzahl der Stellen, um die der `vi` beim Shift-Kommando einrückt.

vi-Konfigurationsdatei

Die Namen von Konfigurationsdateien unterscheiden sich je nach `vi`-Derivat, allerdings gilt allgemein die Konvention, dass alle die Datei *~/.exrc* lesen, in der dann aber auch nur »Original«-`vi`-Features benutzt werden dürfen. So eine Konfigurationsdatei enthält im Wesentlichen nichts anderes als Ex-Kommandos, beispielsweise:

```
" Dies ist ein Kommentar
set noerrorbells
set undolevels=20
set shiftwidth=2
```

Der Kult um den vi

Editoren sind immer eine Frage des Geschmacks. Tatsächlich ist der `vi` ein recht eigenwilliger Geselle, der sich stark von heute auf Windows- oder Mac-Systemen üblichen Editoren unterscheidet. Ähnlich wie der Umgang mit der Shell offenbart der `vi` mit etwas Übung einige sehr durchdachte und flexible Eigenschaften, die beim täglichen Arbeiten ziemlich nützlich sein können (man wird nach kurzer Zeit die Belegung der Tasten im Visual Mode schätzen lernen, die ein immens schnelles Arbeiten ermöglichen).

Da Freunde des `vi` eigentlich nie auf ihren Lieblingseditor verzichten mögen, gibt es für diverse andere Editoren oder Softwareentwicklungsumgebungen sogar `vi`-Emulationen, sodass man zwar in *GNU Emacs* oder *Eclipse* arbeitet, aber beim Editieren von Text die Belegung des `vi` benutzt. Der Text für dieses Buch wurde übrigens im *GNU Emacs* unter Benutzung der `vi`-Emulation *viper-mode* erfasst.

Da die Tastaturbelegung des `vi` so verbreitet ist, hat sie auch den Weg in andere Programme neben Texteditoren in der Unix-Welt geschafft. Beispiele dafür sind E-Mail-Clients wie *elm* oder *mutt*, der Usenet-Newsclient *tin* und natürlich (siehe Seite 119) die Shell selbst!

KAPITEL 11

Lösungen zu den Übungen

In diesem Kapitel:

- Lösungen zu Kapitel 2, 4–6, 8 und 9

In diesem Kapitel befinden sich die Lösungen zu allen Übungen aus diesem Buch, für die es sinnvolle Musterlösungen gibt.

Übungen aus Kapitel 2

Der wc-Befehl

◄ Übung 2-3

Beschreibung:

```
herbert@Paulina:/home/herbert $ whatis wc
wc (1)  - print the number of bytes, words, and lines in files
herbert@Paulina:/home/herbert $ _
```

Um nur Zeilen zu zählen, übergibt man dem wc-Befehl die Option -l, z.B.:

```
herbert@Paulina:/home/herbert $ wc -l /etc/passwd
     32 /etc/passwd
herbert@Paulina:/home/herbert $ _
```

Kommando zum Herausfinden des Dateityps

◄ Übung 2-4

```
herbert@Paulina:/home/herbert $ apropos type
...
file (1)             - determine file type
...
herbert@Paulina:/home/herbert $ _
```

Herausfinden, wer die Manpages erfunden hat

◄ Übung 2-5

```
herbert@Paulina:/home/herbert $ man man
...
AUTHOR
```

John W. Eaton was the original author of man. Zeyd M. Ben-Halim released man 1.2, and Andries Brouwer followed up with versions 1.3 thru 1.5p. Federico Lucifredi <flucifredi@acm.org> is the current maintainer.

Übungen aus Kapitel 3

Übung 3-1

Das Null-Device

```
herbert@Paulina:/home/herbert $ ls -l /dev/null
crw-rw-rw-  1 root  root   1,  3 Oct  5  1999 /dev/null
herbert@Paulina:/home/herbert $ _
```

Das c am Anfang steht für *character device*.

Übung 3-2

Symbolische Links

Symbolische Links lassen sich leicht erkennen, wenn man `ls` mit der Option `-l` aufruft. Die Links erscheinen dann mit Pfeilen, die auf die Ursprungsdatei verweisen. Auf manchen Systemen (vor allem in Linux) ist das `ls`-Kommando sogar in der Lage, verschiedene Dateitypen durch die Anzeige in verschiedenen Farben zu kennzeichnen.

Übung 3-3

Ausreichend Platz in /opt

Angenommen, der Systemadministrator weiß bereits, dass */opt* noch nicht existiert. Er wird sich zunächst einen Überblick über den verfügbaren Platz auf den ins System eingebundenen Partitionen verschaffen:

```
Paulina:/zip/unix-shell # df -k / /usr/local
Filesystem     1k-blocks     Used Available Use% Mounted on
/dev/sda8         303251    55046    103221  19% /
/dev/sda12       3958767  2809770    944170  75% /usr
Paulina:/zip/unix-shell # _
```

Es bietet sich also an, die Software in */usr/local* zu installieren, aber so, dass die Software dennoch in einem Verzeichnis unter */opt* zu erreichen ist. Hier hilft ein symbolischer Link. Da möglicherweise später noch weitere Software in diesem Verzeichnis installiert werden muss, sollte zunächst ein Verzeichnis */usr/local/opt* erstellt und ein symbolischer Link darauf als */opt* erzeugt werden:

```
Paulina:/root # whoami
root
Paulina:/root # mkdir /usr/local/opt
Paulina:/root # ln -s /usr/local/opt /
```

```
Paulina:/root # ls /opt/
.  ..
Paulina:/root # _
```

Die Software kann nun in */opt* installiert werden, wird sich aber physikalisch in */usr/local/opt* befinden.

Verschieben über Dateisystemgrenzen hinweg

◄ Übung 3-4

Die Erklärung hierzu liegt im zweistufigen Zugriff auf Dateien unter Unix. Beim Verschieben im selben Dateisystem muss nur der Verzeichniseintrag verschoben (oder umbenannt) werden, der *Inode* und der eigentliche Dateiinhalt bleiben, wo sie sind. Wenn Dateisystemgrenzen überschritten werden, müssen neben dem Verzeichniseintrag auch der *Inode* und der Inhalt der Datei bewegt werden.

Kopieren von mehr als einer Datei ohne existierendes Zielverzeichnis

◄ Übung 3-5

```
herbert@Paola:~$ cp -r GNUstep .profile .bashrc Mail out
usage: cp [-R [-H | -L | -P]] [-fi | -n] [-apvX] source_file target_file
       cp [-R [-H | -L | -P]] [-fi | -n] [-apvX] source_file ... target_directory
herbert@Paola:~$ _
```

Die genaue Diagnosemeldung kann je nach Unix unterschiedlich ausfallen (dies ist von BSD, das unter Mac OS X arbeitet).

Diese Meldung besagt, dass, wenn mehr als ein Argument kopiert werden soll, das Zielargument ein Verzeichnis sein muss. Da das Verzeichnis nicht existiert, verweigert cp die Arbeit.

Um zu verstehen, warum das so ist, stelle man sich vor, es wäre nicht so: Welches sinnvolle Verhalten könnte man ansonsten für einen solchen Fall vorsehen?

Existierte das Ziel und wäre es eine reguläre Datei, könnte man Dateien natürlich alle, eine nach der anderen, in dieselbe Datei hineinkopieren, was alle bis auf die letzte vernichten würde. Das wäre kaum ein sinnvolles Verhalten. Bei Verzeichnissen sieht die Sache noch schwieriger aus: Wie kann man sinnvoll ein Verzeichnis in eine Datei kopieren?

Als letzte Alternative könnte man sich vielleicht vorstellen, dass cp in einem solchen Fall ganz einfach ein Verzeichnis mit dem Namen *out* erzeugt und alles dort hineinkopiert. Dieses Verhalten ist vorstellbar, und vielleicht gibt es ja irgendwo einen Unix-Dialekt, der eine Option für solch ein Verhalten vorsieht. Standard ist das allerdings leider nicht.

Übung 3-6

Quoten des Backslashs

Um den Backslash zu quoten, gibt es zwei Möglichkeiten:

1. Da der Backslash ein Operator ist, verliert er seine besondere Bedeutung durch einen Backslash:

```
$ echo \\
```

2. Die einfachen Anführungszeichen unterdrücken ebenfalls die Auswertung des Backslashs:

```
$ echo '\'
```

Die doppelten Anführungszeichen sind schwächer als die einfachen und in diesem Fall nicht stark genug.

Übung 3-7

Zugriffsrechte für ein Projekt

Am besten lässt sich dieses Problem lösen, wenn für die an dem Projekt Beteiligten eine eigene Gruppe erzeugt wird:

```
$ groupadd projekt
```

Nun müssen alle betroffenen Benutzer Mitglieder dieser Gruppe werden (die Option `-G` ist unter Linux, aber auch in anderen Unix-Systemen üblich):

```
$ usermod -G projekt hugo
```

Dieser Befehl ist natürlich auch für die anderen Benutzer notwendig. Zum Schluss werden alle Dateien des Projekts für die Mitglieder der neuen Gruppe freigegeben und für den Rest der Welt gesperrt:

```
$ chmod -R g+rx projekt/
$ chmod -R o-rwx projekt/
```

Übungen aus Kapitel 4

Übung 4-1

Zählen von Studenten-Home-Verzeichnissen mit ls

Auf das genaue Resultat kommt es in dieser Übung natürlich nicht an, da die am Ende gelieferte Anzahl von den Beispielverzeichnissen abhängt, die man sich für diese Übung angelegt hat.

Die gesuchten Studenten fangen alle mit dem Kürzel *wi* an, sodass die Einträge mit der Wildcard *wi** gefunden werden können. Ruft man nun aber den `ls`-Befehl mit dem entsprechenden Pfad (*/home/*

*stud/wi**) ohne weitere Optionen auf, wird er, da die entsprechenden Einträge Verzeichnisse sind, deren Inhalt anstatt einfach nur die Namen anzeigen. Durch die -d-Option wird erreicht, dass Verzeichnisse wie normale Dateien behandelt werden. Das Resultat wird dann durch wc gefiltert, der die Anzahl der Wörter auf die Standardausgabe schreibt:

```
herbert@paulina:~/ $ ls -d /home/stud/wi* | wc -w
     35
herbert@paulina:~/ $ _
```

Zählen von Studenten-Home-Verzeichnissen ohne ls

Übung 4-2

Da die Shell bereits vor dem Starten des jeweils aufgerufenen Befehls die Wildcards »übersetzt«, wird der ls-Befehl hier im Grunde gar nicht gebraucht. Es reicht ein Befehl, der die Aufrufparameter einfach auf die Standardausgabe schreibt   wie echo. Die alternative Lösung sieht also wie folgt aus:

```
herbert@paulina:~/ $ echo /home/stud/wi* | wc -w
     35
herbert@paulina:~/ $ _
```

Der Zuweisungsoperator in der Bourne-Shell

Übung 4-3

Käme der Zuweisungsoperator nicht direkt nach dem Variablennamen, würde die Shell vermuten, dass es sich nicht um eine Variablenzuweisung, sondern um einen Programmaufruf handelt, bei dem das Gleichheitszeichen einfach das Kommandozeilenargument ist.

Beispiel:

```
FOO =bar
```

Hier wird die Shell nach einem Programm FOO suchen, um es mit dem Argument =bar aufzurufen.

Besondere Zeichen in Variablenwerten

Übung 4-4

Das Zeichen $ (und auch andere Sonderzeichen) kann durch entsprechendes Quoting einer Variablen zugewiesen werden. Hier bieten sich die einfachen Anführungszeichen oder der Backslash an:

```
FOO='$FOO'
```

oder:

```
FOO=\$FOO
```

Übung 4-5

Dateien unter /etc anzeigen (Kommandoersetzung)

Um die Liste aller Dateien zu erhalten, wird `find` verwendet. Das Ergebnis wird per Kommandoersetzung an `ls` übergeben:

```
$ ls -l `find /etc/ -name '*.conf' -print`
```

Übung 4-6

Dateien unter /etc anzeigen (Pipe)

Anstelle einer Kommandoersetzung kann auch eine Pipe verwendet werden, hierzu ist xargs nützlich:

```
find /etc/ -name '*.conf' -print | xargs ls -l
```

Übung 4-7

Das Kommando »yes«

```
YES(1)

NAME

yes - be repetitively affirmative
SYNOPSIS

yes [expletive]
DESCRIPTION

yes outputs expletive, or, by default, "y", forever.
HISTORY

The yes command appeared in 4.0BSD.
```

```
$ yes
y
y
y
y
[...]
^C
$ _
```

Welche Verwendung sollte jemand für unendlich viele y haben? Nun, wie bereits in Abschnitt 3.7.5 erwähnt, sind in manchen Systemen die Kommandos zum Kopieren, Verschieben oder Löschen so konfiguriert, dass man ständig bestätigen muss, dass man das auch wirklich will. Dieses Problem scheint nicht so neu zu sein, jedenfalls haben die Väter von BSD 4.0 eine Abhilfe zur Verfügung gestellt.

Wenn ein Kommando nach Bestätigung fragt, liest es von der Standardeingabe. Leitet man nun die Standardeingabe um, z.B. durch eine Pipe, kann man dafür sorgen, dass das Programm automatisch seine Bestätigung erhält:

```
herbert@Paulina:~ $ yes | rm -i /tmp/foo
remove /tmp/foo? herbert@Paulina:~ $ _
```

Dass hier der neue Prompt noch in derselben Zeile wie die Nachfrage erscheint, ist kein Versehen – je nach Unix-Dialekt kann es sein, dass nach dem Kommando kein Zeilenumbruch angehängt wird.

Dreher in Kommandos

◀ Übung 4-8

Ein Alias für ein fehlertolerantes grep:

```
$ alias grpe='grep'
$ _
```

Der `sl`-Befehl (man beachte die BUGS-Sektion!):

```
SL(1)

NAME
  sl - correct miss typing

SYNOPSIS
  sl [ -alF ]

DESCRIPTION
  sl is a highly developed animation program, which corrects your miss typing.

OPTIONS
  -a It seems some accidents have happened. People give sad cries.
  -l Becomes smaller.
  -F Flies.

SEE ALSO
  ls(1)

BUGS
  Sometimes, this program prints out the names of files in the current directory.

AUTHORS
  Masashi Toyoda (toyoda@isea.is.titech.ac.jp)

TRANSLATOR
  Hideyuki Mita (mita@miv.t.u-tokyo.ac.jp)
  Tomoaki Okayama (okayama@sodan.ecc.u-tokyo.ac.jp)
```

Es ist unmöglich, dieses Programm in Worten zu beschreiben, nur so viel sei erwähnt: Die Abkürzung `sl` dürfte wohl für *steam locomotive* stehen dürfte!

Übung 4-9

Jobkontrolle

```
$ sleep 200 &
[1] 1118
$ ps a | grep sleep
1118 s000  S       0:00.00 sleep 200
1142 s000  R+      0:00.00 grep sleep
$ kill 1118
[1]+  Terminated              sleep 200
$ ps a | grep sleep
$ _
```

Natürlich ist das ps nicht unbedingt notwendig, schließlich teilt uns die Shell direkt nach dem Starten von sleep die PID schon mit, aber wenn wir ein Kommando nicht gerade erst gestartet haben, ist uns diese Information natürlich nicht mehr ganz gegenwärtig.

Übung 4-10

Der Prozess mit der PID 1

Um die PID 1 zu finden, brauchen wir einen geeigneten regulären Ausdruck. Hierzu schauen wir uns erst einmal die Ausgabe von ps aux an:

```
$ ps aux | head -2
USER PID %CPU %MEM      VSZ    RSS TT  STAT STARTED     TIME COMMAND
md   483  5.0  0.3 2765572 13100 ??  S     11:31AM 0:07.52 foo
```

Wir suchen also nach der Zahl 1, eingefasst von Leerzeichen, in der zweiten Spalte:

```
$ ps aux | grep "^[^ ]\+ \+1 \+"
root    1  0.0  0.0 2456672 1024 ??  Ss    11:29AM 0:00.86 init
```

Das Programm mit der PID 1, meist heißt es init, ist sozusagen die Mutter aller Prozesse. Es ist der erste Prozess, der beim Laden des Betriebssystems gestartet wird, und er erzeugt alle weiteren Prozesse.

Übungen aus Kapitel 5

Übung 5-1

Welches ls wird ausgeführt?

Es wird das Programm ls ausgeführt, das in den Verzeichnissen in der PATH-Variablen zuerst gefunden wird.

Ob das ls im aktuellen Verzeichnis überhaupt aufgerufen wird, hängt davon ab, ob das Alias für das jeweils aktuelle Verzeichnis, also der Punkt, in der PATH-Variablen enthalten ist. Ist das der Fall, bleibt immer noch die Frage, wo das aktuelle Verzeichnis in der Liste steht.

Angenommen, die ausführbare Datei für das `ls`-Kommando befindet sich (wie auf den meisten Systemen) in */bin/ls*, dann besteht also primär die Frage darin, ob dieses oder das im eigenen Home-Verzeichnis liegende Programm aufgerufen wird.

Hier ein paar Beispiele mit typischen Werten für die `PATH`-Variable:

`/bin:/usr/local/bin:/usr/bin:.:~/bin`
: Hier wird das systemweite `ls` aufgerufen, weil */bin* weiter vorn als der Punkt in der Liste steht.

`/bin:/usr/local/bin:/usr/bin`
: Hier wird das systemweite `ls` aufgerufen, weil das aktuelle Verzeichnis überhaupt nicht nach Programmen durchsucht wird.

`.: /bin:/bin:/usr/local/bin:/usr/bin`
: Hier wird das Programm im aktuellen Verzeichnis aufgerufen.

Die PATH-Variable des Administrators

◄ Übung 5-2

Der Administrator trägt eine besondere Verantwortung, da er vollen Zugriff auf alle Ressourcen im System hat und somit potenziell auch beliebig viel zerstören kann.

Gesetzt den Fall, der Administrator befindet sich im Verzeichnis irgendeines Benutzers, um etwas in Ordnung zu bringen, und ruft ein Kommando auf, muss er sicher sein können, dass wirklich das von ihm »gemeinte« Kommando ausgeführt wird, auch wenn sich im aktuellen Verzeichnis eine ausführbare Datei desselben Namens befindet.

Will der Administrator ein Programm, das sich nicht in einem Verzeichnis aus der `PATH`-Liste befindet, aufrufen, wird er das durch eine explizite Pfadangabe tun, z.B. `./ls`. Diese Konvention (mehr als eine Konvention ist es nicht!) schützt den Administrator davor, Schaden dadurch anzurichten, dass versehentlich das falsche Programm aufgerufen wird.

Wenn man genauer hinschaut, zeigt sich, dass diese Konvention auch für »normale« Benutzer durchaus sinnvoll sein kann.

Die aktuelle Zeit im Prompt

◄ Übung 5-3

Zunächst einmal müssen wir herausfinden, wie wir dem `date`-Kommando ein geeignetes Ausgabeformat entlocken, da wir nur die Zeit haben wollen. Nach einem Blick in die Manpage sind wir schlauer:

```
herbert@Paulina:~ $ date +%H:%m
17:10
herbert@Paulina:~ $ _
```

Die Konfiguration für die Bourne-Shell sieht dann so aus:

```
herbert@Paulina:~ $ PS1="[ (‘date +%H:%m‘) \‘pwd\‘ ] "
[ (17:10) /home/herbert ] _
```

Für die C-Shell greifen wir den etwas aufwendigen Trick aus Abschnitt 5.3 auf:

```
% alias setprompt 'set prompt="[ (‘date +%H:%m‘) ‘pwd‘ ] "'
% alias cd 'chdir \!\!:* ; setprompt'
% alias pushd 'pushd \!\!:* ; setprompt'
% alias popd  'popd  \!\!:* ; setprompt'
% cd
[ (17:10) /home/herbert ] _
```

Auf Login- und Rechnernamen wird hier verzichtet, da der Prompt in tieferen Zweigen der Verzeichnishierarchie sonst schnell recht lang wird, sodass eingetippte Kommandos oft nicht mehr in die jeweils aktuelle Zeile passen.

Übungen aus Kapitel 6

Übung 6-1

Sich selbst in /etc/passwd finden

Wenn wir die Datei */etc/passwd* untersuchen, finden wir diese Struktur:

```
herbert@Paulina:/home/herbert $ cat /etc/passwd
root:x:0:0:root:/root:/bin/bash
daemon:x:1:1:daemon:/usr/sbin:/bin/sh
[...]
herbert:x:1000:1000:Martin Dietze,,,:/home/herbert:/bin/bash
```

Offenbar suchen wir also nach einer Zeile, die gleich zu Beginn den eigenen Benutzernamen enthält, gefolgt von einem Doppelpunkt. Die Lösung ist folgende:

```
herbert@Paulina:/home/herbert $ grep "^herbert:" /etc/passwd
herbert:x:1000:1000:Martin Dietze,,,:/home/herbert:/bin/bash
```

Das ^ steht hier für den Zeilenanfang. Um Kollisionen mit Namen wie z.B. *herbertina* zu vermeiden, muss der Doppelpunkt mit im Suchmuster angegeben werden.

Übung 6-2

Substantive und Namen in /etc/passwd finden

Für diese Aufgabe brauchen wir einen regulären Ausdruck, mit dem wir Groß- und Kleinbuchstaben allgemein beschreiben können:

```
herbert@Paulina:/home/herbert $ grep "[A-Z][a-z][a-z]*" /etc/passwd
herbert:x:1000:1000:Martin Dietze,,,:/home/herbert:/bin/bash
```

Wir verlangen, dass das Wort mindestens aus zwei Buchstaben besteht, von denen der erste groß sein muss. Mit dem Ausdruck [a-z]* beschreiben wir, dass keine bis unendlich viele Kleinbuchstaben folgen können. Dieser Ausdruck lässt sich auch noch etwas kürzer schreiben: [A-Z][a-z]\+ bzw. wenn egrep statt grep benutzt wird: [A-Z][a-z]+.

Die Buchstaben r und l in Manpages

◄ Übung 6-3

Zum Vertauschen von Buchstaben bietet sich der tr-Filter an. Um im Eingabedatenstrom die gewünschte Ersetzung vorzunehmen, wird folgender tr-Aufruf benötigt:

```
$ tr 'rRlL' 'lLrR'
```

Die Reihenfolge der Buchstaben in einem der beiden Argumente kann beliebig verändert werden, solange das im jeweils anderen analog stattfindet. Zur Anzeige von Manpages wird die Umgebungsvariable PAGER ausgewertet, die den Namen eines Filters enthält. Somit kann also einfach obiger Ausdruck (in Anführungszeichen) als Wert für die PAGER-Variable benutzt werden. Damit die Anzeige nicht so vorbeihuscht, hängen wir einfach per Pipe einen »echten« Pager an:

```
$ PAGER="tr 'rRlL' 'lLrR' | less
```

Der Anfang der Manpage der *bash* sieht dann auf meinem System so aus:

```
BASH(1)

NAME
bash - GNU Boulne-Again SHerr

SYNOPSIS
Bash [options] [fire]

COPYLIGHT
Bash is Copylight (C) 1989-1999 by the Flee Softwale Foundation, Inc.

DESCRIPTION
Bash is an sh-compatibre command ranguage intelpletel that executes
commands lead flom the standald input ol flom a fire. bash arso
incolpolates usefur featules flom the Koln and C sherrs (ksh and csh).
bash is intended to be a confolmant inprementation of the IEEE POSIX
Sherr and Toors specification (IEEE Wolking Gloup 1003.2).
```

Übung 6-4

Die Ausgabe von ls sortieren

Um die Ausgabe von \cmd{ls -l} nach den Dateigrößen zu sortieren, machen wir es uns zunutze, dass die Größe numerisch ist und der Befehl \cmd{sort} mit der Option \cmd{-n} numerisch sortieren kann. Auf meinem System sieht die Ausgabe von \cmd{ls -l} etwa so aus:

```
$ ls -l *.dvi
-rw-rw-r--  1 herbert fhw 387100 Mar 25 17:07 buch.dvi
$ _
```

Nun muss nur noch erreicht werden, dass die Ausgabezeilen von ls -l mit den Dateigrößen beginnen. Dazu kommt dann awk zum Einsatz:

```
$ ls -l | awk '{ print $5, $9 }' | sort -n
[...]
120017 kapitel3.tex
128886 unix-shell.tar.gz
388508 buch.dvi
$ _
```

Da hier alle Zeilen behandelt werden sollen, wird hier bei awk der *Ausdruck* weggelassen und nur eine *Aktion* angegeben.

Übung 6-5

Absolute aus relativen Pfaden

Zunächst muss wie immer ein geeigneter regulärer Ausdruck gefunden werden. Das ist in diesem Fall recht einfach, wir suchen nach einem Punkt am Beginn einer Zeile: ^\. (der Backslash ist notwendig, da der Punkt ansonsten für ein beliebiges Zeichen stehen würde). Das Ersetzungsmuster ist das Ergebnis von pwd:

```
$ find . | sed "s|^\./|`pwd`|"
```

Da die Kommandoersetzung um pwd vor find und sed ausgeführt wird, bekommt sed hier auf der rechten Seite bereits das Ergebnis von pwd zu sehen. Außerdem beachtenswert ist, dass als Trennzeichen bei sed etwas anderes als der Schrägstrich benutzt wird, da die Ausgabe von find ja reichlich Schrägstrichen enthält, die von sed natürlich nicht interpretiert werden sollen.

Übung 6-6

SQL-Ersatz durch Shell-Kommandos

Für den SELECT-Teil bietet sich sed oder cut an. Bei der Lösung mit sed sieht der reguläre Ausdruck für die ganze Zeile so aus (ich weise ihn hier für später gleich einer Variablen zu):

```
RX='^\([^	]*\)	\([^	]*\)	\([^	]*\)	\(.*\)$'
```

Mit sed kann nun Spalte 4 extrahiert werden:

```
$ sed "s/$RX/\4/" daemon
FTPD: command: USER anonymous
< 331
[...]
$ _
```

Mit cut ist es noch einfacher, wir müssen nur den Tabulator als Trenner festlegen (der Leerraum zwischen den einfachen Anführungszeichen ist ein per Ctrl-V-Tab eingegebener Tabulator):

```
$ cut -d '	' -f 4 daemon
FTPD: command: USER anonymous
< 331
[...]
$ _
```

Die WHERE-Klausel können wir ähnlich wie die Lösung zu SELECT mit sed implementieren. Dabei sollte wieder die gesamte Zeile als regulärer Ausdruck beschrieben werden:

```
grep '^\(.*:59\)	\([^	]*\)	\([^	]*\)	\(.*\)$' daemon
Oct/7/05:00:59 tpal ftpd[213]: < 230
Oct/7/05:00:59 tpal ftpd[213]: Guest login ok, access rest...
Oct/7/05:00:59 tpal ftpd[213]: FTPD: command: CWD /pub/
$ _
```

Am Ende setzen wir alles zusammen:

```
grep '^\(.*:59\)	\([^	]*\)	\([^	]*\)	\(.*\)$' daemon \
  | cut -d '	' -f 4
< 230
Guest login ok, access restric...
FTPD: command: CWD /pub/
$ _
```

Entpacken geschachtelter tar-Archive

◄ Übung 6-7

Mit der -0-Option ist es ganz einfach:

```
$ tar xOf archiv.tar montag.tar.gz | tar xzf -
$ _
```

Festplattenpartitionen sichern

◄ Übung 6-8

Da die Festplattenpartitionen ganz einfach als Pseudodateien im */dev*-Dateisystem zur Verfügung stehen, können sie auch wie Dateien gelesen (und geschrieben!) werden. Allerdings überprüfen Komprimierer in der Regel zunächst, ob sie es mit regulären Dateien zu tun haben. Hier hilft daher wieder die Standardein- bzw. -ausgabe:

```
$ bzip2 -c </dev/sda1 >sda1-image.bz2
```

Ein solches Backup ist natürlich nicht so flexibel einsetzbar wie ein mit `tar` archiviertes Dateisystem, aber was ist zum Beispiel, wenn auf unserem Rechner ein fremdes, exotisches Dateisystem installiert ist, das unser Unix nicht selbst lesen kann? In diesem Fall ist so ein Backup besser als überhaupt keins.

Ein solches Image ist auch so ziemlich die simpelste und schnellste Methode, eine Betriebssysteminstallation auf viele identische Rechner zu verteilen[1]. Schließlich kann auf einigen Unix-Systemen ein solches Image, wenn es ein bekanntes Dateisystem enthält, sogar dekomprimiert werden, und die dabei entstehende Datei kann dann als Pseudofestplatte gemountet[2] werden. Mit welchen Optionen das genau möglich ist, hängt von der jeweils verwendeten Unix-Variante ab.

Übungen aus Kapitel 8

Übung 8-1

URLs aus HTML-Dateien extrahieren

Bourne-Shell-Version:

```
#!/bin/sh

for file in "$@"; do
  if [ ! -r $file ]; then
    echo "Fehler, konnte $file nicht lesen"  1>&2
    exit 1
  fi
done

cat "$@" | grep -i ’href=’ | tr ’"’ "’" \
    | sed -e "s/.*[Hh][Rr][Ee][Ff]=//" -e "s/>.*//" -e "s/ .*//" \
    | tr -d "’" | sort | uniq
```

C-Shell-Version:

```
#!/bin/csh

foreach file ($argv[*])
  if ( ! -r $file ) then
```

1 Dieses Beispiel beruht auf einer »wahren Begebenheit«, eine derartige Technik ist vom Autor selbst dazu eingesetzt worden, PCs in einem Rechenzentrum vorzubereiten. Es sei aber davor gewarnt, so etwas auszuprobieren, wenn man sich nicht ganz sicher ist, dass die Rechner auch wirklich die gleiche Hardware und Partitionierung haben.

2 Siehe Seite 81 zum Thema Einbinden von Dateisystemen.

```
    echo "Fehler, konnte $file nicht lesen"
    exit 1
  endif
end

cat $argv[*] | grep -i ’href=’ | tr ’"’ "’" \
    | sed -e "s/.*[Hh][Rr][Ee][Ff]=//" -e "s/>.*//" -e "s/ .*//" \
    | tr -d "’" | sort | uniq
```

Einschränken auf einen Dateityp

Übung 8-2

Bourne-Shell-Version:

```
#!/bin/sh

EXT=’.*’

case $1 in
  -t)
    shift
    EXT="\.$1\$"
    shift
    if [ -z "$EXT" ]; then
      echo "Fehler, kein Argument zu -t" 1>&2
      exit 1
    fi
    ;;
esac

for file in "$@"; do
  if [ ! -r $file ]; then
    echo "Fehler, konnte $file nicht lesen"  1>&2
    exit 1
  fi
done

cat "$@" | grep -i ’href=’ | tr ’"’ "’" \
    | sed -e "s/.*[Hh][Rr][Ee][Ff]=//" -e "s/>.*//" -e "s/ .*//" \
    | tr -d "’" | grep "$EXT" | sort | uniq
```

C-Shell-Version:

```
#!/bin/csh

set EXT = ’.*’

switch ( $argv[1] )
  case -t:
    shift
    if (  $#argv < 2 ) then
      echo "Fehler, kein Argument zu -t"
      exit 1
    endif
```

```
    set EXT = "\.$1"
    shift
    breaksw
endsw

foreach file ($argv[*])
  if ( ! -r $file ) then
    echo "Fehler, konnte $file nicht lesen"
    exit 1
  endif
end

cat $argv[*] | grep -i 'href=' | tr '"' "'" \
    | sed -e "s/.*[Hh][Rr][Ee][Ff]=//" -e "s/>.*//" -e "s/ .*//" \
    | tr -d "'" | grep "$EXT"'$' | sort | uniq
```

Bei der C-Shell-Lösung ist zu beachten, dass das Dollarzeichen, mit dem bei grep das Ende einer Zeile markiert wird, nicht Teil des Variablenwerts sein kann, ein Ausdruck set EXT = ¨ foo$¨ führt zu einer Fehlermeldung. Als Notbehelf muss das Zeichen bei Gebrauch von grep in einfachen Anführungszeichen an den Wert der Variablen EXT angehängt werden.

Übung 8-3

Thumbnails für viele Dateien erzeugen

Um das Skript auf mehrere Dateien anwenden zu können, muss eine Schleife angelegt werden. Außerdem ändert sich die Fehlerbehandlung:

```
#!/bin/sh

if [ $# = 0 ]; then
  echo "Benutzung: $0 <dateien>" 1>&2
  exit 1
fi

for i in "$@"; do

  if [ ! -f "$i" ]; then
    echo "Autsch, die Datei $i existiert nicht." 1>&2
    exit 1
  fi

done

ZRX="[0-9]\\+"
NRX="\\(${ZRX}\\)"

for i in "$@"; do
```

```
  SIZE="‘identify "$i" | \
    sed "s/.* ${NRX}x${NRX}+${ZRX}+${ZRX} .*/\1 \2/"‘"
  ROWS=‘echo $SIZE | cut -d ' ' -f 1‘
  COLS=‘echo $SIZE | cut -d ' ' -f 2‘

  if [ $ROWS -lt $COLS ]; then
    GEOMETRY="192x256"
  fi

  GEOMETRY="256x192"
  EXT="\\([^\\.]\\+\\)"
  NAME="‘echo "$i" | sed "s/\.${EXT}$/_thumb.\1/"‘"
  echo "$i -> $NAME"

  convert -resize $GEOMETRY "$i" "$NAME"

done
```

Übungen aus Kapitel 9

Seq-Funktion

Übung 9-1

```
Seq() {
  i=$1
  UPPER=$2
  while [ $i -le $UPPER ]; do
    echo $i
    i=‘expr $i + 1‘
  done
}
```

Benutzen von getopts

Übung 9-2

```
#!/bin/sh

Seq() {
  i=$1
  UPPER=$2
  while [ $i -le $UPPER ]; do
    echo $i
    i=‘expr $i + 1‘
  done
}

while getopts t: OPTION; do
  case $OPTION in
    t)
      EXT="\.$OPTARG\$"
      ;;
    *)
```

```
      exit 1
  esac
done

for i in ‘Seq 2 $OPTIND‘; do
  shift
done

for file in "$@"; do
  if [ ! -r $file ]; then
    echo "Fehler, konnte $file nicht lesen"  1>&2
    exit 1
  fi
done

cat "$@" | grep -i ’href=’ | tr ’"’ "’" \
    | sed -e "s/.*[Hh][Rr][Ee][Ff]=//" -e "s/>.*//" -e "s/ .*//" \
    | tr -d "’" | grep "$EXT" | sort | uniq
```

KAPITEL 12

Folklore

In diesem Kapitel:

- Unsinn mit der Shell
- Der RFC 1925

Ein jedes Buch geht irgendwann zu Ende. Um den Abschied nicht ganz so schmerzhaft werden zu lassen und als Dank dafür, dass Sie, lieber Leser, so lange durchgehalten (und sicherlich alle Übungen gelöst!) haben, gibt es – noch einen weiteren Anhang ;-)

Unsinn mit der Shell

Wie schon an einigen Stellen in diesem Buch erwähnt, hat das Arbeiten mit der Shell viel mit Sprache zu tun. Logischerweise hatten die Väter der Shell und des Unix-Systems so ihre Freude an allem, was sich in den vielen kleinen Wortspielereien nicht nur in Kommandonamen, sondern oft auch in (gewollten und ungewollten) Mehrdeutigkeiten in Diagnosemeldungen manifestierte. Es entwickelte sich in den frühen Jahren bei eingefleischten Unix-Benutzern ein regelrechter Sport, der darin bestand, mithilfe von Diagnosemeldungen mancher Programme irgendwie witzige Dialoge zu führen, die man dann untereinander weitergab und sich daran erfreute.

Leider sind im Lauf der Jahre, in denen Unix immer endnutzertauglicher und folglich die Diagnosemeldungen immer weniger zweideutig wurden, manche dieser Perlen für immer verloren gegangen. Zur Belustigung der Leser seien hier dennoch einige Beispiele genannt, die sich leider auf aktuellen Unix-Systemen nur noch in Ausnahmefällen nachstellen lassen. (Vielleicht gibt es ja ganz neue Möglichkeiten? Probieren Sie es aus!) Alle diese kleinen Blödeleien stammen aus dem Usenet, das heutzutage durch den Siegeszug der Webforen leider kaum noch jemand kennt, das aber in den frühen

Jahren ein wundervoller Ort zum Austausch und Erleben von Netzwissen, Netzkultur und auch Netzhumor war.

Unsinn mit der Bourne-Shell

Die Fehlermeldungen bei unbekannten Kommandos waren früher schön kurz:

```
$ lost
lost: not found
```

Das Kommando make wird in der Softwareentwicklung eingesetzt:

```
$ make love
Make:  Don't know how to make love.  Stop.
```

Alternativ:

```
$ make war
Make:  Don't know how to make war.  Stop.
```

Auch ar spielt eine Rolle bei der Softwareentwicklung:

```
$ ar x "my love life"
ar: my love life does not exist
```

Katzen:

```
$ cat "food in tin cans"
cat: cannot open food in tin cans
```

Leider gilt für alle obigen Beispiele, dass die Fehlermeldungen der aktuellen Versionen der benutzten Software inzwischen viel zu vernünftig geworden ist.

Unsinn mit der C-Shell

Dieses Beispiel mit dem man-Befehl war auf einem Mac OS X 10.6 noch reproduzierbar:

```
% man: Why did you leave your wife?
man:: too many arguments
```

Dies hier geht leider nicht mehr:

```
% gotta light?
No match.
```

Immerhin kann man dieses Beispiel heute noch ganz gut in manchen vi-Varianten nachstellen (z.B. in elvis), wenn man die Suche benutzt:

```
/gotta light?
No match.
```

Das ewig gleiche Thema:

```
% sleep with me
bad character
```

Unsinn mit Operatoren:

```
% ^What is saccharine?
Bad substitute.
% %blow
%blow: No such job.
% \(-
(-: Command not found.
```

Generell scheint es um die C-Shell etwas besser bestellt zu sein, auch wenn ebenfalls vieles nicht mehr funktioniert. Möglicherweise spielt hier auch eine Rolle, dass die C-Shell heute bei Weitem nicht mehr die Verbreitung hat wie in ihren Ursprungszeiten.

Der RFC 1925

Wie bereits eingangs erwähnt, ist die Entwicklung von Unix mit der des Internets untrennbar verbunden. Praktisch alle heute im Internet benutzten Netzwerkprotokolle wurden ursprünglich auf Unix-Systemen entwickelt und traten später von dort aus ihren Siegeszug auch auf andere Systeme an. Daher verwundert es nicht, dass das Betreiben von Netzwerken und das Programmieren von Netzwerkanwendungen oft auf Unix-Systemen stattfand (und auch heute noch stattfindet).

Die Internetprotokollfamilie wurde von vielen Menschen in Kollaboration entwickelt, und technische Standards wurden im Internet veröffentlicht und diskutiert. Die Dokumente, in denen das geschah, trugen den Namen *Request for Comments*, kurz *RFC*, und werden bis heute erweitert und benutzt. Darüber hinaus sind sie natürlich für alle Menschen öffentlich zugängig. Sie enthalten technische Standards, aber oft auch ganz allgemeine Überlegungen bis hin zu reinem Humor. Ein Beispiel für nicht ganz ernst gemeinte RFCs ist etwa der Entwurf eines Protokolls zum Transport von IP-Paketen durch Luftbeförderung (RFC 1149), der vor einigen Jahren in Finnland mithilfe von Brieftauben examplarisch implementiert wurde.

Hier soll ein weiterer RFC vorgestellt werden, der nichts mit Netzwerkprotokollen zu tun hat, aber auf wundervolle Art Humor und Weisheit miteinander verbindet. Zum Begriff »Weisheit« sei hier angeführt, dass der Autor dieser Zeilen den RFC 1925 zunächst nur originell und unterhaltsam fand, aber in vielen Jahren der Softwareentwicklung und des Betreibens von Netzwerken zum Teil unter Schmerzen feststellen musste, dass, ähnlich wie *Murphy's Gesetz*, der RFC 1925 eine ganze Menge an im täglichen Industriewahnsinn angeeigneter Erfahrung enthält, die man vielleicht nicht sofort versteht, aber mit der Zeit schätzen lernt.

Tipp In diesem Zusammenhang kann einfach nicht unterbleiben, die Lektüre von Dilbert-Comics zu empfehlen, für die genau das Gleiche gilt!

Ganz nebenher vermittelt er auch, wie ein RFC üblicherweise aufgebaut ist:

```
Network Working Group                                  R. Callon, Editor
Request for Comments: 1925                                          IOOF
Category: Informational                                     1 April 1996


                    The Twelve Networking Truths

Status of this Memo

 This memo provides information for the Internet community.  This memo
 does not specify an Internet standard of any kind.  Distribution of
 this memo is unlimited.

Abstract

 This memo documents the fundamental truths of networking for the
 Internet community. This memo does not specify a standard, except in
 the sense that all standards must implicitly follow the fundamental
 truths.

Acknowledgements

 The truths described in this memo result from extensive study over an
 extended period of time by many people, some of whom did not intend
 to contribute to this work. The editor merely has collected these
 truths, and would like to thank the networking community for
 originally illuminating these truths.

1. Introduction

 This Request for Comments (RFC) provides information about the
 fundamental truths underlying all networking. These truths apply to
 networking in general, and are not limited to TCP/IP, the Internet,
 or any other subset of the networking community.
```

2. The Fundamental Truths

(1) It Has To Work.

(2) No matter how hard you push and no matter what the priority, you can't increase the speed of light.

(2a) (corollary). No matter how hard you try, you can't make a baby in much less than 9 months. Trying to speed this up *might* make it slower, but it won't make it happen any quicker.

(3) With sufficient thrust, pigs fly just fine. However, this is not necessarily a good idea. It is hard to be sure where they are going to land, and it could be dangerous sitting under them as they fly overhead.

(4) Some things in life can never be fully appreciated nor understood unless experienced firsthand. Some things in networking can never be fully understood by someone who neither builds commercial networking equipment nor runs an operational network.

(5) It is always possible to aglutenate multiple separate problems into a single complex interdependent solution. In most cases this is a bad idea.

(6) It is easier to move a problem around (for example, by moving the problem to a different part of the overall network architecture) than it is to solve it.

(6a) (corollary). It is always possible to add another level of indirection.

(7) It is always something

(7a) (corollary). Good, Fast, Cheap: Pick any two (you can't have all three).

(8) It is more complicated than you think.

(9) For all resources, whatever it is, you need more.

(9a) (corollary) Every networking problem always takes longer to solve than it seems like it should.

(10) One size never fits all.

(11) Every old idea will be proposed again with a different name and a different presentation, regardless of whether it works.

(11a) (corollary). See rule 6a.

(12) In protocol design, perfection has been reached not when there

is nothing left to add, but when there is nothing left to take away.

Security Considerations

This RFC raises no security issues. However, security protocols are subject to the fundamental networking truths.

References

The references have been deleted in order to protect the guilty and avoid enriching the lawyers.

Author's Address

Ross Callon
Internet Order of Old Farts
c/o Bay Networks
3 Federal Street
Billerica, MA 01821

Phone: 508-436-3936
EMail: rcallon@baynetworks.com

KAPITEL 13

Liste der behandelten Befehle, Variablen und Operatoren

\

Operator, unterdrückt die Auswertung des unmittelbar folgenden Zeichens durch die Shell als Operator (siehe Abschnitt »Quoting« auf Seite 74).

*

Operator, ist eine Wildcard und passt auf eine beliebige Zeichenkette beliebiger Länge (siehe Abschnitt »Wildcards « auf Seite 71).

-

Operator, ist beim cd-Kommando eine Abkürzung für das zuletzt besuchte Verzeichnis, die allerdings nur in den moderneren Shells wie *ksh*, *csh* und *bash* zur Verfügung steht (siehe Seite 35).

&

Operator, führt je nach Kontext zu einer Mischung aus Datenströmen bei Ausgabeumleitung in der *bash* und der *Korn-Shell* (zusammen mit >) oder startet, wenn er sich am Ende einer Kommandozeile befindet, einen Prozess im Hintergrund (siehe Abschnitt »Ein- und Ausgabeumlenkung in der Shell« auf Seite 77 bzw. Abschnitt »Ausführen im Hintergrund« auf Seite 100).

?

Operator, ist eine Wildcard und passt auf genau ein beliebiges Zeichen (siehe Abschnitt »Quoting« auf Seite 74).

[ ]

Operator, kann eine Menge oder auch eine Spanne von Zeichen enthalten und ist dann eine Wildcard für genau eines dieser Zeichen (siehe Abschnitt »Wildcards « auf Seite 71).

`~`

Operator, ist eine Abkürzung für das Home-Verzeichnis in Pfadangaben, die allerdings nur in den moderneren Shells wie *ksh*, *csh* und *bash* zur Verfügung steht (siehe Abschnitt »Abkürzungen beim Verzeichniswechseln« auf Seite 35).

`;`

Operator, dient der einfachen Verkettung mehrerer Kommandos, sodass sie im selben Prozess ausgeführt werden (siehe Abschnitt »Einfache Verkettung« auf Seite 92).

`(...)`

Operator, dient der Klammerung mehrerer Kommandos, sodass sie anderen Programmen gegenüber wie ein einziges Kommando erscheinen (Abschnitt »Klammerung« auf Seite 92).

`` ` ``

Operator, diese Zeichen werden *Backquotes* genannt und dienen der Klammerung einer Kommandoersetzung (siehe Abschnitt »Kommandoersetzung« auf Seite 93).

`$`

Operator, bewirkt vor einem syntaktisch gültigen Variablennamen, dass der Name durch den Inhalt der jeweiligen Variablen ersetzt wird (siehe Abschnitt »Variablen« auf Seite 85).

`$?`

Variable, enthält den Rückgabewert des gerade zuletzt beendeten Kindprozesses (siehe Abschnitt »Ein Skript beenden und die Bedeutung des Rückgabewerts« auf Seite 162).

`<`

Operator, dient der Umleitung der Standardeingabe in der Shell (siehe Seite 77).

`=`

Operator, dient der Zuweisung eines Werts auf eine Variable (siehe Seite 85).

`>`

Operator, dient der Umleitung der Standardausgabe oder der Fehlerausgabe in einen anderen Datenstrom, wobei Dateien im Dateisystem überschrieben werden (siehe Seite 77).

`>>`

Operator, dient der Umleitung der Standardausgabe oder der Fehlerausgabe in einen anderen Datenstrom, wobei Dateien im Dateisystem erweitert werden (siehe Seite 77).

`|`
: Operator, erzeugt eine Pipe zwischen zwei Programmaufrufen (siehe Seite 82).

`[`
: Kommando, alternativer Name für den `test`-Befehl (siehe Seite 176).

`$@`
: Variable, alle Kommandozeilenargumente in einem Bourne-Shell-Skript (siehe Seite 178).

`$#`
: Variable, die Anzahl der Kommandozeilenargumente in einem Bourne-Shell-Skript (siehe Abschnitt »Kommandozeilenargumente« auf Seite 159).

`$1`
: Variable, das erste Kommandozeilenargument in einem Bourne-Shell-Skript, `$2` entsprechend das zweite usw. (siehe Abschnitt »Kommandozeilenargumente« auf Seite 159).

`$argv[*]`
: Variable, alle Kommandozeilenargumente in einem C-Shell-Skript (siehe Abschnitt »Kommandozeilenargumente« auf Seite 159).

`$#argv`
: Variable, die Anzahl der Kommandozeilenargumente in einem C-Shell-Skript (siehe Abschnitt »Kommandozeilenargumente« auf Seite 159).

`$argv[1]`
: Variable, das erste Kommandozeilenargument in einem C-Shell-Skript, `$argv[2]` entsprechend das zweite usw. (siehe Abschnitt »Kommandozeilenargumente« auf Seite 159).

A

`alias`
: Kommando, erzeugt einen neuen Namen für ein Kommando (siehe Seite 89).

`apropos`
: Kommando, liefert eine Liste aller Manpages, deren Kurzbeschreibungen ein bestimmtes Wort enthalten (siehe Seite 42).

`awk`
: Kommando, dient dem Segmentieren und Manipulieren von Datenströmen (siehe Seite 128).

B

`bash`
: Kommando, *bash* ist eine populäre Freeware-Shell aus der Bourne-Shell-Familie und Standard auf GNU-Systemen (siehe Überblick auf Seite 12).

`bg`
: Kommando, schickt einen mit Ctrl-Z gestoppten Prozess in den Hintergrund (siehe Seite 100).

`bzip2`
: Kommando, komprimiert Dateien (siehe Seite 139).

C

`cat`
: Kommando, gibt den Inhalt beliebig vieler Dateien auf die Standardausgabe aus. Ohne Argumente aufgerufen, liest es von der Standardeingabe (siehe Seite 77).

`cd`
: Kommando, wechselt das aktuelle Arbeitsverzeichnis (siehe die Übung auf Seite 46 und den Abschnitt »Dateioperationen« in Kapitel 3).

`chgrp`
: Kommando, ändert die Gruppenzugehörigkeit von Dateien (siehe Seite 62).

`chmod`
: Kommando, ändert die Rechte von Benutzern auf Dateien (siehe Seite 59).

`chown`
: Kommando, ändert den Besitzer von Dateien (siehe Seite 62).

`compress`
: Kommando, komprimiert Dateien (siehe Seite 139).

`convert`
: Kommando, Teil der *ImageMagick*-Programmsuite, konvertiert Bilder in andere Formate (siehe Seite 176).

`cp`
: Kommando, kopiert Dateien (siehe Seite 67).

`crontab`
: Kommando, kontrolliert den `cron`-Dienst zur zeitgesteuerten Ausführung von Kommandos (siehe Seite 200).

`cut`

Kommando, zerschneidet den Eingabestrom unter Benutzung bestimmter Trennzeichen (siehe Seite 121).

D

`date`

Kommando, setzt das aktuelle Systemdatum und die Systemzeit oder zeigt sie an (siehe Übung auf Seite 120).

`df`

Kommando, zeigt den noch verfügbaren Speicherplatz in Verzeichnissen und auf Datenträgern an (siehe Seite 55).

`du`

Kommando, zeigt den belegten Speicherplatz von Dateien und Verzeichnisbäumen auf Datenträgern an (siehe Seite 62).

E

`ENV`

Variable, legt in der *ksh* den Namen der persönlichen Initialisierungsdatei für Umgebungsvariablen fest (siehe Seite 109).

`echo`

Kommando, gibt eine Zeichenkette auf der Standardausgabe aus (siehe Seite 71).

`elm`

Kommando, E-Mail-Client auf der Konsole (siehe Seite 234).

`elvis`

Kommando, modernere Implementierung des Unix-Systemeditors `vi` mit erweiterter Funktionalität (siehe Seite 228).

`eval`

Kommando, erzwingt die Interpretation einer Zeichenkette durch die Shell (siehe Seite 71).

`exit`

Kommando, verlässt eine Shell-Sitzung oder ein Shell-Skript (siehe Seite 17 und Seite 162).

`export`

Kommando, exportiert in Bourne-kompatiblen Shells eine Variable an Unterprozesse (siehe Seite 85).

`expr`

Kommando, wertet Ausdrücke (z.B. arithmetische) aus (siehe Seite 175).

F

`fg`
: Kommando, holt einen Hintergrundprozess in den Vordergrund Unterprozesse (siehe Seite 100).

`find`
: Kommando, durchsucht Verzeichnisbäume nach Dateien Unterprozesse (siehe Seite 96).

`for`
: Kommando, leitet in der Bourne-Shell eine Schleife über eine Liste von Zeichenketten ein Unterprozesse (siehe Seite 178).

`foreach`
: Kommando, leitet in der C-Shell eine Schleife über eine Liste von Zeichenketten ein Unterprozesse (siehe Seite 178).

`fortune`
: Kommando, sucht nach einem Zufallsprinzip Aphorismen aus einer Datenbank und gibt sie aus Unterprozesse (siehe Seite 119).

`ftp`
: Kommando, Clientapplikation für das *File Transfer Protocol* zum Übertragen von Daten Unterprozesse (siehe Seite 151).

G

`getopts`
: Kommando, wertet Kommandozeilenschalter aus Unterprozesse (siehe Seite 182).

`grep`
: Kommando, durchsucht Datenströme nach Zeichenketten oder regulären Ausdrücken Unterprozesse (siehe Seite 121).

`groupadd`
: Kommando, fügt dem System eine Benutzergruppe hinzu Unterprozesse (siehe Seite 63).

`groupdel`
: Kommando, löscht eine Benutzergruppe vom System (siehe Seite 63).

`groups`
: Kommando, zeigt die Gruppen eines Benutzers an (siehe Seite 62).

`gunzip`
: Kommando, dekomprimiert Dateien (siehe Seite 139).

`gzip`
: Kommando, komprimiert Dateien (siehe Seite 139).

H

`HOSTNAME`
: Variable, enthält den Namen des Rechners (siehe Seite 114).

`history`
: Kommando, zeigt in der C-Shell die Kommandozeilen im Historie-Buffer an (siehe Seite 18).

`history`
: Variable, legt in der C-Shell die Größe des Historie-Buffer fest (siehe Seite 18).

`hostname`
: Kommando, dient dem Setzen und Anzeigen des Namens, den der Rechner trägt (siehe Seite 114).

I

`INFOPATH`
: Variable, enthält eine Liste der Verzeichnisse, die für die Dokumentation im *info*-Format durchsucht wird (siehe Seite 113).

K

`kill`
: Kommando, beendet Prozesse oder schickt ihnen beliebige Signale zu (siehe Abschnitt 4.5.4).

L

`LD_LIBRARY_PATH`
: Variable, enthält eine Liste der Verzeichnisse, die nach dynamisch geladenen Bibliotheken durchsucht wird (siehe Seite 112).

`less`
: Kommando, `less` ist ein Freeware-Pager, eine Weiterentwicklung von `more` (siehe Seite 43).

`ln`
: Kommando, erzeugt Links auf Dateien (siehe Seite 49).

`ls`
: Kommando, zeigt Verzeichniseinträge an (siehe Übung auf Seite 120).

M

`MANPATH`
: Variable, enthält eine Liste der Verzeichnisse, die nach Manpages durchsucht werden (siehe Seite 113).

`man`
: Kommando, zeigt Online-Manuals an (siehe Seite 43).

`mkdir`
: Kommando, erzeugt leere Verzeichnisse (siehe Seite 64).

`mkfifo`
: Kommando, erzeugt benannte Pipes (siehe Seite 82).

`mknod`
: Kommando, erzeugt Objekte im Dateisystem, vor allem benötigt für benannte Pipes (siehe Seite 82).

`more`
: Kommando, `more` ist ein einfacher Pager, wie er auf den meisten Unix-Systemen vorhanden ist (siehe Seite 43).

`mount`
: Kommando, bindet Dateisysteme in den Unix-Verzeichnisbaum ein (siehe Seite 54).

`mpg123`
: Kommando, *mpg123* ist ein einfacher kommandozeilenorientierter MP3-Abspieler (siehe Seite 93).

`mount`
: Kommando, bindet Dateisysteme in den Unix-Verzeichnisbaum ein (siehe Seite 54).

`mutt`
: Kommando, E-Mail-Client auf der Konsole (siehe Seite 234).

`mv`
: Kommando, verschiebt Dateien bzw. benennt sie um (siehe Seite 64).

N

O

P

`PS2`
: Variable, enthält in Bourne-kompatiblen Shells den sekundären Prompt für interaktive Shell-Sitzungen (siehe Seite 114).

`ps`
: Kommando, listet laufende Prozesse auf (siehe Seite 99).

`pushd`
: Kommando, fügt in einigen Shells ein gespeichertes Verzeichnis dem internen Verzeichnis-Stack hinzu (siehe Seite 35).

`pwd`
: Kommando, zeigt das aktuelle Arbeitsverzeichnis an (siehe Seite 46 und Seite 64).

R

`rar`
: Kommando, ein Archivierer aus der PC-Welt (siehe Seite 139).

`read`
: Kommando, liest in der Bourne-Shell eine Datei und schreibt sie in eine Variable (siehe Seite 180).

`renice`
: Kommando, ändert die Priorität von laufenden Prozessen (siehe Seite 102).

`reset`
: Kommando, setzt auf manchen Unix-Systemen das Terminal zurück (siehe Seite 26).

`rm`
: Kommando, löscht Dateien (siehe Seite 64).

`rmdir`
: Kommando, löscht leere Verzeichnisse (siehe Seite 64).

`runlevel`
: Kommando, gibt auf Systemen mit *System-V Init* den aktuellen Runlevel zurück (siehe Seite 203).

S

`seq`
: Kommando, gibt eine Sequenz von Zahlen aus (siehe Seite 205).

`SIGFPE`
: Variable, ist das Signal für eine Ausnahme bei Fließkommaarithmetik (siehe Seite 103).

`SIGHUP`
: Variable, ist das Signal für eine unterbrochene Verbindung – z.B. aufgelegter Hörer bei DFÜ-Verbindungen (siehe Seite 103).

`SIGILL`
: Variable, ist das Signal für eine illegale Instruktion (siehe Seite 103).

`SIGINT`
: Variable, ist das Signal für einen Abbruch durch Ctrl-C (siehe Seite 103).

`SIGKILL`
: Variable, ist das Signal für den Abbruch eines Prozesses durch das Betriebssystem (siehe Seite 103).

`SIGPIPE`
: Variable, ist das Signal für eine Schreiboperation auf eine unterbrochene Pipe (siehe Seite 103).

`SIGSEGV`
: Variable, ist das Signal für eine Schutzverletzung (siehe Seite 103).

`SIGTERM`
: Variable, ist das Signal für einen Prozess, sich zu beenden (siehe Seite 103).

`SIGTSTP`
: Variable, ist das Signal für eine Unterbrechung durch Ctrl-Z (siehe Seite 103).

`scp`
: Kommando, *secure copy*, kopiert Daten über eine verschlüsselte Verbindung im Netz (siehe Seite 150).

`sed`
: Kommando, *stream editor*, manipuliert Datenströme (siehe Seite 128).

`set`
: Kommando, setzt in der C-Shell interne Variablen und dient der Anzeige aller aktuellen Umgebungsvariablen (siehe Seite 85).

`setenv`
: Kommando, weist in der C-Shell einer Variablen einen Wert zu (siehe Seite 85).

`sftp`
: Kommando, *secure ftp*, kopiert Daten über eine verschlüsselte Verbindung im Netz (siehe Seite 155).

`shift`
: Kommando, verschiebt in Shell-Skripten die Liste der Kommandozeilenargumente nach links, sodass das vormals erste Argument entfällt, das zweite zum ersten wird usw. (siehe Seite 180).

`sort`
: Kommando, sortiert Datenströme (siehe Seite 92 und Seite 121).

`ssh`
: Kommando, ermöglicht auf verschlüsselte Weise eine interaktive Sitzung oder das Ausführen von Kommandos auf einem entfernten Rechner (siehe Seite 150).

`ssh-keygen`
: Kommando, erzeugt ein Schlüsselpaar zur Benutzung mit `ssh` (siehe Seite 150).

`strings`
: Kommando, extrahiert für Menschen lesbare Zeichenketten aus beliebigen Dateien (siehe Seite 67).

T

`tac`
: Kommando, gibt den Inhalt beliebig vieler Dateien rückwärts auf die Standardausgabe aus. Ohne Argumente aufgerufen liest es von der Standardeingabe (siehe Seite 43).

`tar`
: Kommando, archiviert Dateien und Verzeichnisse (siehe Seite 139).

`telnet`
: Kommando, ermöglicht eine interaktive Sitzung auf einem entfernten Rechner (siehe Seite 149).

`test`
: Kommando, wertet Ausdrücke aus und liefert einen Wahrheitswert zurück (siehe Seite 176).

`tin`
: Kommando, Usenet-Newsclient auf der Konsole (siehe Seite 234).

`trap`
: Kommando, registriert automatisch auszuführende Aktionen beim Verlassen der Shell-Sitzung oder bei anderen Ereignissen (siehe Seite 190).

`tr`
: Kommando, übersetzt einzelne Zeichen ineinander (siehe Seite 121).

U

`umask`
: Kommando, ändert die Standardrechte für neu erzeugte Dateien (siehe Seite 118).

`unmount`
: Kommando, entfernt Dateisysteme aus dem Unix-Verzeichnisbaum (siehe Seite 54).

`unalias`
: Kommando, löscht Aliase (siehe Seite 89).

`compress`
: Kommando, dekomprimiert Dateien (siehe Seite 139).

`uniq`
: Kommando, entfernt aus sortierten Datenströmen die Duplikate (siehe Seite 92 und Seite 121).

`unset`
: Kommando, löscht eine Variable in der Bourne-Shell (siehe Seite 85).

`unsetenv`
: Kommando, löscht eine Variable in der C-Shell (siehe Seite 85).

`until`
: Kommando, leitet Schleife ein, deren Ausführung von einer am Ende auszuwertenden Bedingung abhängt (siehe Seite 182).

`unzip`
: Kommando, *unzip* ist ein Dearchivierer aus der PC-Welt (siehe Seite 139).

`useradd`
: Kommando, legt ein neues Benutzerkonto an (siehe Seite 63).

`userdel`
: Kommando, löscht ein vorhandenes Benutzerkonto (siehe Seite 63).

`usermod`
: Kommando, modifiziert ein vorhandenes Benutzerkonto (siehe Seite 63).

V

`VISUAL`
: Variable, kontrolliert bei manchen Shells den verwendeten Kommandozeileneditor (siehe Seite 20).

`vi`
: Kommando, Systemeditor unter Unix, ihm haben wir ein ganzes Kapitel gewidmet (siehe Kapitel 10).

`vim`
: Kommando, modernere Implementierung des Unix-Systemeditors `vi` mit erweiterter Funktionalität (siehe Seite 228).

W

`wc`
: Kommando (siehe Seite 9).

`whatis`
: Kommando, liefert eine kurze Zusammenfassung eines Online-Manuals (siehe Seite 42).

`while`
: Kommando, leitet Schleife ein, deren Ausführung von einer am Anfang auszuwertenden Bedingung abhängt (siehe Seite 180).

`whoami`
: Kommando, liefert den Benutzernamen, mit dem man gerade im System angemeldet ist (siehe Seite 62).

X

`xargs`
: Kommando, liest von der Standardeingabe und hängt das Gelesene als Kommandozeilenargumente an ein Kommando an (siehe Seite 96).

`xterm`
: Kommando, ist eine Terminal-Emulation für die grafische Benutzeroberfläche im *XWindow System*, die die Benutzung einer interaktiven Shell in einem Fenster erlaubt (siehe Seite 17).

Z

`zip`
: Kommando, *zip* ist ein Archivierer aus der PC-Welt (siehe Seite 139).

Index

Symbole

A

B

C

D

E

F

G

T

U

V

W

X

Z

Über den Autor

Martin Dietze studierte zunächst technische Informatik an der Fachhochschule Wedel, arbeitete dort mehrere Jahre als Assistent, bevor er für seine Promotion und eine Tätigkeit als Dozent an die Universität Buckingham in England wechselte. Er lebt seit 2005 wieder in Deutschland, wo er einige Jahre lang Firmware für UMTS/HSDPA-Router entwickelte und mittlerweile an der Erstellung großer Ecommerce-Systeme beteiligt ist.

Martins berufliches Interesse gilt Open Source-Software sowie Themen wie der auf Wavelet-Transformationen basierenden Bildverarbeitung, Netzwerken und allem, was mit Unix-Systemen zu tun hat. In seiner Freizeit leitet er einen Chor und singt in diversen Ensembles.

Kolophon

Das Design der Reihe O'Reillys Basics wurde von Hanna Dyer entworfen, das Coverlayout dieses Buchs hat Michael Oreal gestaltet. Als Textschrift verwenden wir die Linotype Birka, die Überschriftenschrift ist die Adobe Myriad Condensed und die Nichtproportionalschrift für Codes ist LucasFont's TheSansMono Condensed.